科学の
ことばとしての
数学

経営工学の数理 I

宮川雅巳　水野眞治　矢島安敏

著

朝倉書店

まえがき

「経営学と経営工学の違いがよくわかりません.」という問い合わせを熱心な高校生から受けることがある.「文系と理系の違いですよ.」ではあまりに淡白な答えなので,「経営学と経営工学はいずれも経営を研究対象としていますが,数学とコンピュータを思い切り使うところに経営工学の特色があります.ですから,経営に興味があって,数学が好きな方・得意な方は経営工学に適していますね.」と付け加えることにしている.

経営工学科や経営システム工学科で禄を食む者ならば,自身ではあまり数理的技術を駆使していない方であっても,経営工学における数理の重要性は認識していると思う.経営工学で必要となる能力として

- 論理的な思考能力
- 抽象的な思考能力
- モデリングの能力
- 現象の数値的記述能力

などが挙げられる.これらの能力を身につけるには,数理を題材とする訓練が最も適しているからである.

その一方で,このような学科に数学の専門家はいないのが普通である.在籍するスタッフはせいぜい数理的技術を利用する経営工学エンジニアである.本書は,そのような数学のいわば素人が,経営工学の学生に経営工学で必要とする数理を教えるためのテキストとして書かれたものである.

ほとんどすべての大学で,1年次において一般科目あるいは理工系基礎科目として「数学」が開講されている.内容は「線形代数」と「微積分」からなり,それらは主に数学の専門家によって担当されている.本書の立場は,これらの

教育成果を一切当てにしていないことである．高校数学(数学 I，II，III と A，B，C)までを習得した学生に，経営工学の数理を一からたたきこむためのテキストである．そのために，高校数学からのつなぎを重視したつもりである．

では，経営工学で必要な数理とはどのような内容であろうか．これに対する本格的な取り組みは，1970年頃，日本経営工学会経営数学研究会によって行われた．主査を務められたのは当時東京工業大学経営工学科教授の真壁 肇先生である．筆者らはいずれも真壁先生の薫陶を受けた者である．この研究会の成果は1981年日本規格協会から経営工学シリーズ3として刊行された『経営数学』に見ることができる．そこには，「線形代数」とも「微積分」とも違う経営工学の数理体系がある．本書の構成も基本的にこれに倣っている．ただし，『経営数学』は非常にコンパクトに記述されているので，もう少し内容をふくらませたテキストがあってもよいのでは，とずっと思っていた．幸いにして，この度2分冊にわたって『経営工学の数理』をまとめる機会を与えられた．

本書の内容は，筆者ら3人が東京工業大学工学部経営システム工学科で担当している2年次科目「数理工学第一」，「数理工学第二」で取り上げているもので，講義ノートと講義で配布したプリントをもとに作成した．量としては，週1回90分の講義と90分の演習で通年に相当する．章を細かく分け，1章が1回分を原則とした．章の順番にはそれほど強い制約はなく，講義のしやすさ，あるいは自習の目的から適当に並べ替えてもらってよい．というよりは，必要に応じて後の章を参照してもらわねばならない場面もある．たとえば，多変数解析は凸関数の流れから第12章に位置させたが，そこでは後に述べる行列表記や固有値・固有ベクトルを用いている．線形代数と解析学をいずれも扱い，それぞれに一連の流れをもたせようとすると，どうしてもこうなってしまう．しかし，参照すべきは基本的な内容なので講義や自習に支障はないと考えている．

数理科目の習得で演習が重要なことはいうまでもない．演習時間内に比較的簡単な問題を解かせて，少し手強いのは宿題にする．レポートは必ず翌週に採点して返却し，丁寧な解説をする，レポート採点にはTAの補助も必要である．章末の演習問題に対する基準解答を載せるかどうかは，講義テキストとして利用されることを意図したこともあり，最後まで悩んだ．しかし，演習問題には本文の補足や追加例題という意味もあるので，ほぼ完全な解答を記載した．

まえがき

　現在，東京工業大学は大学院化し，修士課程の学生定員は学部よりも多い．当然，他大学から本大学院に進学してくる人も多くなっている．名前は同じ経営工学科や経営システム工学科であっても大学によって特徴が異なることは当然であるが，数理のような基礎的科目においては相当共通化されてよいと考えている．それが経営工学の1つのバックボーンになる．本書の内容が「経営工学の数理」における1つのスタンダードになることを願っている．

　本書の企画は3年前に提示されたが，筆者らの怠慢で大幅に遅れてしまった．執筆を勧めていただいた森 雅夫先生(現・慶応義塾大学教授)と，この間忍耐強く筆者らを励まし編集の労をとられた朝倉書店編集部に御礼申し上げる．また，初稿を通読され貴重なご助言をいただいた同僚の中田和秀氏，田中研太郎氏にも謝意を表したい．

　2004年3月

宮川雅巳，水野眞治，矢島安敏

目　　次

1. 命題と論理 ··· 1
　1.1　命題と論理記号 ··· 1
　1.2　トートロジーと同値 ··· 6
　1.3　命題関数と限定記号 ··· 9
　1.4　推論と証明 ·· 12

2. 集　　合 ·· 16
　2.1　集合と部分集合 ··· 16
　2.2　和集合と共通部分 ··· 18
　2.3　集合の演算 ·· 22
　2.4　集合系とべき集合 ··· 27
　2.5　集合の直積 ·· 28

3. 写　　像 ·· 31
　3.1　写像と対応 ·· 31
　3.2　像と逆像 ·· 35
　3.3　全射と単射 ·· 39
　3.4　合成写像 ·· 43

4. 集合族と選択公理 ··· 48
　4.1　数列と元の族 ·· 48
　4.2　集　合　族 ·· 50
　4.3　集合族の演算 ·· 54

4.4 選択公理 ……………………………………………… 57

5. 同値関係と順序関係 …………………………………… 60
5.1 同値関係 …………………………………………… 60
5.2 同値類 ……………………………………………… 63
5.3 順序関係 …………………………………………… 65
5.4 最大元, 極大元, 上界, 上限 ……………………… 68
5.5 実数の完備性 ……………………………………… 72

6. 濃度と可算集合 …………………………………………… 78
6.1 集合の対等 ………………………………………… 78
6.2 集合の濃度 ………………………………………… 82
6.3 可算集合 …………………………………………… 85

7. ユークリッド空間の位相 ……………………………… 91
7.1 ユークリッド空間 ………………………………… 91
7.2 内部, 外部, 境界 …………………………………… 93
7.3 部分集合の閉包 …………………………………… 96
7.4 開集合と閉集合 …………………………………… 98
7.5 開集合系と閉集合系 ……………………………… 101

8. 距離空間と位相空間 …………………………………… 105
8.1 距離空間 …………………………………………… 105
8.2 位相空間 …………………………………………… 109
8.3 点列の収束 ………………………………………… 112
8.4 連続写像 …………………………………………… 115

9. 点列と連続関数の性質 ………………………………… 122
9.1 コーシー列 ………………………………………… 122
9.2 部分列 ……………………………………………… 127
9.3 連続関数の最小値 ………………………………… 131

10. 代数の基礎 ……………………………………………… 135
10.1 群 ……………………………………………………… 135
10.2 部 分 群 …………………………………………… 141
10.3 環 ……………………………………………………… 142
10.4 体 ……………………………………………………… 146

11. 凸集合と凸関数 ……………………………………… 149
11.1 凸 集 合 ………………………………………………… 149
11.2 凸 結 合 ………………………………………………… 152
11.3 超平面と半空間 ………………………………………… 157
11.4 凸 関 数 ………………………………………………… 161
11.5 凸関数と最適化 ………………………………………… 164

12. 多変数解析 ……………………………………………… 168
12.1 多変数関数の微分 ……………………………………… 168
12.2 多変数関数の極値問題 ………………………………… 172
12.3 条件付き極値問題 ……………………………………… 175

13. 積 分 …………………………………………………… 180
13.1 ガンマ関数とベータ関数 ……………………………… 180
13.2 重積分入門 ……………………………………………… 183
13.3 重積分での変数変換 …………………………………… 186

参考図書 …………………………………………………………… 189
演習問題略解 ……………………………………………………… 190
索　引 ……………………………………………………………… 211

第 II 巻目次

14. ベクトルと行列
15. 行列の基本変形
16. 線形方程式系
17. 行列式
18. 内積と直交性
19. 部分空間と直交性
20. 固有値・固有ベクトル
21. 固有値・固有ベクトルの応用
22. 微分方程式
23. ラプラス変換とその応用
24. 関数空間とフーリエ級数

1

命題と論理

　理系人間の強みは論理的思考能力に優れている点にある．これを鍛えるには将棋や碁，パズルなども役立つ．しかし，アカデミックな雰囲気を出すには論理的思考の専門用語を身につけておくことが望まれる．高校で学んだ "必要条件・十分条件" の概念はその典型である．また "任意の○○に対して，ある△△が存在して" というような言い回しを習得する必要がある．本章では，論理的思考の言語である命題と論理の記号について解説する．

1.1　命題と論理記号

　多くの文は，その内容が正しいかどうか判定することができる．たとえば，"富士山は赤城山より高い" という文は正しいが，"水 1ℓ は $2\,\mathrm{kg}$ より重い" という文は正しくない．このように，意味の明示された文で，その文が正しいかどうか定められるものを**命題** (proposition) という．

　【**命題の真偽について**】命題は，その文が正しいとき**真** (true) であるといい，正しくないとき**偽** (false) であるという．この真または偽を命題の**真偽値**あるいは**真理値** (truth value) という．本書では，命題を一般に p, q, r などの文字で表し，命題が真であることを True の頭文字を使い T，偽であることを False の頭文字を使い F と書くことにする．また，命題が真であることを，命題が正しい，あるいは命題が成り立つということもある．

　いくつかの命題を組み合わせることにより，新しい命題を作ることができる．

ここでは，

$$\lor, \land, \lnot, \to, \leftrightarrow \tag{1.1}$$

といった**論理記号** (logical symbol) を使った新しい命題について解説する．

【論理和の解説】2 つの命題 p と q を記号 $\lor$ で結んだ命題

$$p \lor q \tag{1.2}$$

を p と q の**論理和** (logical sum) という．記号 $\lor$ は言葉の "または" を意味し，命題 $p \lor q$ は，命題 p または q の少なくとも一方が真のとき真となり，それ以外のとき偽となる．すなわち，表 1.1 により命題 $p \lor q$ の真偽値が定められる．

このような表を**真偽表** (truth table) という．

表 1.1 論理和 $p \lor q$ の真偽表

p	q	$p \lor q$
T	T	T
T	F	T
F	T	T
F	F	F

3 つの命題 p_1, p_2, p_3 に対して，命題 $p_1 \lor p_2$ と p_3 の論理和をとることにより命題 $(p_1 \lor p_2) \lor p_3$ ができる．同様に，命題 p_1 と $p_2 \lor p_3$ の論理和をとることにより命題 $p_1 \lor (p_2 \lor p_3)$ ができる．これら 2 つの命題 $(p_1 \lor p_2) \lor p_3$ と $p_1 \lor (p_2 \lor p_3)$ の真偽値は，表 1.2 のようになる．この真偽表より，2 つの命題

表 1.2 命題 $(p_1 \lor p_2) \lor p_3$ と $p_1 \lor (p_2 \lor p_3)$ の真偽表

p_1	p_2	p_3	$p_1 \lor p_2$	$(p_1 \lor p_2) \lor p_3$	$p_2 \lor p_3$	$p_1 \lor (p_2 \lor p_3)$
T	T	T	T	T	T	T
T	T	F	T	T	T	T
T	F	T	T	T	T	T
T	F	F	T	T	F	T
F	T	T	T	T	T	T
F	T	F	T	T	T	T
F	F	T	F	T	T	T
F	F	F	F	F	F	F

の真偽値が一致するので，これらの命題を単に $p_1 \vee p_2 \vee p_3$ と書く．この命題は，3つの命題 p_1, p_2, p_3 のいずれか1つでも真ならば真となり，3つとも偽のときのみ偽となる．

一般に，n 個の命題 $p_1, p_2, \cdots, p_n$ に対して，その論理和

$$p_1 \vee p_2 \vee \cdots \vee p_n \tag{1.3}$$

は，n 個の命題のいずれか1つでも真のとき真となり，すべてが偽のとき偽となる命題である．

【論理積の解説】2つの命題 p と q を記号 $\wedge$ で結んだ命題

$$p \wedge q \tag{1.4}$$

を p と q の**論理積** (logical product) という．記号 $\wedge$ は言葉の "かつ" を意味し，命題 $p \wedge q$ は，命題 p と q がともに真のとき真となり，それ以外のとき偽となる．すなわち，その真偽値は表1.3により定められる．

表 1.3　論理積 $p \wedge q$ の真偽表

p	q	$p \wedge q$
T	T	T
T	F	F
F	T	F
F	F	F

論理和の場合と同様に，n 個の命題 $p_1, p_2, \cdots, p_n$ に対して，その論理積

$$p_1 \wedge p_2 \wedge \cdots \wedge p_n \tag{1.5}$$

は，すべての命題が真のとき真となり，少なくとも1つが偽のとき偽となる命題である．

【否定の解説】命題 p の前に記号 $\neg$ をつけた命題

$$\neg p \tag{1.6}$$

表 1.4　否定 $\neg p$ の真偽表

p	$\neg p$
T	F
F	T

表 1.5　条件文 $p \to q$ の真偽表

p	q	$p \to q$
T	T	T
T	F	F
F	T	T
F	F	T

を p の**否定** (negation) といい，その真偽値は表 1.4 のように定められる．この定義からすぐわかるように，命題 p の否定の否定 (2 重否定) $\neg(\neg p)$ の真偽値は，命題 p の真偽値と常に一致する．

【条件文の解説】2 つの命題 p と q を記号 $\to$ で結んだ命題

$$p \to q \tag{1.7}$$

を**条件文** (conditional) または**含意** (implication) という．命題 $p \to q$ は，命題 p が真で q が偽のとき偽となり，それ以外のとき真となる．すなわち，真偽値は，表 1.5 のように定められる．

命題 $p \to q$ は，"もし p ならば q である" といった文を意味する．たとえば，命題 p を "授業が休講である"，q を "友達と遊ぶ" とするとき，命題 $p \to q$ は，"授業が休講であるならば友達と遊ぶ" という意味をもつ．授業が休講でも友達と遊ばないときに，この命題は偽となるが，授業が休講でないとき，あるいは授業が休講で友達と遊ぶときは真となる．

【逆，裏，対偶の解説】命題 $p \to q$ に対して，命題 $q \to p$ を $p \to q$ の**逆** (converse) という．また，命題 $\neg p \to \neg q$ および $\neg q \to \neg p$ をそれぞれ命題 $p \to q$ の**裏** (reverse) および**対偶** (contraposition) という．これらの真偽値は，表 1.6 のようになる．

この表から見てとれるように，命題とその対偶の真偽値は常に等しく，逆と裏の真偽値も等しい．しかし，命題とその逆などは常に等しいとは限らない．

○ 例 1.1 ○　命題 "雨が降っているならば運動会を中止する" の逆，裏，対偶は次のようになる．

表 1.6 逆,裏,対偶の真偽表

p	q	$p \to q$	$q \to p$	$\neg p$	$\neg q$	$\neg p \to \neg q$	$\neg q \to \neg p$
T	T	T	T	F	F	T	T
T	F	F	T	F	T	T	F
F	T	T	F	T	F	F	T
F	F	T	T	T	T	T	T

- 逆:運動会を中止するならば雨が降っている.
- 裏:雨が降っていないならば運動会を開催する.
- 対偶:運動会を開催するならば雨が降っていない.

雨が降っているので運動会を中止する場合,あるいは雨が降っていないので運動会を開催する場合には,上記の4つの命題はすべて真となる.しかし,雨が降っていても運動会を開催する場合には,もとの命題とその対偶は偽となるが,逆と裏は真となる.また,雨が降っていないが運動会を中止する場合には,もとの命題とその対偶は真であるが,逆と裏は偽となる.

【双条件文の解説】2つの命題 p と q を記号 $\leftrightarrow$ で結びつけた命題

$$p \leftrightarrow q \tag{1.8}$$

を**双条件文** (biconditional) という.命題 $p \leftrightarrow q$ は,"p なるとき,そしてそのときに限り q である"を意味し,その真偽値は表 1.7 のように定められる.双条件文 $p \leftrightarrow q$ の真偽値が,命題 $(p \to q) \wedge (q \to p)$ の真偽値と同じであることを表 1.8 により確かめることができる.

表 1.7 双条件文 $p \leftrightarrow q$ の真偽表

p	q	$p \leftrightarrow q$
T	T	T
T	F	F
F	T	F
F	F	T

表 1.8 命題 $(p \to q) \wedge (q \to p)$ の真偽表

p	q	$p \to q$	$q \to p$	$(p \to q) \wedge (q \to p)$	$p \leftrightarrow q$
T	T	T	T	T	T
T	F	F	T	F	F
F	T	T	F	F	F
F	F	T	T	T	T

【複合命題の表現】命題 $p, q, r, \cdots$ と論理記号 $\vee, \wedge, \neg, \to$ を結びつけてさまざまな複合命題を作ることができるが,それを一般に $P(p, q, r, \cdots)$ と書くことに

する．

○ 例 1.2 ○　命題 p と q の複合命題は，

$$P(p,q) = \neg(p \vee \neg q) \tag{1.9}$$

などのように表される．この $P(p,q)$ の真偽表は，表 1.9 のようになる．さらに複雑な例として，p, q, r, s を命題とするとき，

$$P(p,q,r,s) = ((p \wedge \neg q) \vee (\neg r \to s)) \wedge (q \to s) \tag{1.10}$$

といった命題もある．

表 1.9　命題 $\neg(p \vee \neg q)$ の真偽表

p	q	$\neg q$	$p \vee \neg q$	$\neg(p \vee \neg q)$
T	T	F	T	F
T	F	T	T	F
F	T	F	F	T
F	F	T	T	F

1.2　トートロジーと同値

　前節では，いくつかの命題を論理記号で結び合わせることにより，新しい複合命題を作ることができることを見てきた．複合命題は，その構成要素となっている命題の真偽値により，真になったり偽になったりする．このような複合命題の中には，常に真であったり，逆に常に偽となるものもある．

【トートロジーとは】命題 $P(p,q,r,\cdots)$ が $p,q,r,\cdots$ の真偽値にかかわらず，常に真であるとき，この命題を**トートロジー** (tautology) あるいは**恒真命題**という．また，命題が常に偽であるならば，**矛盾** (contradiction) という．

○ 例 1.3 ○　次の似たような 4 つの命題

$$p \to (p \vee q) \tag{1.11}$$

$$p \to (p \wedge q) \tag{1.12}$$

$$(p \lor q) \to p \tag{1.13}$$

$$(p \land q) \to p \tag{1.14}$$

がそれぞれトートロジーとなるかどうか調べてみる.

上記の4つの命題の真偽表は表1.10のようになる.したがって,命題 $p \to (p \lor q)$ と $(p \land q) \to p$ はトートロジーであるが,命題 $p \to (p \land q)$ と $(p \lor q) \to p$ はトートロジーではない.

表 1.10 命題 $p \to (p \lor q)$, $p \to (p \land q)$, $(p \lor q) \to p$, $(p \land q) \to p$ の真偽表

p	q	$p \lor q$	$p \land q$	$p \to (p \lor q)$	$p \to (p \land q)$	$(p \lor q) \to p$	$(p \land q) \to p$
T	T	T	T	T	T	T	T
T	F	T	F	T	F	T	T
F	T	T	F	T	T	F	T
F	F	F	F	T	T	T	T

◯ **例 1.4** ◯ 命題

$$p \land \neg p \tag{1.15}$$

$$(p \to q) \land (p \to \neg q) \land p \tag{1.16}$$

は,表1.11に示されるように,p あるいは q が真でも偽でも常に偽となるので矛盾である.

表 1.11 命題 $p \land \neg p$ と $(p \to q) \land (p \to \neg q) \land p$ の真偽表

p	$\neg p$	$p \land \neg p$	q	$\neg q$	$p \to q$	$p \to \neg q$	$(p \to q) \land (p \to \neg q) \land p$
T	F	F	T	F	T	F	F
T	F	F	F	T	F	T	F
F	T	F	T	F	T	T	F
F	T	F	F	T	T	T	F

【同値とは】2つの命題 $P(p,q,r,\cdots)$ と $Q(p,q,r,\cdots)$ の真偽値が常に等しいとき,命題 $P(p,q,r,\cdots)$ と $Q(p,q,r,\cdots)$ は**同値** (equivalent) であるといい,

$$P(p,q,r,\cdots) \equiv Q(p,q,r,\cdots) \tag{1.17}$$

と書く.このことは,"命題 $P(p,q,r,\cdots) \leftrightarrow Q(p,q,r,\cdots)$ がトートロジーで

ある"と言い換えることもできる.

○ 例 1.5 ○ よく知られている同値の例として

$$\neg(\neg p) \equiv p \tag{1.18}$$

$$p \to q \equiv \neg q \to \neg p \tag{1.19}$$

$$p \to q \equiv \neg p \vee q \tag{1.20}$$

がある (章末問題). また, 次の同値

$$\neg(p \vee q) \equiv \neg p \wedge \neg q \tag{1.21}$$

$$\neg(p \wedge q) \equiv \neg p \vee \neg q \tag{1.22}$$

は, ド・モルガンの法則 (de Morgan's law) と呼ばれている. 表 1.12 のように真偽表を作成することにより, ド・モルガンの法則が成り立つことを確認できる.

表 1.12 ド・モルガンの法則の確認のための真偽表

p	q	$\neg p$	$\neg q$	$p \vee q$	$\neg(p \vee q)$	$\neg p \wedge \neg q$	$p \wedge q$	$\neg(p \wedge q)$	$\neg p \vee \neg q$
T	T	F	F	T	F	F	T	F	F
T	F	F	T	T	F	F	F	T	T
F	T	T	F	T	F	F	F	T	T
F	F	T	T	F	T	T	F	T	T

◇ 例題 1.1 ◇ 次の分配律 (distributive law)

$$p \vee (q \wedge r) \equiv (p \vee q) \wedge (p \vee r) \tag{1.23}$$

$$p \wedge (q \vee r) \equiv (p \wedge q) \vee (p \wedge r) \tag{1.24}$$

が成り立つことを示せ.

(解答) 前半 (1.23) は, 表 1.13 から成り立つ. 後半 (1.24) も同様である.

表 1.13 命題 $p \vee (q \wedge r)$ と $(p \vee q) \wedge (p \vee r)$ の真偽表

p	q	r	$q \wedge r$	$p \vee (q \wedge r)$	$p \vee q$	$p \vee r$	$(p \vee q) \wedge (p \vee r)$
T	T	T	T	T	T	T	T
T	T	F	F	T	T	T	T
T	F	T	F	T	T	T	T
T	F	F	F	T	T	T	T
F	T	T	T	T	T	T	T
F	T	F	F	F	T	F	F
F	F	T	F	F	F	T	F
F	F	F	F	F	F	F	F

1.3 命題関数と限定記号

命題は真偽を定められる文であるが,さらに一歩進めて,変数を含み,その変数が具体的に決まらなければ真偽を判定できないような命題について解説する.この節では,集合の知識を必要とするので,適宜第 2 章を参照することを薦める.

【命題関数とは】集合 A で定義された**命題関数** (propositional function)$p(x)$ とは,集合 A の各元 $x \in A$ に対して $p(x)$ が必ず(真か偽かを定められる)命題となるものをいう.

たとえば,自然数全体の集合 $\mathbb{N}$ で定義された命題 "x は 7 で割り切れる" を $p(x)$ とする.このとき,命題関数 $p(x)$ は $\mathbb{N}$ の部分集合 $\{7, 14, 21, \cdots\}$ の各元を T に,その他の自然数を F に対応させる.

集合 A で定義された命題関数 $p(x)$ を考える.すべての $x \in A$ に対して $p(x)$ が真のとき真となり,そのとき以外は偽となる命題を

$$(\forall x \in A)p(x) \quad \text{または} \quad \forall x \in A, \ p(x) \tag{1.25}$$

と書く.また,ある $x \in A$ に対して $p(x)$ が真であるとき真となり,そのとき以外は偽となる命題を

$$(\exists x \in A)p(x) \quad \text{または} \quad \exists x \in A, \ p(x) \tag{1.26}$$

と書く.ここで使われた2つの記号∀と∃をそれぞれ**全称記号** (universal quantifier) と**存在記号** (existential quantifier) といい,それらを総称して**限定記号** (quantifier) という.

全称記号∀は,英語のAllまたはAnyの頭文字Aを回転させたものであり,存在記号∃は,英語のExistの頭文字Eを回転させたものである.限定記号の使い方とその意味について,慣れるまで難しく感じるかもしれない.しかし,経営数学について正確に議論するうえで大変重要な概念であるので,以下の解説と例をよく読んで,限定記号∀と∃の使い方とその違いについて十分に理解することが必要である.

○**例1.6**○ 集合 A が2つの元 x_1 と x_2 から成るとする.このとき,命題

$$\forall x \in \{x_1, x_2\},\ p(x) \tag{1.27}$$

は,$x = x_1$ と $x = x_2$ のどちらに対しても $p(x)$ が真となるときのみ真となるので,命題

$$p(x_1) \wedge p(x_2) \tag{1.28}$$

と同値である.同様に,

$$\exists x \in \{x_1, x_2\},\ p(x) \equiv p(x_1) \vee p(x_2) \tag{1.29}$$

が成立する.

集合 A が n 個の元からなり,$A = \{x_1, x_2, \cdots, x_n\}$ と表されるならば,次のような同値 (1.30) と (1.31) が成り立つ.

$$\forall x \in \{x_1, x_2, \cdots, x_n\}, p(x) \equiv p(x_1) \wedge p(x_2) \wedge \cdots \wedge p(x_n) \tag{1.30}$$
$$\exists x \in \{x_1, x_2, \cdots, x_n\}, p(x) \equiv p(x_1) \vee p(x_2) \vee \cdots \vee p(x_n) \tag{1.31}$$

【**ド・モルガンの法則の解説**】命題

$$\forall x \in A,\ p(x) \tag{1.32}$$

が真ならば,すべての $x \in A$ に対して $p(x)$ が真となるので,$p(x)$ が偽となる

$x \in A$ は存在せず，命題

$$\exists x \in A, \ \neg p(x) \tag{1.33}$$

は偽となる．逆に，命題 (1.33) が偽ならば，$p(x)$ が偽となる x が存在しないので，すべての $x \in A$ に対して $p(x)$ が真となり，命題 (1.32) は真となる．したがって，命題 (1.32) の否定は，命題 (1.33) と同値となる．すなわち，式 (1.34) が成立する．同様に，命題 (1.33) の否定は，命題 (1.32) と同値となるので，$\neg p(x)$ を $p(x)$ と置き換えることにより，式 (1.35) も成立する．この 2 つの同値な式 (1.34) と (1.35) をド・モルガンの法則という．

●ド・モルガンの法則

$$\neg(\forall x \in A, \ p(x)) \equiv \exists x \in A, \ \neg p(x) \tag{1.34}$$

$$\neg(\exists x \in A, \ p(x)) \equiv \forall x \in A, \ \neg p(x) \tag{1.35}$$

これらは，2 つの命題 p と q に対するド・モルガンの法則の一般化となっている．すなわち，集合 A が 2 つの元からなる集合 $\{x_1, x_2\}$ であるならば，上記のド・モルガンの法則 (1.34) と (1.35) より次の 2 式が成立する．

$$\neg(p(x_1) \wedge p(x_2)) \equiv \neg p(x_1) \vee \neg p(x_2) \tag{1.36}$$

$$\neg(p(x_1) \vee p(x_2)) \equiv \neg p(x_1) \wedge \neg p(x_2) \tag{1.37}$$

これらの結果は，それぞれ式 (1.22) と (1.21) から導くこともできる．

○例 1.7○　実数全体の集合を $\mathbb{R}$ とするとき，次の命題

$$\forall x \in \mathbb{R}, \ \exists y \in \mathbb{R}, \ x - y < 1 \tag{1.38}$$

を考える．任意の実数 x に対して，その x と等しい実数を y として選べば $x - y = 0 < 1$ となるので，この命題は真であることがわかる．また，この命題の否定は，ド・モルガンの法則を 2 度使うことにより，

$$\neg(\forall x \in \mathbb{R}, \ \exists y \in \mathbb{R}, \ x - y < 1) \equiv \exists x \in \mathbb{R}, \ \neg(\exists y \in \mathbb{R}, \ x - y < 1)$$
$$\equiv \exists x \in \mathbb{R}, \ \forall y \in \mathbb{R}, \ \neg(x - y < 1)$$

$$\equiv \exists x \in \mathbb{R},\ \forall y \in \mathbb{R},\ x - y \geq 1$$

となる．ある $x \in \mathbb{R}$ をもってくれば，すべての $y \in \mathbb{R}$ に対して $x - y \geq 1$ が成り立つという命題であるが，すべての $y \in \mathbb{R}$ に対して $x - y \geq 1$ となるような $x \in \mathbb{R}$ は存在しないので，この命題は偽である．

【限定記号についての補足】 上の命題 (1.38) において，x と y の順を入れ替えた命題

$$\exists y \in \mathbb{R},\ \forall x \in \mathbb{R},\ x - y < 1 \tag{1.39}$$

を考える．この命題は，ある $y \in \mathbb{R}$ が存在して，すべての $x \in \mathbb{R}$ に対して $x - y < 1$ が成立するならば真となるが，すべての $x \in \mathbb{R}$ に対して $x - y < 1$ が成立するような $y \in \mathbb{R}$ が存在しないので，偽となる．このことから，**限定する変数の順を入れ替えると，命題の意味が同じになるとは限らない**ことがわかる．ちなみに，この命題の否定は，

$$\forall y \in \mathbb{R},\ \exists x \in \mathbb{R},\ x - y \geq 1 \tag{1.40}$$

となる．この命題は，任意の $y \in \mathbb{R}$ に対してある $x \in \mathbb{R}$ が存在して $x - y \geq 1$ が成立するならば真となる．実際，任意の $y \in \mathbb{R}$ に対して $y + 2$ と値が等しいように x を選べば $x - y \geq 1$ が成立するので，この命題は真である．

1.4　推論と証明

数学では，決まりきった規則（公理）を前もって定めておき，その規則から新しい規則（定理）を生みだすというプロセス（証明）を踏むことが多い．この節では，そのときに必要とする用語と概念を簡単に解説する．

【推論と証明の解説】 正しい命題から新たな正しい命題を導き出すことを**推論** (inference) という．たとえば，命題 $p \to q$ と $q \to r$ が真であるとき，命題 $p \to r$ が真となることを導くことができる．これは三段論法と呼ばれる推論である．推論を繰り返す過程のことを**証明** (proof) といい，その結果得られる正

しい命題を**定理** (theorem) という．また，定理などを導くための前提となり，常に正しいと仮定する命題を**公理** (axiom) という．数学では，いくつかの公理からなる公理系を仮定したときに，公理系から導かれるさまざまな結果を定理として主張することができる．したがって，公理系が違えば，そこから得られる定理も異なる．

推論を繰り返し適用することによって，命題 p が真ならば命題 q が真であることを導きだせるとき，

$$p \Rightarrow q \tag{1.41}$$

と表す．すなわち，$p \Rightarrow q$ は，命題 $p \to q$ が真であることを表している．このとき，命題 p は命題 q であるための**十分条件** (sufficient condition) であるといい，命題 q は命題 p であるための**必要条件** (necessary condition) であるという．また，$p \Rightarrow q$ かつ $q \Rightarrow p$ であるとき，

$$p \Leftrightarrow q \tag{1.42}$$

と表し，命題 p は命題 q であるための**必要十分条件** (necessary and sufficient condition) であるという．

【**必要条件と十分条件の違い**】必要条件と十分条件は，互いに勘違いしやすい概念であるが，今後の学習の上でその違いを完全に理解しておくことが大変重要である．

例を使いその違いを説明する．実数の集合で定義された命題関数 $p(x)$ を "$x = 1$"，$q(x)$ を "$x^2 = 1$" とする．すぐにわかるように，$x = 1$ ならば $x^2 = 1$ が成立するが，$x^2 = 1$ であっても $x = 1$ とは限らない ($x = -1$ の場合もある)．このことから，命題 $p(x) \to q(x)$ は常に真であるが，その逆 $q(x) \to p(x)$ は真とは限らない，すなわち，

$$p(x) \Rightarrow q(x) \tag{1.43}$$

は成り立っているが，その逆 $q(x) \Rightarrow p(x)$ は成り立っていない．したがって，"$x = 1$" は "$x^2 = 1$" であるための十分条件であるが，必要条件ではない．

逆に, "$x^2 = 1$" は "$x = 1$" であるための必要条件であるが, 十分条件ではない.

命題 "$x^2 = 1$" は, たとえば命題 "$x = 1$ または $x = -1$" の必要十分条件である.

【証明について】数学で用いられる証明には, 公理もしくは前提となる条件から, 推論を繰り返し適用することにより, 結論を導く直説法のほかに, 対偶による方法, あるいは**背理法** (reductive absurdity) などがある. 対偶による方法では, 命題 $p \to q$ が真であることを証明する代わりに, その対偶 $\neg q \to \neg p$ が真であることを証明する. また, 背理法では, 証明したい命題が偽であることを仮定し, そのときに公理や前提と矛盾することを導くことにより, 命題が真であることを示す.

また, 自然数全体の集合で定義された命題関数 $p(n)$ がすべての自然数 n に対して真であることを証明する方法として, **数学的帰納法** (mathematical induction) がある. 数学的帰納法では, $n = 1$ のとき $p(1)$ が真であることを示し, $n = k$ のとき $p(k)$ が真であると仮定すれば $n = k+1$ のとき $p(k+1)$ も真であることを示す.

◯例 1.8◯ 命題 "信号は青である" と "信号は赤である" を考える. このとき, 命題

$$\text{"信号は青でない"} \lor \text{"信号は赤でない"} \tag{1.44}$$

は, 我々の日常では正しいが, 別の世界では必ずしも正しいとは限らない. しかし, ここに公理として

$$\text{"信号は赤である"} \Rightarrow \text{"信号は青でない"} \tag{1.45}$$

があるとする. このとき, 命題 (1.44) が偽である, すなわち, その否定

$$\text{"信号は青である"} \land \text{"信号は赤である"} \tag{1.46}$$

が真であると仮定すると, 上の公理 (1.45) を使って,

$$\text{"信号は青である"} \land \text{"信号は青でない"} \tag{1.47}$$

という矛盾を導くことができる. したがって, 背理法により, 命題 (1.44) が真

であるという定理が得られる．このように，いくつかの公理が仮定されている状況を考えたとき，そこにおいて成り立つ命題が定理となる．

演習問題

1.1 命題 $P(p,q,r) = (p \wedge q) \vee (\neg p \wedge r)$ の真偽表を作れ．

1.2 真偽表を使って，$\neg(p \wedge q \wedge r) \equiv \neg p \vee \neg q \vee \neg r$ となることを確かめよ．

1.3 同値 (1.18), (1.19), (1.20) が成り立つことを示せ．

1.4 次の命題の真偽を確かめよ．また，これを否定した命題を書け．
(1) $\forall x \in \mathbb{R}, \exists y \in \mathbb{R}, x^2 - y^2 < 1$.
(2) $\exists x \in \mathbb{R}, \forall y \in \mathbb{R}, x^2 + y^2 < 1$.
(3) $\forall x \in \mathbb{R}, \forall y \in \mathbb{R}, x^2 + y^2 \geq 0$.
(4) $\exists x \in \mathbb{R}, \exists y \in \mathbb{R}, x^2 + y^2 \leq -1$.

1.5 次の主張が正しいかどうか確かめよ．
(1) "x が整数である" は，"x が自然数である" ための必要条件である．
(2) "x が 2 の倍数である" は，"x が 6 の倍数である" ための必要条件である．
(3) "x が 8 の約数である" は，"x が 4 の約数である" ための必要条件である．
(4) "$x+y \geq 2$ である" は，"$(x \geq 1) \wedge (y \geq 1)$ である" ための必要条件である．
(5) "$x+y \geq 2$ である" は，"$(x \geq 1) \vee (y \geq 1)$ である" ための十分条件である．

2

集　合

　高校の数学で学んだように，"ある定められた条件を満たすものの集まり"を集合という．集合が数学の対象となったのはカントール (G. Cantor, 1845-1918) 以来のことであるから，数学の長い歴史の中では新しい部類に入る．カントールの集合の定義は"集合とはわれわれの直観または思考の対象で，確定していて，しかも互いに明確に区別されるもの（それを集合の元という）を1つの全体としてまとめたものである"というものであった．経営工学で重要な役割を果たすシステム思考において，また確率論をきちんと学ぶうえでも，集合の概念と表記は絶対不可欠といえる．

2.1　集合と部分集合

　経営工学に限らず，日常の会話においても"従業員1万人以上の会社"，"20歳以上の日本人女性"，"ヨーロッパの国々"などのように，ある集まりを対象として議論することがある．このような集まりを**集合** (set) という．この節では，集合について，数学的に解説する．

【集合の解説】集合を記号 A などを使って表す．集合 A の中に入っている個々のものを元または**要素** (element) といい，$a \in A$ または $A \ni a$ と表す．このとき，a は A に属する，あるいは a は A に含まれるという．a が A に属さないとき，$a \notin A$ または $A \not\ni a$ と表す．集合の元の数が有限個ならば**有限集合** (finite set)，無限ならば**無限集合** (infinite set) という．

2.1 集合と部分集合

本書で頻繁に使う集合として，自然数全体の集合，整数全体の集合，有理数全体の集合，実数全体の集合があるが，それらをそれぞれ $\mathbb{N}, \mathbb{Z}, \mathbb{Q}, \mathbb{R}$ と記すことにする．この定義より，たとえば

$$
\begin{aligned}
&3 \in \mathbb{N}, \quad -5 \in \mathbb{Z}, \quad -0.3 \in \mathbb{Q}, \quad -\sqrt{5} \in \mathbb{R}, \\
&0 \notin \mathbb{N}, \quad 0.5 \notin \mathbb{Z}, \quad \sqrt{2} \notin \mathbb{Q}, \quad -2+3i \notin \mathbb{R}
\end{aligned}
\tag{2.1}
$$

である．ここで，i は $i^2 = -1$ をみたす虚数単位を表している．

集合を表すには，$\{a,b,c\}$ のように，その元をすべてあげる外延的記法（中身の見えるビン詰め方式）と，$\{x|1 \leq x \leq 5\}$ のように変数とその条件を使って表す内包的記法（中身の見えないカン詰め方式）がある．内包的記法では，変数 x についての命題関数を $p(x)$ とするとき，集合 $\{x|p(x)\}$ は $p(x)$ が真となるようなすべての x の集まりを意味する，すなわち，

$$
x' \in \{x|p(x)\} \Leftrightarrow p(x') \tag{2.2}
$$

である．また，元のない集合を**空集合** (empty set) といい，記号 $\emptyset$ を使って表す．

2つの集合 A と B が等しいとき $A = B$ と表し，等しくないとき $A \neq B$ と表す．たとえば，$\{1,2,3\} = \{x|x \in \mathbb{N},\ 1 \leq x \leq 3\}$ であるが，$\{2\} \neq \{x|x^2 - 4 = 0\}$ である．集合 A と B が等しいならば，A に属する任意の元が B の元であり，さらに B に属する任意の元が A の元である．また，この逆も成り立つので，$A = B$ が成立する必要十分条件は，

$$
x \in A \Rightarrow x \in B, \quad x \in B \Rightarrow x \in A \tag{2.3}
$$

である．ここで，$x \in A \Rightarrow x \in B,\ x \in B \Rightarrow x \in A$ は，$(x \in A \Rightarrow x \in B) \wedge (x \in B \Rightarrow x \in A)$ を意味する．本書では，このように論理積 $\wedge$ をコンマで代用することがある．

これらの条件 (2.3) の前半 $x \in A \Rightarrow x \in B$ が成り立つとき，A は B の**部分集合** (subset) であるといい，

$$
A \subset B \text{ または } B \supset A \tag{2.4}
$$

と書く．このとき，集合 A は B に含まれる，または B は A を含むという．そ

の否定は

$$A \not\subset B \text{ または } B \not\supset A \tag{2.5}$$

と表す.以上の議論より,$A = B$ であるための必要十分条件は $A \subset B$ と $A \supset B$ が成り立つこと,すなわち

$$A = B \Leftrightarrow A \subset B, \ A \supset B \tag{2.6}$$

である.また,部分集合について,つぎの**推移律** (transitive law)

$$A \subset B, \ B \subset C \Rightarrow A \subset C \tag{2.7}$$

が成り立つ.空集合は任意の集合 A の部分集合である.このことは,任意の集合 A に対して,命題 $x \in \emptyset \Rightarrow x \in A$ が真となることから導くことができる.集合 A が集合 B の部分集合であるが等しくないとき,すなわち

$$A \subset B, \quad A \neq B \tag{2.8}$$

であるとき,集合 A を B の**真部分集合** (proper subset) という.

【補足】集合 A が B の部分集合であることを $A \subseteq B$,真部分集合であることを $A \subset B$ とする書き方もあるが,本書ではこのような使い方を採用しない.

○ **例 2.1** ○　2つの実数 a と b が $a < b$ をみたすとき,集合

$$(a, b) = \{x | x \in \mathbb{R}, \ a < x < b\} \tag{2.9}$$

$$[a, b] = \{x | x \in \mathbb{R}, \ a \leq x \leq b\} \tag{2.10}$$

は,それぞれ実数全体の集合 $\mathbb{R}$ の部分集合である.これらの集合 (a, b) と $[a, b]$ をそれぞれ**開区間** (open interval),**閉区間** (closed interval) と呼ぶ.開区間 (a, b) は,閉区間 $[a, b]$ の真部分集合である.

2.2　和集合と共通部分

集合にはさまざまなものがあるが,1つあるいは複数の集合から新しい集合を定めることができる.この節では,集合の基本的な演算について解説する.

2.2 和集合と共通部分

【和集合の解説】2つの集合 A と B に対して，そのどちらか一方に含まれる元の集まりを A と B の**和集合** (union) といい，

$$A \cup B = \{x | (x \in A) \vee (x \in B)\} \qquad (2.11)$$

と表す．和集合を A と B の**結び**ともいう．

定義から，

$$A \subset A \cup B, \ B \subset A \cup B \qquad (2.12)$$
$$A \subset B \Rightarrow A \cup B = B \qquad (2.13)$$

が成立する．

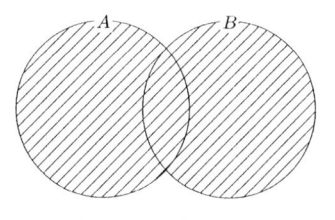

図 2.1 和集合 $A \cup B$

ベン図 (Venn diagram) を使って，集合 A と B の和集合を図 2.1 の斜線部分のように表すことができる．和集合について，**交換律** (commutative law)

$$A \cup B = B \cup A \qquad (2.14)$$

と**結合律** (associative law)

$$(A \cup B) \cup C = A \cup (B \cup C) \qquad (2.15)$$

が成り立つ．したがって，3つの集合 A, B, C の和集合を簡単に $A \cup B \cup C$ と表し，一般に n 個の集合 $A_1, A_2, \cdots, A_n$ の和集合を

$$A_1 \cup A_2 \cup \cdots \cup A_n \qquad (2.16)$$

または

$$\bigcup_{i=1}^{n} A_i \tag{2.17}$$

と表す．これは，集合 $A_1, A_2, \cdots, A_n$ もいずれか少なくとも 1 つに含まれる元の集合である．

【共通部分の解説】2 つの集合 A と B の両方に共通に含まれる元の集まりを A と B の**共通部分** (intersection) といい，

$$A \cap B = \{x | x \in A,\ x \in B\} \tag{2.18}$$

と表す．これを A と B の**交わり**ともいう．$A \cap B \neq \emptyset$ のとき A と B は**交わる** (intersect) といい，$A \cap B = \emptyset$ のとき A と B は**交わらない**，あるいは**互いに素** (mutually disjoint) であるという．集合 A と B が互いに素であるとき，和集合 $A \cup B$ を A と B の**直和** (disjoint union) という．集合 A と B の共通部分は，ベン図を用いて図 2.2 の斜線部分のように表される．

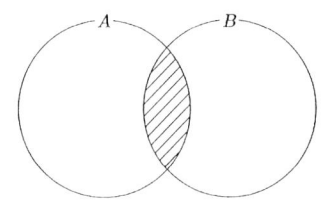

図 2.2 共通部分 $A \cap B$

共通部分の定義から，

$$A \supset A \cap B,\ B \supset A \cap B \tag{2.19}$$

$$A \subset B \Rightarrow A \cap B = A \tag{2.20}$$

が成立する．また，和集合の場合と同様に，共通部分についても，交換律 $A \cap B = B \cap A$ と結合律 $(A \cap B) \cap C = A \cap (B \cap C)$ が成り立つ．n 個の集合 $A_1, A_2, \cdots, A_n$ の共通部分を

$$A_1 \cap A_2 \cap \cdots \cap A_n \tag{2.21}$$

または

$$\cap_{i=1}^{n} A_i \qquad (2.22)$$

と表す．これは，集合 $A_1, A_2, \cdots, A_n$ のすべてに共通に含まれる元の集合である．

【全体集合と補集合の解説】2 つの集合 A と B に対して，A に含まれるが B に含まれない元の集まりを A と B の**差集合** (difference set) といい，

$$A - B = \{x | x \in A,\ x \notin B\} \qquad (2.23)$$

と定義する．集合 B が A の部分集合であるとき，$A - B$ を A に対する B の**補集合** (complement) という．また，集合

$$A \triangle B = (A - B) \cup (B - A) \qquad (2.24)$$

を集合 A と B の**対称差** (symmetric difference) という．対称差は，図 2.3 の斜線部分のように表される．

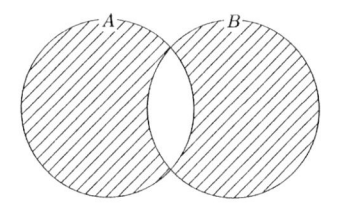

図 **2.3** 対称差 $A \triangle B$

考えている集合が，ある 1 つの定まった集合 X の部分集合であるということがはっきりしているとき X を**全体集合** (whole set) または**普遍集合** (universal set) という．全体集合 X が与えられているとき，X の部分集合 A の X に対する補集合 $X - A$ を

$$A^c \qquad (2.25)$$

と表し，単に A の補集合という．集合 A の X に対する補集合 A^c は，図 2.4 の斜線部分のように表される．

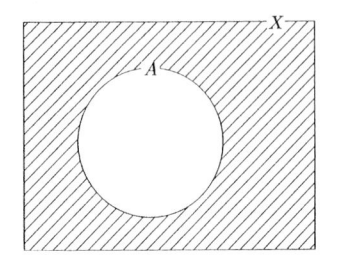

図 2.4 集合 A の X に対する補集合 A^c

○例 2.2○　自然数全体の集合 $\mathbb{N}$ の部分集合 A を 2 の倍数の集まり，B を 3 の倍数の集まりとする．このとき，$A-B$ は 2 の倍数で 3 の倍数でない自然数の集まりであるから，6 で割ると 2 または 4 余る自然数の集まりである．また，$B-A$ は，3 の倍数で 2 の倍数でない自然数の集まりであるから，6 で割ると 3 余る自然数の集合である．したがって，集合 $A \triangle B$ は，6 で割ると余りが 2, 3, 4 のいずれかである自然数の集まりである．また，A^c は，2 で割ると 1 余る自然数の集まり，$(A \cup B)^c$ は，6 で割ると 1 または 5 余る自然数の集まりである．

2.3　集合の演算

前節で，和集合，共通部分，補集合などを定義した．これらを使って集合の間の演算を行うことができる．このときに成り立つ性質などについて解説する．

【分配律と吸収律について】A, B, C を 3 つの集合とするとき，和集合と共通部分について，**分配律** (distributive law)

$$(A \cup B) \cap C = (A \cap C) \cup (B \cap C) \tag{2.26}$$

$$(A \cap B) \cup C = (A \cup C) \cap (B \cup C) \tag{2.27}$$

が成立する．ベン図を使うと，集合 $(A \cup B) \cap C$ と $(A \cap B) \cup C$ は，図 2.5 と 2.6 の斜線部分のように表される．

集合 $(A \cap C) \cup (B \cap C)$ と $(A \cup C) \cap (B \cup C)$ をベン図に表すことにより，

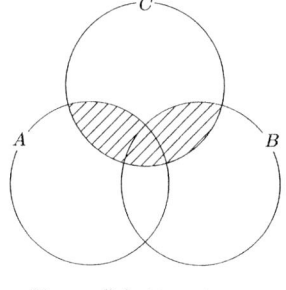

図 2.5 集合 $(A \cup B) \cap C$ 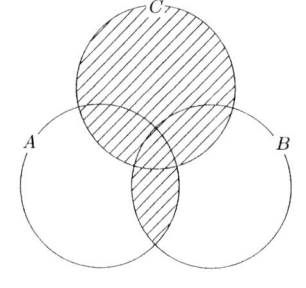　　　図 2.6 集合 $(A \cap B) \cup C$

分配律が成立していることを確かめることもできる．ここでは，分配律 (2.26) を定義に従って証明する．まず，

$x \in (A \cup B) \cap C \Rightarrow x \in A \cup B$ かつ $x \in C$
$\qquad \Rightarrow x \in A \cup B$ より $x \in A$ または $x \in B$ である．
$\qquad\qquad x \in A$ ならば $x \in C$ より $x \in A \cap C$ であり，
$\qquad\qquad x \in B$ ならば同様に $x \in B \cap C$ である．
$\qquad \Rightarrow x \in A \cap C$ または $x \in B \cap C$
$\qquad \Rightarrow x \in (A \cap C) \cup (B \cap C)$

となるので，$(A \cup B) \cap C \subset (A \cap C) \cup (B \cap C)$ が成立する．逆に，

$x \in (A \cap C) \cup (B \cap C)$
$\quad \Rightarrow x \in A \cap C$ または $x \in B \cap C$
$\quad \Rightarrow x \in A \cap C$ ならば $x \in A \subset A \cup B$ かつ $x \in C$ であり，
$\qquad\quad x \in B \cap C$ ならば $x \in B \subset A \cup B$ かつ $x \in C$ である．
$\quad \Rightarrow x \in A \cup B$ かつ $x \in C$
$\quad \Rightarrow x \in (A \cup B) \cap C$

となるので，$(A \cup B) \cap C \supset (A \cap C) \cup (B \cap C)$ が成立する．以上のことから，分配律 (2.26) が成立する．同様に，式 (2.27) を証明することができる（章末問題）．

また，吸収律 (absorption law)

$$(A \cup B) \cap A = A \tag{2.28}$$
$$(A \cap B) \cup A = A \tag{2.29}$$

が成立する．これは，式 (2.12), (2.13), (2.19), (2.20) より導くことができる（章末問題）．

【補集合の演算】 全体集合 X の部分集合 A, B とその補集合 A^c, B^c の間に次の関係式

$$A \cup A^c = X, \ A \cap A^c = \emptyset \tag{2.30}$$
$$(A^c)^c = A \tag{2.31}$$
$$\emptyset^c = X, \ X^c = \emptyset \tag{2.32}$$
$$A \subset B \Leftrightarrow A^c \supset B^c \tag{2.33}$$

が成り立つ．

【ド・モルガンの法則の解説】 全体集合 X の部分集合 A, B とその補集合 A^c, B^c の間に次の関係式

$$(A \cup B)^c = A^c \cap B^c \tag{2.34}$$
$$(A \cap B)^c = A^c \cup B^c \tag{2.35}$$

が成り立つことをド・モルガンの法則という．前半の式 (2.34) の証明は章末問題とし，ここでは後半の式 (2.35) を証明する．そのために，

$$x \in (A \cap B)^c \Rightarrow x \in A^c \cup B^c \tag{2.36}$$
$$x \in A^c \cup B^c \Rightarrow x \in (A \cap B)^c \tag{2.37}$$

を示す必要がある．前者は

$$x \in (A \cap B)^c \Rightarrow x \notin A \cap B$$
$$\Rightarrow x \notin A \text{ または } x \in A \text{ であるが, } x \in A \text{ のとき}$$
$$x \in B \text{ ならば上に矛盾するので } x \notin B \text{ である.}$$
$$\Rightarrow x \notin A \text{ または } x \notin B$$
$$\Rightarrow x \in A^c \text{ または } x \in B^c$$
$$\Rightarrow x \in A^c \cup B^c$$

により成り立つ．後者は，

$$x \in A^c \cup B^c \Rightarrow x \in A^c \text{ または } x \in B^c$$
$$\Rightarrow x \notin A \text{ または } x \notin B$$
$$\Rightarrow x \notin A \text{ ならば } A \cap B \subset A \text{ より } x \notin A \cap B \text{ となり,}$$
$$x \notin B \text{ ならば同様に } x \notin A \cap B \text{ となる.}$$
$$\Rightarrow x \notin A \cap B$$
$$\Rightarrow x \in (A \cap B)^c$$

により成り立つ．したがって，$(A \cap B)^c = A^c \cup B^c$ である．

【集合の演算と論理記号】第 1 章で学んだ論理記号を使った複合命題と集合の演算に密接な関係があることを示す．全体集合を X とし，X の元 x についての命題関数を $p(x)$ と $q(x)$ とする．それぞれの命題関数に対して X の部分集合を

$$A_p = \{x | p(x)\}, \quad A_q = \{x | q(x)\} \tag{2.38}$$

と定義する．これらの集合 A_p と A_q は，それぞれ命題関数 $p(x)$ と $q(x)$ が真となる元 $x \in X$ の集まりである．任意の $x \in X$ に対して $p(x)$ が真ならば

$$X = \{x | p(x)\} \tag{2.39}$$

であり，任意の $x \in X$ に対して $q(x)$ が偽ならば，

$$\emptyset = \{x | q(x)\} \tag{2.40}$$

である．

定義 (2.38) より，

$$A_p \cup A_q = \{x | p(x) \vee q(x)\} \quad (2.41)$$

$$A_p \cap A_q = \{x | p(x) \wedge q(x)\} \quad (2.42)$$

$$A_p - A_q = \{x | p(x) \wedge \neg q(x)\} \quad (2.43)$$

$$(A_p)^c = \{x | \neg p(x)\} \quad (2.44)$$

が成立する．

逆に，X の 2 つの部分集合 A_p と A_q が与えられたとき，$x \in X$ についての命題関数 $p(x)$ と $q(x)$ をそれぞれ "$x \in A_p$" と "$x \in A_q$" と定義すれば，関係式 (2.38) が成り立つ．

関係式 (2.41) が成立することを次の例題で示すが，その他の関係式については，章末問題あるいは読者への課題とする．

◇ **例題 2.1** ◇　関係式 (2.41) が成立することを示せ．

（解答）定義より，

$$a \in A_p \cup A_q \Leftrightarrow (a \in A_p) \vee (a \in A_q)$$
$$\Leftrightarrow p(a) \vee q(a)$$
$$\Leftrightarrow a \in \{x | p(x) \vee q(x)\}$$

となるので (2.41) が成立する．

◇ **例題 2.2** ◇　命題関数 $p(x)$ と $q(x)$ ならびに集合 A_p と A_q を上のように定義するとき，集合についてのド・モルガンの法則 $(A_p \cup A_q)^c = A_p^c \cap A_q^c$ が成り立つことを，命題についてのド・モルガンの法則 $\neg(p(x) \vee q(x)) = \neg p(x) \wedge \neg q(x)$ を使って証明せよ．

（解答）関係式 (2.41) から (2.44) と命題についてのド・モルガンの法則を使

えば，

$$\begin{aligned}
a \in (A_p \cup A_q)^c &\Leftrightarrow \neg(a \in A_p \cup A_q) \\
&\Leftrightarrow \neg(p(a) \vee q(a)) \\
&\Leftrightarrow \neg p(a) \wedge \neg q(a) \\
&\Leftrightarrow (a \in A_p^c) \wedge (a \in A_q^c) \\
&\Leftrightarrow a \in A_p^c \cap A_q^c
\end{aligned}$$

となるので，集合についてのド・モルガンの法則が成立する．

2.4 集合系とべき集合

集合は元の集まりであるが，それぞれの元が集合となっている場合もある．たとえば，日本の大学の集まりを考えるとき，それぞれの大学を学部の集合とみる場合などである．このとき，日本の大学にあるすべての学部のリストは，それぞれの大学の学部の和集合を求めることによって得られる．

【集合系とべき集合の解説】集合の集合を**集合系** (system of sets) という．すなわち，その元がすべて集合であるような集合のことである．たとえば，集合 $\{\emptyset, \{1,2\}, \{3,4\}, \{1,4\}\}$ は集合系である．任意の集合を A とするとき，その部分集合全体のつくる集合系を A の**べき集合** (power set) といい，

$$2^A \text{ あるいは } \wp(A) \tag{2.45}$$

と表す．全体集合 X のいくつかの部分集合からなる集合を X の**部分集合系** (system of subsets) という．言い換えれば，X の部分集合系とは 2^X の部分集合のことである．

○**例 2.3**○ たとえば，$X = \{a, b\}$ のとき

$$2^X = \{\emptyset, \{a\}, \{b\}, \{a,b\}\} \tag{2.46}$$

となる．また，集合 $\{\emptyset, \{a\}, \{a,b\}\}$ は X の部分集合系である．一般に，集合

X が n 個の元からなるとき,べき集合 2^X の元の数は 2^n 個である.

【集合系の和集合と共通部分の解説】集合系 $\mathcal{A}$ が与えられたとき,$\mathcal{A}$ に属する集合の元をすべて集めたものを,集合系 $\mathcal{A}$ の和集合といい,$\cup \mathcal{A}$ と表す.すなわち,
$$\cup \mathcal{A} = \cup_{B \in \mathcal{A}} B = \{x | \exists B \in \mathcal{A}, \, x \in B\} \tag{2.47}$$
である.同様に,$\mathcal{A}$ に属するすべての集合に共通な元全体の集合を,集合系 $\mathcal{A}$ の共通部分といい $\cap \mathcal{A}$ と表す.すなわち,
$$\cap \mathcal{A} = \cap_{B \in \mathcal{A}} B = \{x | \forall B \in \mathcal{A}, \, x \in B\} \tag{2.48}$$
である.

○例 2.4○ 集合系 $\mathcal{A} = \{\{a,b\}, \{b,c,d\}, \{b,d,e\}\}$ とすれば,
$$\cup \mathcal{A} = \{a,b,c,d,e\} \tag{2.49}$$
$$\cap \mathcal{A} = \{b\} \tag{2.50}$$
となる.

2.5 集合の直積

高校の数学では,2 つの実数 x と y の組 (x,y) を考え,その集合を 2 次元平面で表している.ここでは,一般の集合についても複数の元の組を考える.

【直積とは】A,B を 2 つの集合とするとき,A の元 a と B の元 b との順序づけられた組 (a,b) 全体のつくる集合を A と B の**直積** (direct product) または単に**積** (product) といい,
$$A \times B \tag{2.51}$$
と表す.$A \times B$ の元 (a,b) に対して,a をその第一成分または第一座標,b をその第二成分または第二座標という.

○例 2.5○ $A = [2,4]$,$B = (1,3)$ とすれば,

$$A \times B = \{(x,y) | 2 \leq x \leq 4, \ 1 < y < 3\} \tag{2.52}$$

であり，図 2.7 の斜線部分ように表すことができる．ここで，境界の実線部分は含まれるが，破線部分と白抜きの点は含まれない．

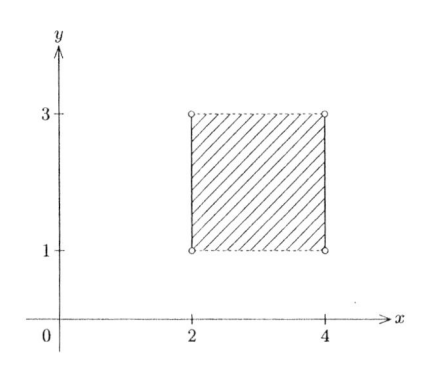

図 2.7 集合 $A = [2,4]$ と $B = (1,3)$ の直積 $A \times B$

○ 例 2.6 ○　実数の集合 $\mathbb{R}$ と $\mathbb{R}$ の直積は，2 次元の点の集合であり，$\mathbb{R} \times \mathbb{R}$ の代わりに $\mathbb{R}^2$ と記す．また，整数の集合 $\mathbb{Z}$ と $\mathbb{Z}$ の直積は，$\mathbb{R}^2$ の部分集合であり，

$$\mathbb{Z} \times \mathbb{Z} = \{(n,m) | n \in \mathbb{Z}, \ m \in \mathbb{Z}\} \tag{2.53}$$

となる．実数の集合 $\mathbb{R}$ の場合と同様に，$\mathbb{Z} \times \mathbb{Z}$ を $\mathbb{Z}^2$ と略記する．2 次元平面上で考えれば，直積 $\mathbb{Z}^2$ は第一，第二成分ともに整数である格子点の集合として表すことができる．

演 習 問 題

2.1 $a + b\sqrt{2}$ $(a, b \in \mathbb{Q})$ の形に表される実数全体の集合を A とするとき，次のことを確かめよ．
(1) $x \in A, y \in A \Rightarrow x + y \in A, \ x - y \in A, \ xy \in A$.
(2) $x \in A, \ x \neq 0 \Rightarrow x^{-1} \in A$.

2.2 分配律の第 2 式 (2.27) が成立することを示せ．

2.3 吸収律 (2.28) と (2.29) が成立することを示せ．

2.4 ド・モルガンの法則の第 1 式 (2.34) が成立することを示せ.

2.5 関係式 (2.42), (2.43), (2.44) が成立することを示せ.

2.6 $A \triangle B = (A \cup B) - (A \cap B)$ が成立することを示せ.

2.7 任意の 3 つの集合 A, B, C に対して,

$$(A \triangle B) \triangle C = A \triangle (B \triangle C) \tag{2.54}$$

が成立することを示せ.

2.8 集合系 $\mathcal{A} = \{(-5,5), [0,7], [-2,3]\}$ に対して,和集合 $\cup \mathcal{A}$ と共通部分 $\cap \mathcal{A}$ を求めよ.

2.9 有限集合 A と B の元の数がそれぞれ n 個と m 個であるとき,直積 $A \times B$ の元の数はいくつになるか求めよ.

3

写 像

　物事の本質を理解するのは，しばしば抽象的な思考が求められる．個々の現象に付随する特殊な部分を取り払って本質的な構造を抽出することは，極めて知的水準の高い行為である．これからしばらくは抽象的思考能力を高める訓練を行う．この章では，手始めとして写像の概念を説明する．高校の数学では，y が x の関数であることを表すのに $y = f(x)$ という式とともに，$f : x \to y$ という表記があることを学んだはずだ．実は，この表記が関数を写像として抽象化するための布石になっている．

3.1 写像と対応

　高校の数学で，**関数** (function) を学んでいる．関数 f とは，たとえば $f(x) = x^2 - 3x + 1$ のように，任意の実数 $x \in \mathbb{R}$ に対して $x^2 - 3x + 1$ によって計算される 1 つの実数を対応させる規則とみなすことができる．この関数の定義を拡張することにより，写像を導入する．

【**写像とは**】2 つの集合を A, B とする．集合 A の任意の元 a に対して，ある規則 f によって B の元 b が定められるとき，この規則 f のことを A から B への**写像** (mapping) といい，

$$f : A \to B \tag{3.1}$$

と表す．A の元 a に対して定まる B の元 b を f による a の**像** (image) といい，

$$f(a) = b \tag{3.2}$$

と書く．写像 $f : A \to B$ による a の像が b であることを，a における f の値は b である，f は a を b に対応させる，f は a を b に写すなどともいう．集合 A を写像 f の**定義域** (domain) または**始集合** (initial set) といい，B を**終集合** (final set) という．また，$f(a) = b$ となる a が少なくとも 1 つ存在するような B の元全体のつくる B の部分集合 $\{b \in B | a \in A, \ b = f(a)\}$ を f の**値域** (range) という．

集合 A から B への 2 つの写像 f と g について，A の任意の元 a に対して $f(a) = g(a)$ が成り立つとき，f と g は等しいといい，$f = g$ と書く．定義域または終集合が異なる 2 つの写像は等しくない．

集合 A から B への写像を f とするとき，直積 $A \times B$ の部分集合

$$\{(a,b) | a \in A, \ f(a) = b\} \tag{3.3}$$

を f の**グラフ** (graph) といい，$G(f)$ と書く．

|○例 3.1 ○|　$A = [-1, 2], B = [0, 6]$ とするとき，任意の $x \in A$ に対して

$$f(x) = x^2 + 1 \tag{3.4}$$

とすれば，この f は A から B への写像である．写像 f のグラフは図 3.1 のようになり，その値域は $[1, 5]$ である．

【**定値写像と恒等写像の解説**】ここでは，特殊な写像について解説する．元 $b^0 \in B$ を 1 つ定めて任意の $a \in A$ に対して

$$g(a) = b^0 \tag{3.5}$$

とすれば，この g は A から B への写像である．この写像 g を値 b^0 の**定値写像** (constant mapping) という．

任意の元 $a \in A$ に対して

$$I(a) = a \tag{3.6}$$

とすれば，この I は集合 A から A 自身への写像である．これを A の上の**恒等写像** (identity mapping) といい，I を記号 I_A で表す．

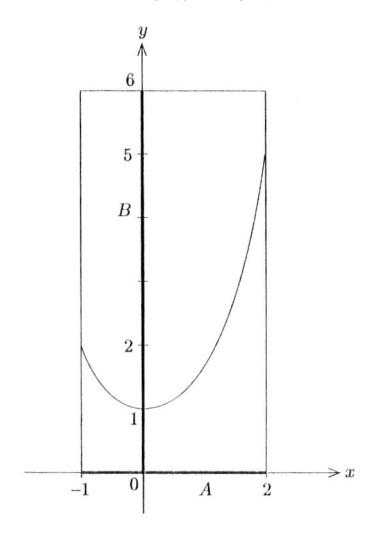

図 3.1 写像 $f = x^2 + 1$ のグラフ $G(f)$

A を任意の集合, P をその部分集合とするとき, P の各元 a に a 自身を対応させる写像 $I : P \to A$ を**包含写像** (inclusion mapping) あるいは**標準的単射** (canonical injection) という. $P = A$ の場合に標準的単射 I は, A の上の恒等写像 I_A となる.

【対応の解説】写像をさらに拡張したものとして対応がある. A, B を 2 つの集合とし, 集合 A の任意の元 a に対して, ある規則 ϕ によって B の部分集合 Q が定められるとき, この規則 ϕ のことを A から B への**対応** (correspondence) あるいは**点集合写像** (point to set mapping) という. 見方を変えれば, 集合 A から B への対応 ϕ とは, 集合 A からべき集合 2^B への写像とみなすこともできる.

集合 A から B への対応 ϕ が与えられたとき, 直積 $A \times B$ の部分集合

$$\{(a,b) | a \in A, b \in B, b \in \phi(a)\} \tag{3.7}$$

を対応 ϕ のグラフといい, それを $G(\phi)$ と書く.

定義から, $a \in A$ と $b \in B$ に対して, $(a,b) \in G(\phi)$ ならば $b \in \phi(a)$ であり, その逆も成り立つ. したがって, 任意の $a \in A$ に対して,

$$\phi(a) = \{b | (a,b) \in G(\phi)\} \tag{3.8}$$

が成り立つ．このことから，対応 ϕ は，そのグラフ $G(\phi)$ によって一意的に定められる．また，直積 $A \times B$ の任意の部分集合 G に対して，$G = G(\phi)$ が成立するような A から B への対応 ϕ がただ1つ存在する．

◯**例 3.2**◯ 集合 $A = [-2, 2]$, $B = [0, 2]$ とするとき，任意の $a \in A$ に対して $\phi(a) = \{b | b \in [0, 2], b \geq |a|\}$ と定義すれば，対応 ϕ のグラフ $G(\phi)$ は，図 3.2 のようになる．

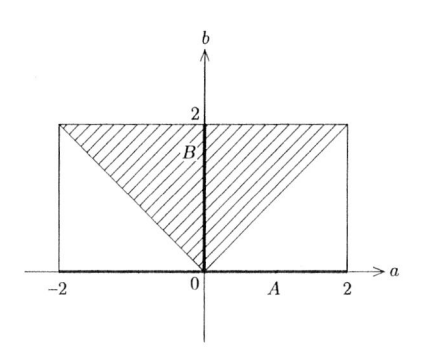

図 3.2 対応 $\phi(a) = \{b | b \in [0, 2], b \geq |a|\}$ のグラフ $G(\phi)$

【逆対応の解説】集合 A から B への対応を ϕ とするとき，B の各元 b に対して，$b \in \phi(a)$ であるような A の元 a 全体のつくる A の部分集合を $\psi(b)$ とすれば，B から A への対応 ψ が定められる．この対応 ψ を ϕ の**逆対応**といい，ϕ^{-1} と表す．逆対応の定義より，

$$a \in A, \ b \in \phi(a) \Leftrightarrow b \in B, \ a \in \phi^{-1}(b) \tag{3.9}$$

が成立する．逆対応 ϕ^{-1} のグラフは

$$G(\phi^{-1}) = \{(b, a) | (a, b) \in G(\phi)\} \tag{3.10}$$

となる．

◯**例 3.3**◯ 例 3.2 で定義した $A = [-2, 2]$ から $B = [0, 2]$ への対応

$\phi(a) = \{b|b \in [0,2],\ b \geq |a|\}$ の逆対応は,任意の $b \in [0,2]$ に対して,

$$\phi^{-1}(b) = \{a|a \in [-2,2],\ |a| \leq b\} \tag{3.11}$$

となり,そのグラフ $G(\phi^{-1})$ は図 3.3 のように表される.

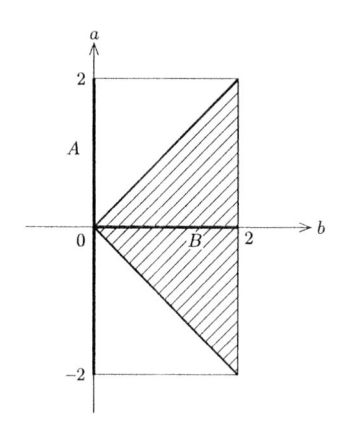

図 3.3 対応 $\phi(a) = \{b|b \in [0,2],\ b \geq |a|\}$ の逆対応 ϕ^{-1} のグラフ $G(\phi^{-1})$

3.2 像 と 逆 像

写像は,1 つの元に 1 つの元を対応させる.ここでは,1 つの元ではなく複数の元からなる集合を写像によって写したときの集合について解説する.

【像と逆像とは】写像 $f: A \to B$ と部分集合 $P \subset A$ に対して

$$f(P) = \{b \in B | a \in P,\ f(a) = b\} \tag{3.12}$$

を f による P の像 (image) という.また,写像 $f: A \to B$ と $Q \subset B$ に対して

$$f^{-1}(Q) = \{a \in A | f(a) \in Q\} \tag{3.13}$$

を f による Q の原像または逆像 (inverse image) という.

○例 3.4○ 例 3.1 のように,$A = [-1, 2]$,$B = [0, 6]$ とし,写像 $f:$

$A \to B$ を $f(x) = x^2 + 1$ とする．このとき，図 3.4 から見て取れるように $P = [-1, 0.5] \subset A$ に対して

$$f(P) = [1, 2] \tag{3.14}$$

となる．また，図 3.5 より $Q = [0, 3] \subset B$ に対して，

$$f^{-1}(Q) = [-1, \sqrt{2}] \tag{3.15}$$

となる．

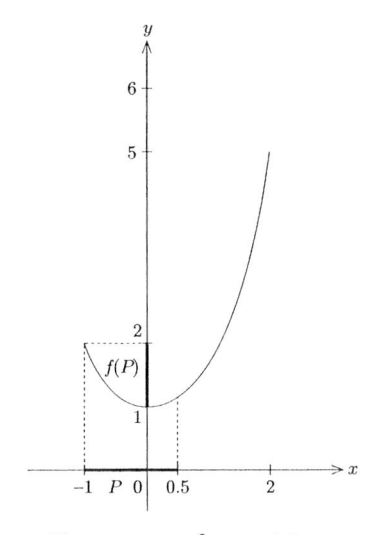

図 3.4 $f(x) = x^2 + 1$ による $P = [-1, 0.5]$ の像 $f(P)$

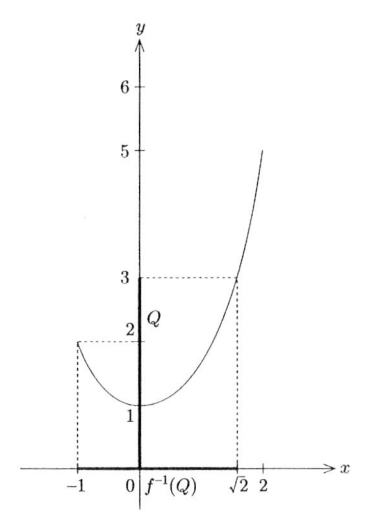

図 3.5 $f(x) = x^2 + 1$ による $Q = [0, 3]$ の原像 $f^{-1}(Q)$

【像と逆像の演算】集合 A から B への写像を f とし，$a \in A, P \subset A, b \in B$, $Q \subset B$ とすれば，像と逆像の定義より関係式

$$a \in P \Rightarrow f(a) \in f(P) \tag{3.16}$$

$$b \in f(P) \Leftrightarrow \exists a' \in P, b = f(a') \tag{3.17}$$

$$a \in f^{-1}(Q) \Leftrightarrow f(a) \in Q \tag{3.18}$$

$$\exists a' \in f^{-1}(Q), b = f(a') \Rightarrow b \in Q \tag{3.19}$$

$$P_1 \subset P_2 \Rightarrow f(P_1) \subset f(P_2) \tag{3.20}$$

$$Q_1 \subset Q_2 \Rightarrow f^{-1}(Q_1) \subset f^{-1}(Q_2) \tag{3.21}$$

が成り立つ．ただし，式 (3.16), (3.19), (3.20), (3.21) の逆が成り立つとは限らないことに注意する必要がある．上の関係式を利用すると，次の結果が得られる．

■**定理 3.1** 集合 P, P_1, P_2 を集合 A の部分集合，Q, Q_1, Q_2 を B の部分集合とする．このとき，写像 $f : A \to B$ について，次の関係式

$$f(P_1 \cup P_2) = f(P_1) \cup f(P_2) \tag{3.22}$$

$$f^{-1}(Q_1 \cup Q_2) = f^{-1}(Q_1) \cup f^{-1}(Q_2) \tag{3.23}$$

$$f(P_1 \cap P_2) \subset f(P_1) \cap f(P_2) \tag{3.24}$$

$$f^{-1}(Q_1 \cap Q_2) = f^{-1}(Q_1) \cap f^{-1}(Q_2) \tag{3.25}$$

$$f(A - P) \supset f(A) - f(P) \tag{3.26}$$

$$f^{-1}(B - Q) = A - f^{-1}(Q) \tag{3.27}$$

$$f^{-1}(f(P)) \supset P \tag{3.28}$$

$$f(f^{-1}(Q)) \subset Q \tag{3.29}$$

が成り立つ．

［証明］ここでは，2 つの関係式 (3.24) と (3.25) を証明する．その他については，章末問題あるいは読者への課題とする．

関係式 (3.24) は，

$$\begin{aligned} b \in f(P_1 \cap P_2) &\Rightarrow \exists a \in P_1 \cap P_2, \ f(a) = b \\ &\Rightarrow (a \in P_1 \text{ かつ } a \in P_2), \ f(a) = b \\ &\Rightarrow b \in f(P_1) \text{ かつ } b \in f(P_2) \\ &\Rightarrow b \in f(P_1) \cap f(P_2) \end{aligned}$$

より成り立つ．関係式 (3.25) は 2 つの集合が等しいことを示さなければならないので，次のように分けて証明する．まず，

$$\begin{aligned}
a \in f^{-1}(Q_1 \cap Q_2) &\Rightarrow f(a) \in Q_1 \cap Q_2 \\
&\Rightarrow f(a) \in Q_1 \text{かつ} f(a) \in Q_2 \\
&\Rightarrow a \in f^{-1}(Q_1) \text{かつ} a \in f^{-1}(Q_2) \\
&\Rightarrow a \in f^{-1}(Q_1) \cap f^{-1}(Q_2)
\end{aligned}$$

より $f^{-1}(Q_1 \cap Q_2) \subset f^{-1}(Q_1) \cap f^{-1}(Q_2)$ が成り立つ．逆に，

$$\begin{aligned}
a \in f^{-1}(Q_1) \cap f^{-1}(Q_2) &\Rightarrow a \in f^{-1}(Q_1) \text{かつ} a \in f^{-1}(Q_2) \\
&\Rightarrow f(a) \in Q_1 \text{かつ} f(a) \in Q_2 \\
&\Rightarrow f(a) \in Q_1 \cap Q_2 \\
&\Rightarrow a \in f^{-1}(Q_1 \cap Q_2)
\end{aligned}$$

より $f^{-1}(Q_1 \cap Q_2) \supset f^{-1}(Q_1) \cap f^{-1}(Q_2)$ が成り立つ．したがって，関係式 (3.25) が成立する． □

[補足] 定理 3.1 において，等号ではない関係式 (3.24), (3.26), (3.28), (3.29) では，等号が成立するとは限らない．たとえば，関係式 (3.24) の逆の包含関係 $f(P_1 \cap P_2) \supset f(P_1) \cap f(P_2)$ が成立しない例を示す．写像 $f : [-1, 1] \to [0, 1]$ を任意の $x \in [-1, 1]$ に対して

$$f(x) = x^2 \tag{3.30}$$

とするとき，$P_1 = [-1, 0]$, $P_2 = [0, 1]$ ならば図 3.6 に示されるように

$$f(P_1 \cap P_2) = f(\{0\}) = \{0\} \tag{3.31}$$
$$f(P_1) \cap f(P_2) = [0, 1] \cap [0, 1] = [0, 1] \tag{3.32}$$

となり，$f(P_1 \cap P_2)$ は $f(P_1) \cap f(P_2)$ の真部分集合となる．

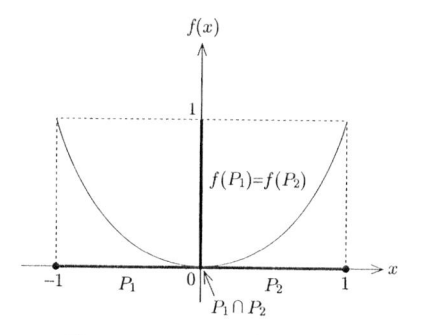

図 3.6 写像 $f(x) = x^2$ のグラフ

3.3 全射と単射

ここでは，特殊な写像である全射と単射について説明する．それらは一見ごく当たり前の性質であるので，写像そのものと勘違いすることもあるようである．例などを通して，その違いをよく理解することが大切である．

【全射と単射とは】写像 $f : A \to B$ に対して，$f(A) = B$ が成り立つとき，f は A から B への**全射** (surjection) である，あるいは，f は A から B の上への**写像** (onto mapping) であるという．f が全射ならば，任意の b に対して逆像 $f^{-1}(\{b\})$ は空ではない．逆に，任意の b に対して逆像 $f^{-1}(\{b\})$ が空でないならば，f は全射である．

写像 $f : A \to B$ は，A の任意の元 a, a' に対して，

$$a \neq a' \Rightarrow f(a) \neq f(a') \tag{3.33}$$

あるいはその対偶

$$f(a) = f(a') \Rightarrow a = a' \tag{3.34}$$

が成り立つとき，A から B への**単射** (injection) である，または A から B への**1 対 1 の写像** (one-to-one mapping) であるという．写像 f が単射ならば，A の異なる 2 つの元は，B の異なる元に写される．

写像 f が同時に全射かつ単射であるとき，f は A から B への**全単射** (bijection)

であるという.

　全射と単射は異なる概念であるので，写像には，全射でも単射でもないもの，全射であるが単射ではないもの，単射であるが全射ではないもの，全単射であるものがある．また，写像 $f: A \to B$ が単射あるいは全射であるかどうかは，f の形だけではなく，始集合 A と終集合 B にも大きく依存する．たとえば，写像 $f: A \to B$ が全射でなくとも，f の値域を $B' = \{b | a \in A, b = f(a)\}$ とするとき，写像 $g: A \to B'$ を任意の $a \in A$ に対して

$$g(a) = f(a) \tag{3.35}$$

と定義すれば，この g は全射となる.

　集合 A と B がそれぞれ有限集合である場合について，全射と単射の存在と元の数の関係について調べてみる．それぞれの元の数が m と n であり，$A = \{a_1, a_2, \cdots, a_m\}$，$B = \{b_1, b_2, \cdots, b_n\}$ と表されているとする．このとき，集合 A から B への全射 f が存在するならば，任意の b_j に対して，ある a_i が存在し，$f(a_i) = b_j$ となるので，A の元の数は B の元の数と等しいか大きい，すなわち $m \geq n$ が成立する．逆に，$m \geq n$ が成立するならば，集合 A から B への全射が存在する．実際，集合 A のはじめから n 個の元 $a_i (i = 1, 2, \cdots, n)$ をそれぞれ b_i に対応させ，その他の元 $a_i (i = n+1, \cdots, m)$ を同じ b_1 に対応させる写像 f は全射となる．また，集合 A から B への単射 g が存在するならば，値域 $\{g(a_i) \mid i = 1, 2, \cdots, m\}$ が集合 B において異なる m 個の元の集合となるので，A の元の数は B の元の数と等しいか小さい，すなわち $m \leq n$ が成立する．逆に，$m \leq n$ が成立するならば，集合 A から B への単射 f が存在する．以上のことから，集合 A から B への全単射が存在する必要十分条件は，$m = n$ である.

　○例 **3.5** ○　　写像 $f: \mathbb{R} \to \mathbb{R}$ を任意の $x \in \mathbb{R}$ に対して

$$f(x) = \sin x \tag{3.36}$$

と定義すれば，f は全射でも単射でもない．$f: \mathbb{R} \to [-1, 1]$ を任意の $x \in \mathbb{R}$ に対して $f(x) = \sin x$ と定義すれば，f は全射であるが単射ではない．$f: [-\pi/2, \pi/2] \to \mathbb{R}$ を任意の $x \in [-\pi/2, \pi/2]$ に対して $f(x) = \sin x$

と定義すれば,f は単射であるが全射ではない.$f: [-\pi/2, \pi/2] \to [-1, 1]$ を任意の $x \in [-\pi/2, \pi/2]$ に対して $f(x) = \sin x$ と定義すれば,f は全単射である.

【単射あるいは全射の像と原像】 前節で写像の像あるいは原像の関係式を示したが,単射あるいは全射の場合には,そこでは必ずしも成り立たなかった関係式の一部が成り立つ.実際,写像 f が単射ならば,関係式 (3.16),(3.20) の逆が成立し,

$$a \in P \Leftrightarrow f(a) \in f(P) \tag{3.37}$$
$$P_1 \subset P_2 \Leftrightarrow f(P_1) \subset f(P_2) \tag{3.38}$$

となる.また,写像 f が全射ならば,(3.19),(3.21) の逆が成立し,

$$b \in Q \Leftrightarrow \exists a' \in f^{-1}(Q),\ b = f(a') \tag{3.39}$$
$$Q_1 \subset Q_2 \Leftrightarrow f^{-1}(Q_1) \subset f^{-1}(Q_2) \tag{3.40}$$

となる.さらに,これらの関係式を利用すると,次の結果が得られる.

■**定理 3.2** 写像 $f: A \to B$ が単射ならば,A の部分集合 P, P_1, P_2 に対して関係式

$$f(P_1 \cap P_2) = f(P_1) \cap f(P_2) \tag{3.41}$$
$$f(A - P) = f(A) - f(P) \tag{3.42}$$
$$f^{-1}(f(P)) = P \tag{3.43}$$

が成り立つ.また,写像 $f: A \to B$ が全射ならば,B の部分集合 Q に対して関係式

$$f(f^{-1}(Q)) = Q \tag{3.44}$$

が成り立つ.

[証明] ここでは,写像 $f: A \to B$ が単射ならば関係式 (3.41) が成り立

つことを示し，その他は章末問題あるいは読者への課題とする．定理 3.1 より $f(P_1 \cap P_2) \subset f(P_1) \cap f(P_2)$ が成立するので，$f(P_1 \cap P_2) \supset f(P_1) \cap f(P_2)$ を示せば十分である．それは，

$$b \in f(P_1) \cap f(P_2) \Rightarrow b \in f(P_1) \text{ かつ } b \in f(P_2)$$
$$\Rightarrow \exists a \in P_1,\ f(a) = b \text{ かつ } \exists a' \in P_2,\ f(a') = b$$
$$\Rightarrow f \text{ が単射なので } f(a) = b = f(a') \text{ より } a = a' \text{ となる．}$$
$$\text{したがって } a \in P_1,\ f(a) = b \text{ かつ } a \in P_2,\ f(a) = b$$
$$\Rightarrow a \in P_1 \cap P_2,\ f(a) = b$$
$$\Rightarrow b \in f(P_1 \cap P_2)$$

により成立する．したがって，$f(P_1 \cap P_2) = f(P_1) \cap f(P_2)$ となる．　　□

[補足] 上の証明において，写像 f が単射であることが重要であり，単射でない場合には，証明の中の a と a' が等しいとは限らないので，$f(P_1 \cap P_2) \supset f(P_1) \cap f(P_2)$ とはいえない．

【逆写像の解説】写像 $f : A \to B$ が単射ならば，任意の元 $b \in B$ に対して $f(a) = b$ をみたす元 $a \in A$ はたかだか 1 つであり，f が全射ならば任意の元 $b \in B$ に対して $f(a) = b$ をみたす元 $a \in A$ が少なくとも 1 つ存在する．したがって，写像 $f : A \to B$ が全単射ならば，任意の $b \in B$ に対して $f(a) = b$ をみたす $a \in A$ がただ 1 つ存在する．このとき，各元 $b \in B$ に対してこの $a \in A$ を対応させる B から A への写像を定義することができる．この写像を f の**逆写像** (inverse mapping) といい，f^{-1} と表す．すなわち，$f : A \to B$ が全単射ならば，逆写像 $f^{-1} : B \to A$ が存在し，

$$f(a) = b \Leftrightarrow f^{-1}(b) = a \tag{3.45}$$

となる．写像 $f : A \to B$ が全単射でないならば，逆写像は存在しない．

　逆写像と似た概念に逆対応と逆像があるが，それらが任意の対応あるいは写像に対して定義できるのに対して，逆写像 f^{-1} は写像 f が全単射のときのみ定義できるという大きな違いがある．

○例 3.6○　写像 $f:[0,1] \to [0,1]$ を

$$f(x) = x^2 \tag{3.46}$$

とすれば，これは全単射であり，逆写像 $f^{-1}:[0,1] \to [0,1]$ が存在し，

$$f^{-1}(y) = \sqrt{y} \tag{3.47}$$

となる．写像 $f:[-1,1] \to [0,1]$ を

$$f(x) = x^2 \tag{3.48}$$

とすれば，これは単射ではないので，逆写像は存在しない．

3.4　合　成　写　像

　大学の1つのクラスの各学生がどこの市の出身であるかという表（写像）とそれぞれの市がどこの県にあるかという表（写像）があれば，2つの表を組み合わせることにより，各学生がどこの県の出身であるかわかる．このような表の組み合わせは，写像の合成として説明することができる（下の例を参照）．

【合成写像の解説】3つの集合を A, B, C とし，写像 $f: A \to B$ と $g: B \to C$ が定義されているとする．このとき，任意の $a \in A$ に対して，C の元 $g(f(a))$ を対応させる写像 $h: A \to C$ を f と g の**合成写像** (composite mapping) といい，$g \circ f$ または単に gf と書く．写像 f, g とその合成写像 $g \circ f$ の関係は，図3.7のように表すことができる．

○例 3.7○　3つの集合を $A=\{$鈴木, 佐藤, 田中$\}$, $B=\{$横浜, 川崎, 船橋$\}$, $C=\{$千葉, 神奈川$\}$ とし，写像 $f: A \to B$ が $f($鈴木$)=$横浜, $f($佐藤$)=$船橋, $f($田中$)=$川崎 であり，写像 $g: B \to C$ が横浜と川崎を神奈川に写し，船橋を千葉に写すとする．このとき，合成写像 $g \circ f$ を h とすれば，

$$h(鈴木) = 神奈川, \ h(佐藤) = 千葉, \ h(田中) = 神奈川$$

となる．

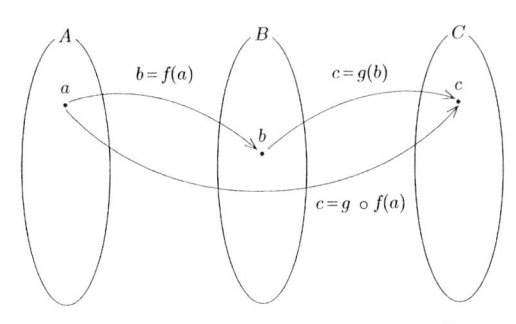

図 3.7 写像 f, g とその合成写像 $g \circ f$ の関係

■**定理 3.3** 写像 $f: A \to B$ と $g: B \to C$ について，f と g がともに全射ならば合成写像 $g \circ f$ も全射であり，ともに単射ならば合成写像 $g \circ f$ も単射である．したがって，f と g が全単射ならば $g \circ f$ も全単射である．

[証明] 写像 f と g が全射であるとし，元 $c \in C$ を任意にとる．このとき，g が全射であるので，ある $b \in B$ が存在し $g(b) = c$ となる．さらに，f が全射であるので，ある $a \in A$ が存在し $f(a) = b$ となる．したがって，

$$g \circ f(a) = g(b) = c \tag{3.49}$$

となる $a \in A$ が存在するので，$g \circ f$ は全射である．

つぎに，写像 f と g が単射であるとする．$a \in A$ と $a' \in A$ に対して

$$g \circ f(a) = g \circ f(a') \tag{3.50}$$

であると仮定する．このとき，g が単射であり $g(f(a)) = g(f(a'))$ であるから，$f(a) = f(a')$ となる．さらに f も単射であることから $a = a'$ が得られる．したがって，写像 $g \circ f$ は単射である．

以上のことから，f, g がともに全単射ならば $g \circ f$ も全単射である． □

[補足] この定理の逆が成り立つとは限らない．実際，章末問題で示されるように，合成写像 $g \circ f$ が全射ならば，g は全射であるが，f は全射とは限らない．また，合成写像 $g \circ f$ が単射ならば，f は単射であるが，g は単射とは限らない．

【3つ以上の写像の合成写像について】A, B, C, D を集合とし，$f: A \to B$,

3.4 合成写像

$g: B \to C$, $h: C \to D$ を写像とするとき, $(h \circ g) \circ f$ と $h \circ (g \circ f)$ はどちらも A から D への写像である. このとき, 任意の $a \in A$ に対して

$$(h \circ g) \circ f(a) = (h \circ g)(f(a)) = h(g(f(a))) \tag{3.51}$$
$$h \circ (g \circ f)(a) = h((g \circ f)(a)) = h(g(f(a))) \tag{3.52}$$

となる. したがって, 結合律

$$(h \circ g) \circ f = h \circ (g \circ f) \tag{3.53}$$

が成立する. このことから, これらの両辺を単に $h \circ g \circ f$ と書くことができる. 一般に, $n+1$ 個の集合 $A_1, A_2, \cdots, A_{n+1}$ に対して, n 個の写像 $f_i: A_i \to A_{i+1}$, $(i = 1, 2, \cdots, n)$ が与えられたとき, 任意の $a \in A_1$ を

$$f_n(f_{n-1}(\cdots f_2(f_1(a))\cdots)) \in A_{n+1} \tag{3.54}$$

に写す A_1 から A_{n+1} への合成写像を

$$f_n \circ f_{n-1} \circ \cdots \circ f_1 \tag{3.55}$$

と書く.

【恒等写像と合成写像について】 2つの集合を A と B とし, A の上の恒等写像を I_A とし, B の上の恒等写像を I_B とする. 集合 A から B への写像を f とすれば, 任意の $a \in A$ に対して,

$$f \circ I_A(a) = f(I_A(a)) = f(a) \tag{3.56}$$

となるので, $f \circ I_A = f$ が成立する. また, 任意の $a \in A$ に対して,

$$I_B \circ f(a) = I_B(f(a)) = f(a) \tag{3.57}$$

となるので, $I_B \circ f = f$ が成立する.

写像 f を集合 A から B への全単射とすれば, 逆写像 $f^{-1}: B \to A$ が存在し, 任意の $a \in A$ に対して

$$f^{-1} \circ f(a) = a \tag{3.58}$$

となるので，$f^{-1} \circ f = I_A$ が成立する．また，任意の $b \in B$ に対して

$$f \circ f^{-1}(b) = b \tag{3.59}$$

となるので，$f \circ f^{-1} = I_B$ が成立する．このことからもわかるように，合成写像 $f^{-1} \circ f$ が $f \circ f^{-1}$ と等しいとは限らない．

○例 3.8 ○ 写像 $f : [0, 2] \to [0, 4]$ を $f(x) = x^2$ とすれば，これは全単射であり，その逆写像 $f^{-1} : [0, 4] \to [0, 2]$ は

$$f^{-1}(y) = \sqrt{y} \tag{3.60}$$

である．このとき，合成写像 $f^{-1} \circ f$ は集合 $[0, 2]$ の上の恒等写像であり，$f \circ f^{-1}$ は集合 $[0, 4]$ の上の恒等写像である．

演習問題

3.1 A, B がそれぞれ m 個，n 個の元からなる有限集合のとき，A から B への写像は全部でいくつあるか．

3.2 定理 3.1 の関係式 (3.22) を証明せよ．

3.3 定理 3.1 の関係式 (3.26) を証明せよ．

3.4 定理 3.1 の関係式 (3.26) において，等号が成立しない例を示せ．

3.5 閉区間 $[0, 1]$ から開区間 $(0, 1)$ への関数 f を

$$f(x) = \begin{cases} \dfrac{1}{2} & x = 0 \\ \dfrac{x}{4} & x = \dfrac{1}{2^n} \quad (n = 0, 1, \cdots) \\ x & x \neq 0, \dfrac{1}{2^n} \quad (n = 0, 1, \cdots) \end{cases} \tag{3.61}$$

と定義する．この f が全単射であることを確かめよ．

3.6 f が単射ならば，定理 3.2 の式 (3.43) が成り立つことを証明せよ．

3.7 f が全射ならば，定理 3.2 の式 (3.44) が成り立つことを証明せよ．

3.8 $f: A \to B, g: B \to C$ とする.このとき,$g \circ f$ が全射ならば,g が全射であることを示せ.また,$g \circ f$ が単射ならば,f が単射であることを示せ.

3.9 $f: A \to B, g: B \to C$ とする.このとき,$g \circ f$ が全射であるが,f が全射とならない例を示せ.また,$g \circ f$ が単射であるが,g が単射とならない例を示せ.

4

集合族と選択公理

　第3章まで読み進んできたことにより，論理的あるいは抽象的な思考にも少しずつ慣れてきていることだろう．大学の数学では，無限という概念を正しく理解することが大切である．有限の場合には明らかに成り立つことが，無限になると途端に成り立たなくなることもある．本章では，高校で学んだ無限数列の延長上にある集合族を解説し，最後には選択公理を紹介する．高校数学に比べて難しく感じる部分もあるだろうが，徐々に慣れていくことが肝心である．

4.1 数列と元の族

　高校の数学で数列を学んでいるはずである．数列は，整数あるいは実数などが順に並んだ列である．この節では，数列の概念をより一般の集合へ拡張することにより，元の列と元の族について解説する．

【数列から元の列へ】 たとえば
$$2, 4, 8, \cdots, 2^n, \cdots \tag{4.1}$$
は，第 n 項 (第 n 番目の数) が 2^n となる**数列** (sequence of numbers) である．数列が与えられたとき，各自然数 $n \in \mathbb{N}$ に数列の n 番目の数を対応させれば，$\mathbb{N}$ から $\mathbb{R}$ への1つの写像 f が得られる．上記の数列を例にとれば，写像 $f: \mathbb{N} \to \mathbb{R}$ を
$$f(n) = 2^n \tag{4.2}$$
と定めることができる．逆に，$\mathbb{N}$ から $\mathbb{R}$ への写像 g が与えられたならば，数列

$$g(1), g(2), \cdots, g(n), \cdots \tag{4.3}$$

が得られる．したがって，数列とは，$\mathbb{N}$ から $\mathbb{R}$ への写像であるとみなすことができる．

数列から得られる写像の終集合は実数の集合 $\mathbb{R}$ であるが，この終集合を $\mathbb{R}$ に限らず一般化して，$\mathbb{N}$ から集合 A への写像 f のことを A の元の**列** (sequence) または**無限列** (infinite sequence) ということがある．このとき，第 n 項 $f(n)$ を通常 f_n と表し，f を

$$f_1, f_2, \cdots, f_n, \cdots \tag{4.4}$$

あるいは $(f_n | n \in \mathbb{N})$, $(f_n)_{n \in \mathbb{N}}$, (f_n) などと書く．

1 つの自然数 m に対して，集合 $M = \{1, 2, \cdots, m\}$ から集合 A への写像 f を A の元の**有限列** (finite sequence) という．このときの m を有限列 f の長さといい，f を

$$f_1, f_2, \cdots, f_m \tag{4.5}$$

あるいは $(f_i | i = 1, 2, \cdots, m)$, $(f_i)_{i \in M}$ などと表すこともある．

○例 4.1○ A 大学には，1000 人の学生がいて，それぞれに学籍番号が 1 番から順に 1000 番までつけられているとする．このとき，学籍番号が n 番である学生を f_n と表せば，長さ 1000 の元の列 $(f_n)_{n \in \{1, 2, \cdots, 1000\}}$ が得られる．この元の列を集合 $\{1, 2, \cdots, 1000\}$ から学生の集合への写像とみなすこともできる．

【元の列から元の族へ】 元の列はその定義域が自然数全体の集合 $\mathbb{N}$ であったが，この定義域を一般化して，集合 Λ から集合 A への写像 f を，A の**元の族**あるいは Λ によって**添数づけられた** A **の元の族**ということがある．このとき，Λ の元 λ の f による像 $f(\lambda)$ を f_λ と書き，f を

$$(f_\lambda | \lambda \in \Lambda) \ \text{または} \ (f_\lambda)_{\lambda \in \Lambda} \tag{4.6}$$

などと表す．元の族 $f = (f_\lambda)_{\lambda \in \Lambda}$ の定義域 Λ をこの族の**添数集合** (indexed set) といい，Λ の元 λ を**添数** (index) という．元の族 $f = (f_\lambda)_{\lambda \in \Lambda}$ の値域 $\{f_\lambda | \lambda \in \Lambda\}$ は $\{f_\lambda\}_{\lambda \in \Lambda}$ あるいは単に $\{f_\lambda\}$ などと表される．

自然数全体の集合 N には，その元の間に順序がある（第5章参照）ので，添数集合が N である場合に，元の族は元の列と呼ばれるのである．

○例 4.2○ 日本の大学の集まりを Λ とし，学長の集まりを A とする．このとき大学 $\lambda \in \Lambda$ の学長を $f_\lambda \in A$ とする．元の族 $(f_\lambda | \lambda \in \Lambda)$ は，大学名で添数付けられた学長の族である．

○例 4.3○ 集合 $\Lambda = [0,1]$ から集合 $A = [0,1]$ への写像 f が，任意の $\lambda \in [0,1]$ に対して

$$f(\lambda) = \lambda^2 \tag{4.7}$$

と定義されているとする．この写像 f を元の族 $(f_\lambda | \lambda \in [0,1])$ とみるとき，その添数集合は区間 $[0,1]$ であり，任意の添数 $\lambda \in [0,1]$ に対して f_λ は実数 λ^2 である．

4.2 集 合 族

第2章で集合の各元が集合となっている集合系について学んだ．ここでは，元の族の各元が集合となっている集合族について解説する．集合族は，集合系と似た概念であるが，集合系が単に集合の集まりであるのに対して，各元が添数づけられている点で集合系と異なる．

【集合族とは】元の族において，各元が集合となっている場合を考える．すなわち，添数集合 Λ の元 $\lambda \in \Lambda$ が集合 A_λ に写されるとき，$(A_\lambda | \lambda \in \Lambda)$ を Λ によって**添数づけられた集合族**あるいは単に**集合族** (family of sets) という．

【補足】本書では，集合の集合を集合系と呼び，その各元である集合が添数づけられている場合に集合族と呼んでいる．この2つの呼び分け方はあまり厳密なものではなく，ここでの集合系が集合族とよばれ，逆に集合族が集合系と呼ばれることもあるようである．

○例 4.4○ T 大学のすべての講義科目の集まりを Λ とし，すべての学生の

集まりを A とする. 講義科目 $\lambda \in \Lambda$ を受講している学生の集まりを $A_\lambda \subset A$ とする. このとき, $(A_\lambda | \lambda \in \Lambda)$ は, それぞれの講義を受講している学生の集まりの族であり, Λ によって添数付けられた集合族である.

◯ **例 4.5** ◯　集合 $\Lambda = [0,1]$ を添数集合とし, 任意の $\lambda \in \Lambda$ に区間

$$[\lambda^2, \lambda] \tag{4.8}$$

を対応させると, 集合族 $([\lambda^2, \lambda] | \lambda \in [0,1])$ が得られる.

【集合族の和集合と共通部分の解説】 集合 Λ によって添数づけられた集合族 $(A_\lambda)_{\lambda \in \Lambda}$ について, 全体集合 X があって, どの $\lambda \in \Lambda$ についても $A_\lambda \subset X$ となっている場合には, $(A_\lambda)_{\lambda \in \Lambda}$ を X の**部分集合族**という.

集合族 $(A_\lambda)_{\lambda \in \Lambda}$ が与えられたとき, $x \in A_\lambda$ となる $\lambda \in \Lambda$ が少なくとも1つ存在するような元 x 全体の集合を, この族の**和集合**という. 集合族 $(A_\lambda)_{\lambda \in \Lambda}$ の和集合は,

$$\cup_{\lambda \in \Lambda} A_\lambda = \{x | \exists \lambda \in \Lambda, x \in A_\lambda\} \tag{4.9}$$

と表される. これは, 集合系 $\{A_\lambda\}_{\lambda \in \Lambda}$ に対して式 (2.47) で定義される和集合と一致する. また, Λ の任意の元 λ に対して $x \in A_\lambda$ であるような元 x 全体の集合を, この集合族の**共通部分**といい

$$\cap_{\lambda \in \Lambda} A_\lambda = \{x | \forall \lambda \in \Lambda, x \in A_\lambda\} \tag{4.10}$$

と表す. これは, 集合系 $\{A_\lambda\}_{\lambda \in \Lambda}$ に対して式 (2.48) で定義される共通部分と一致する.

和集合 $\cup_{\lambda \in \Lambda} A_\lambda$ と共通部分 $\cap_{\lambda \in \Lambda} A_\lambda$ は, それぞれ $\cup (A_\lambda | \lambda \in \Lambda)$ と $\cap (A_\lambda | \lambda \in \Lambda)$ などと記すこともある. また, 添数集合が有限集合 $\Lambda = \{1, 2, \cdots, n\}$ であるとき, 和集合 $\cup_{\lambda \in \Lambda} A_\lambda$ と共通部分 $\cap_{\lambda \in \Lambda} A_\lambda$ は, それぞれ第2章で定義された $\cup_{i=1}^n A_i$ と $\cap_{i=1}^n A_i$ に等しくなる.

◇ **例題 4.1** ◇　自然数全体の集合 $\mathbb{N}$ によって添数づけられた集合族 $(A_n)_{n \in \mathbb{N}}$ と $(B_n)_{n \in \mathbb{N}}$ が任意の $n \in \mathbb{N}$ に対して

$$A_n = \left[1 + \frac{1}{n},\ 3 + \frac{1}{n}\right] \tag{4.11}$$

$$B_n = \left(1 + \frac{1}{n},\ 3 + \frac{1}{n}\right) \tag{4.12}$$

と定義されているとき，集合

$$\cup_{n \in \mathbb{N}} A_n, \quad \cup_{n \in \mathbb{N}} B_n, \quad \cap_{n \in \mathbb{N}} A_n, \quad \cap_{n \in \mathbb{N}} B_n \tag{4.13}$$

をそれぞれ求めよ．

(解答) 数列 $(1 + 1/n)_{n \in \mathbb{N}}$ は，$n = 1$ のとき 2 であり，n が増加するにつれ単調減少するので，$n \to \infty$ のとき 1 に収束する (第 9 章参照)．また，数列 $(3 + 1/n)_{n \in \mathbb{N}}$ は，$n = 1$ のとき 4 であり，n が増加するにつれ単調減少するので，$n \to \infty$ のとき 3 に収束する．したがって，各 A_n は図 4.1 のように表され，その和集合は区間 $(1, 4]$ となることが予想される．そこで，$\cup_{n \in \mathbb{N}} A_n = (1, 4]$ となることを示す．

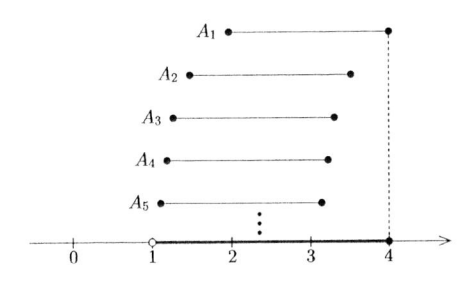

図 4.1 集合族 $(A_n = [1 + 1/n,\ 3 + 1/n])$ の和集合

2 つの集合 $\cup_{n \in \mathbb{N}} A_n$ と $(1, 4]$ が等しいことを証明するためには，

$$x \in \cup_{n \in \mathbb{N}} A_n \Rightarrow x \in (1, 4] \tag{4.14}$$

$$x \in (1, 4] \Rightarrow x \in \cup_{n \in \mathbb{N}} A_n \tag{4.15}$$

の両方が成り立つことを示す必要がある．

まず，前者 (4.14) は，

4.2 集合族

$$x \in \cup_{n\in\mathbb{N}} A_n \Rightarrow \exists n_1 \in \mathbb{N}, \ x \in A_{n_1} = \left[1+\frac{1}{n_1},\ 3+\frac{1}{n_1}\right]$$

$$\Rightarrow 1+\frac{1}{n_1} \le x \le 3+\frac{1}{n_1}$$

$$\Rightarrow 1 < x \le 4$$

$$\Rightarrow x \in (1,4]$$

より成り立つ. 次に後者 (4.15) は,

$$x \in (1,4] \Rightarrow 1 < x \le 4$$

$$\Rightarrow (1 < x \le 2) \vee (2 < x \le 4)$$

$$\Rightarrow 1 < x \le 2 \ \text{ならば} \ \exists n_1 \in \mathbb{N},\ \frac{1}{n_1} < x-1 \ \text{より} \ x \in A_{n_1}$$

$$\quad 2 < x \le 4 \ \text{ならば} \ x \in A_1$$

$$\Rightarrow x \in A_{n_1} \cup A_1$$

$$\Rightarrow x \in \cup_{n\in\mathbb{N}} A_n$$

より成り立つ. ここで, $x > 1$ ならば, ある $n_1 \in \mathbb{N}$ が存在して, $x > 1 + 1/n_1$ となる事実を使ったが, このことについて詳しくは定理 5.2 を参照すること. 以上のことより, $\cup_{n\in\mathbb{N}} A_n = (1,4]$ となる. 同様に $\cup_{n\in\mathbb{N}} B_n = (1,4)$ となることを示すことができる (章末問題).

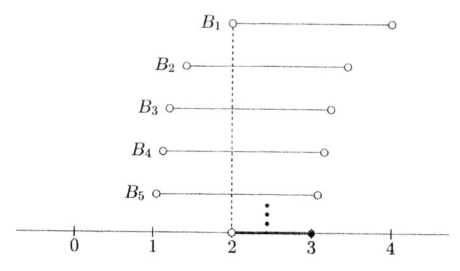

図 4.2 集合族 $B_n = (1+1/n,\ 3+1/n)$ の共通部分

集合 $B_n = (1+1/n,\ 3+1/n)$ の共通部分については, 図 4.2 より $(2,3]$ となることが予想されるので, $\cap_{n\in\mathbb{N}} B_n = (2,3]$ となることを示す. まず,

$$x \in \cap_{n\in\mathbb{N}} B_n \Rightarrow \forall n \in \mathbb{N},\ x \in B_n = \left(1 + \frac{1}{n},\ 3 + \frac{1}{n}\right)$$
$$\Rightarrow x \in B_1 \text{より} x > 2 \text{である．}$$
$$x > 3 \text{ならば} \exists n_1 \in \mathbb{N},\ \frac{1}{n_1} < x - 3 \text{より}$$
$$x \notin B_{n_1} \text{となり矛盾が導かれるので} x \leq 3 \text{である．}$$
$$\Rightarrow 2 < x \leq 3$$
$$\Rightarrow x \in (2, 3]$$

が成立する．そして，

$$x \in (2, 3] \Rightarrow \forall n \in \mathbb{N},\ (2, 3] \subset B_n \text{より} x \in B_n \text{である．}$$
$$\Rightarrow x \in \cap_{n\in\mathbb{N}} B_n$$

となる．したがって，$\cap_{n\in\mathbb{N}} B_n = (2, 3]$ である．同様に，$\cap_{n\in\mathbb{N}} A_n = [2, 3]$ となることを示すことができる（章末問題）．

4.3 集合族の演算

第 2 章で集合の間の演算を学んだ．ここでは，集合族の間の演算について基本的なものを解説する．初学者には，難しく感じるところもあるかもしれないが，集合の演算のちょっとした拡張とみることにより，理解しやすくなる．

【集合族の演算の解説】集合族 $(A_\lambda | \lambda \in \Lambda)$ と集合 B の間の和集合と共通部分について，次の関係式

$$(\cup_{\lambda\in\Lambda} A_\lambda) \cap B = \cup_{\lambda\in\Lambda}(A_\lambda \cap B) \tag{4.16}$$

$$(\cap_{\lambda\in\Lambda} A_\lambda) \cup B = \cap_{\lambda\in\Lambda}(A_\lambda \cup B) \tag{4.17}$$

が成り立つ．これらは，第 2 章で解説した分配律 (2.26) と (2.27) の一般化になっている．

また，全体集合 X の部分集合族 $(A_\lambda | \lambda \in \Lambda)$ について，

4.3 集合族の演算

$$(\cup_{\lambda\in\Lambda}A_\lambda)^c = \cap_{\lambda\in\Lambda}A_\lambda^c \tag{4.18}$$

$$(\cap_{\lambda\in\Lambda}A_\lambda)^c = \cup_{\lambda\in\Lambda}A_\lambda^c \tag{4.19}$$

が成り立つ．これらは，第 2 章で解説したド・モルガンの法則 (2.34) と (2.35) の一般化になっている．

集合 X から Y への写像 f，全体集合 X の部分集合族 $(A_\lambda|\lambda\in\Lambda)$，全体集合 Y の部分集合族 $(B_\sigma|\sigma\in\Sigma)$ について，次の関係式

$$f(\cup_{\lambda\in\Lambda}A_\lambda) = \cup_{\lambda\in\Lambda}f(A_\lambda) \tag{4.20}$$

$$f(\cap_{\lambda\in\Lambda}A_\lambda) \subset \cap_{\lambda\in\Lambda}f(A_\lambda) \tag{4.21}$$

$$f^{-1}(\cup_{\sigma\in\Sigma}B_\sigma) = \cup_{\sigma\in\Sigma}f^{-1}(B_\sigma) \tag{4.22}$$

$$f^{-1}(\cap_{\sigma\in\Sigma}B_\sigma) = \cap_{\sigma\in\Sigma}f^{-1}(B_\sigma) \tag{4.23}$$

が成立する．これらの関係式は，定理 3.1 で示した関係式の一部の一般化となっている．

上の関係式の中で，式 (4.16), (4.18), (4.20) については下の例題を使って証明するが，その他は章末問題あるいは読者への課題とする．

◇ 例題 4.2 ◇ 関係式 (4.16) を証明せよ．

（解答）まず，

$$\begin{aligned}
x \in (\cup_{\lambda\in\Lambda}A_\lambda)\cap B &\Rightarrow x\in(\cup_{\lambda\in\Lambda}A_\lambda) \wedge x\in B \\
&\Rightarrow (\exists\lambda'\in\Lambda,\ x\in A_{\lambda'}) \wedge x\in B \\
&\Rightarrow \lambda'\in\Lambda,\ x\in A_{\lambda'}\cap B \\
&\Rightarrow x\in\cup_{\lambda\in\Lambda}(A_\lambda\cap B)
\end{aligned}$$

が成立する．逆に，

$$\begin{aligned}
x\in\cup_{\lambda\in\Lambda}(A_\lambda\cap B) &\Rightarrow \exists\lambda'\in\Lambda,\ x\in A_{\lambda'}\cap B \\
&\Rightarrow \lambda'\in\Lambda,\ x\in A_{\lambda'}\wedge x\in B
\end{aligned}$$

$$\Rightarrow (x \in \cup_{\lambda \in \Lambda} A_\lambda) \wedge x \in B$$
$$\Rightarrow x \in (\cup_{\lambda \in \Lambda} A_\lambda) \cap B$$

も成立する．したがって，関係式 (4.16) が得られる．

◇ **例題 4.3** ◇　関係式 (4.18) を証明せよ．

（解答）第 1 章で解説したド・モルガンの法則 (1.35) を使うことにより，

$$x \in (\cup_{\lambda \in \Lambda} A_\lambda)^c \Leftrightarrow \neg(x \in \cup_{\lambda \in \Lambda} A_\lambda)$$
$$\Leftrightarrow \neg(\exists \lambda \in \Lambda,\ x \in A_\lambda)$$
$$\Leftrightarrow \forall \lambda \in \Lambda,\ \neg(x \in A_\lambda)$$
$$\Leftrightarrow \forall \lambda \in \Lambda,\ x \in A_\lambda^c$$
$$\Leftrightarrow x \in \cap_{\lambda \in \Lambda} A_\lambda^c$$

となるので，関係式 (4.18) が成立する．

◇ **例題 4.4** ◇　関係式 (4.20) を証明せよ．

（解答）まず，

$$y \in f(\cup_{\lambda \in \Lambda} A_\lambda) \Rightarrow \exists x' \in \cup_{\lambda \in \Lambda} A_\lambda,\ y = f(x')$$
$$\Rightarrow \exists \lambda' \in \Lambda,\ x' \in A_{\lambda'},\ y = f(x')$$
$$\Rightarrow \lambda' \in \Lambda,\ y \in f(A_{\lambda'})$$
$$\Rightarrow y \in \cup_{\lambda \in \Lambda} f(A_\lambda)$$

が成立する．逆に，

$$y \in \cup_{\lambda \in \Lambda} f(A_\lambda) \Rightarrow \exists \lambda' \in \Lambda,\ y \in f(A_{\lambda'})$$
$$\Rightarrow \lambda' \in \Lambda,\ \exists x' \in A_{\lambda'},\ y = f(x')$$
$$\Rightarrow x' \in \cup_{\lambda \in \Lambda} A_\lambda,\ y = f(x')$$

$$\Rightarrow y \in f(\cup_{\lambda \in \Lambda} A_\lambda)$$

も成立する．したがって，関係式 (4.20) が得られる．

4.4 選 択 公 理

ここでは，集合論の最も基本的な公理である選択公理を学ぶ．公理であるから，なぜ成立するかと疑問に思う必要はまったくない．その公理が成り立つものとして，その後の議論がなされるということを理解しておくことが重要である．

【集合族の直積】 2 つの集合 A_1 と A_2 に対して，集合 $A_1 \times A_2$ を A_1 と A_2 の直積と呼ぶことを 2.5 節で説明した．これを拡張して，有限個の集合 A_1, A_2, $\cdots$, A_n からなる集合族 $(A_i)_{i \in \{1, 2, \cdots, n\}}$ の直積を集合

$$\{(a_1, a_2, \cdots, a_n) | \forall i \in \{1, 2, \cdots, n\}, a_i \in A_i\} \tag{4.24}$$

と定義することができる．この直積を

$$A_1 \times A_2 \times \cdots \times A_n \tag{4.25}$$

または

$$\Pi_{i=1}^{n} A_i \tag{4.26}$$

と表す．特に，すべての A_i が同一の集合 A である場合には，$\Pi_{i=1}^{n} A_i$ を A^n と表すことがある．

上のように，添数集合 $J = \{1, 2, \cdots, n\}$ の元に順序が定義されている場合には，直積 $\Pi_{i=1}^{n} A_i$ の要素を $(a_1, a_2, \cdots, a_n)$ のように順番に成分を並べて表すことができた．しかし，集合族には添数集合の要素に順序が定義されていないこともある．集合族 $(A_i)_{i \in J}$ の直積の要素 $(a_1, a_2, \cdots, a_n)$ を添数集合 J から $B = \cup_{i \in J} A_i$ への写像 f とみなすことにより，添数集合の要素に順序が定義されていない場合にも拡張することができる．ここで，任意の $i \in J$ に対して $f(i) = a_i \in A_i$ である．したがって，集合族 $(A_i)_{i \in J}$ の直積とは，添数集合

J から $B = \cup_{i \in J} A_i$ への写像 f で，任意の $i \in J$ に対して $f(i) \in A_i$ となるもの全体の集合と定義することができる．

一般に，集合族 $(A_\lambda)_{\lambda \in \Lambda}$ に対して，Λ から $B = \cup_{\lambda \in \Lambda} A_\lambda$ への写像 f で，任意の $\lambda \in \Lambda$ に対して $f(\lambda) \in A_\lambda$ となるもの全体の集合を集合族 $(A_\lambda)_{\lambda \in \Lambda}$ の**直積**といい，

$$\Pi_{\lambda \in \Lambda} A_\lambda \tag{4.27}$$

と表す．

【**選択公理**について】集合族 $(A_\lambda)_{\lambda \in \Lambda}$ において，"ある $\lambda \in \Lambda$ に対して A_λ が空集合であるならば，直積 $\Pi_{\lambda \in \Lambda} A_\lambda$ も空集合となる" という命題は真であるが，その裏の命題 "任意の $\lambda \in \Lambda$ に対して A_λ が空集合でないならば，直積 $\Pi_{\lambda \in \Lambda} A_\lambda$ も空集合ではない" は，必ずしも真であるとはいえない．添数集合 Λ が有限集合であるならば，この裏の命題も成り立つが，Λ が無限集合のときにも成り立つことを主張するのが次の**選択公理** (axiom of choice) である．

● **選択公理**

集合族 $(A_\lambda)_{\lambda \in \Lambda}$ において，任意の $\lambda \in \Lambda$ に対して A_λ が空集合でないならば，Λ から $B = \cup_{\lambda \in \Lambda} A_\lambda$ への写像 f で，各 $\lambda \in \Lambda$ に対して $f(\lambda) \in A_\lambda$ となるものが存在する．

選択公理を使うような例題と定理をそれぞれ 1 つ示す．また，定理 6.5 の証明でも選択公理を使う．

◇ **例題 4.5** ◇ 集合 A と B に対して，$f: A \to B$ が全射ならば，$f \circ g = I_B$ となるような写像 $g: B \to A$ が存在することを選択公理を使うことにより示せ．ここで，I_B は B の上の恒等写像である．

(解答) 写像 $f: A \to B$ が全射であるとする．このとき，任意の $b \in B$ に対して集合 $\{b\}$ の逆像 $f^{-1}(\{b\})$ は空ではない．したがって，選択公理により，任意の $b \in B$ に対して 1 つの元 $a \in f^{-1}(\{b\})$ を対応させる写像 $g: B \to A$ が

存在する．このとき，任意の $b \in B$ に対して，$f \circ g(b) = b$ が成立するので，$f \circ g = I_B$ である．

■**定理 4.1** 集合 A から B への単射が存在する必要十分条件は，集合 B から A への全射が存在することである．

[証明] 集合 A から B への単射 f が存在すると仮定する．このとき，値域を $B' = f(A)$ とする．写像 $f' : A \to B'$ を任意の $x \in A$ に対して

$$f'(x) = f(x) \tag{4.28}$$

と定義すれば，この f' は全単射となる．したがって，逆写像 $f'^{-1} : B' \to A$ が存在し，これも全単射である．このとき，元 $a \in A$ を固定し，写像 $g : B \to A$ を

$$g(y) = \begin{cases} f'^{-1}(y) & (y \in B') \\ a & (y \in B - B') \end{cases} \tag{4.29}$$

と定義すれば，$g(B) \supset f'^{-1}(B') = A$ となる．したがって，g は B から A への全射である．

集合 B から A への全射 g が存在すると仮定する．このとき，任意の $a \in A$ に対して集合 $\{a\}$ の逆像 $g^{-1}(\{a\})$ は空ではない．選択公理により，任意の $a \in A$ に対して 1 つの元 $b \in g^{-1}(\{a\})$ を対応させる写像 $f : A \to B$ が存在する．このとき，$a \neq a'$ ならば $g^{-1}(\{a\})$ と $g^{-1}(\{a'\})$ は互いに素であるから，$f(a) \neq f(a')$ が成立する．したがって，f は A から B への単射である． □

演 習 問 題

4.1 例題 4.1 において，$\cup_{n \in \mathbb{N}} B_n = (1, 4)$ と $\cap_{n \in \mathbb{N}} A_n = [2, 3]$ が成立することを示せ．

4.2 自然数 n に対して，実数の区間 $[0, 1/n]$ を A_n，$(0, 1/n]$ を B_n，$(-1/n, n)$ を C_n とするとき，$\cup_{n=1}^{\infty} A_n$，$\cap_{n=1}^{\infty} A_n$，$\cup_{n=1}^{\infty} B_n$，$\cap_{n=1}^{\infty} B_n$，$\cup_{n=1}^{\infty} C_n$，$\cap_{n=1}^{\infty} C_n$ を求めよ．

4.3 関係式 (4.17) を証明せよ．

4.4 関係式 (4.19) を証明せよ．

4.5 関係式 (4.22) を証明せよ．

5

同値関係と順序関係

"2 つのりんごが同じである" というときに，この "同じ" という言葉の意味のとり方は，人により異なることがある．しかし，数学では，ある言葉の意味を万人が共通に理解する必要がある．そのために，数学用語は厳密に定義されるのである．本章では，同値関係と順序関係などについて学ぶが，それぞれの用語の定義を十分に理解しながら読み進む癖をぜひつけるようにしてもらいたい．

5.1 同 値 関 係

有理数における 2/3 と 6/9 のように，表現が異なるが，同じものとして扱えるものがある．この例のように，同じものとして扱えるものがいくつかあるときには，それらをまとめて 1 つとしてみると便利なことがある．このようなまとめ方を数学的にきちんと扱うための道具が，同値関係である．

【関係の解説】2 個以上の変数を含む条件，たとえば 2 変数 x と y の条件 $x - 2y > 0$ あるいは 3 変数 x, y, z の条件 $x^2 + y^2 = z^2$ などは，それらの変数の間の**関係** (relation) と呼ばれることがある．関係を一般に T のような文字で表し，T が n 変数 $x_1, x_2, \cdots, x_n$ の関係であるならば，それを

$$T(x_1, x_2, \cdots, x_n) \tag{5.1}$$

と表す．このとき，それぞれの変数がある集合の元であるとき，その集合を変数の**変域**という．たとえば，変数 x_i の変域が X_i であるならば，関係を

$$T(x_1, x_2, \cdots, x_n), \ (x_i \in X_i, \ i = 1, 2, \cdots, n) \tag{5.2}$$

と変域がわかるように表すこともある．

同じ変域 A をもつ 2 つの変数の関係

$$T(x, y), \ (x \in A, \ y \in A) \tag{5.3}$$

を A における**二項関係** (binary relation) といい

$$xTy \tag{5.4}$$

とも表す．

集合 A における関係 T に対して，aTb が成り立つような元 (a, b) 全体の集合

$$\{(a, b) | a \in A, \ b \in A, \ aTb\} \tag{5.5}$$

は，直積 $A \times A$ の部分集合となる．この集合を関係 T のグラフといい $G(T)$ と表す．逆に，$A \times A$ の任意の部分集合 G が与えられたとき，$G = G(T)$ となるような A の関係 T をただ 1 つだけ定義することができる．したがって，A における 1 つの関係を定めることは，$A \times A$ の部分集合を与えることに等しい．

◇ **例題 5.1** ◇ 閉区間 $[-1, 1]$ を変域とする変数 x と y の関係

$$|x| + |y| \leq 1 \tag{5.6}$$

のグラフを示せ．

(解答) 図 5.1 のようになる．

● **同値関係の解説**

集合 A における関係 T が次の条件

(i) 任意の $a \in A$ に対して，
$$aTa \tag{5.7}$$

(ii) 任意の $a, b \in A$ に対して，

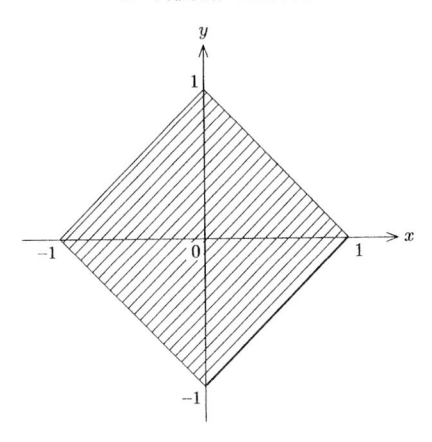

図 5.1 関係 $|x|+|y| \leq 1$ のグラフ

$$aTb \Rightarrow bTa \tag{5.8}$$

(iii) 任意の $a, b, c \in A$ に対して,

$$aTb, bTc \Rightarrow aTc \tag{5.9}$$

をみたすとき, T を A における同値関係 (equivalence relation) という.

ここで, 上記の (i), (ii), (iii) を順に反射律 (reflexive law), 対称律 (symmetric law), 推移律 (transitive law) という. また, 反射律, 対称律, 推移律をみたす関係をそれぞれ反射的, 対称的, 推移的であるという. 同値関係とは反射律, 対称律, 推移律をみたす関係であるといえる. 集合 A における同値関係を T とするとき, aTb であるような A の元 a と b は, T に関して同値 (equivalent) であるといわれる.

○例 5.1○ 任意の集合 A に対して, T を A の元の間の相等関係 $=$ とすれば, 反射律, 対称律, 推移律をみたすので, これは A における同値関係である.

◇例題 5.2◇ 正の整数 $n \in \mathbb{Z}$ を 1 つ固定する. 2 つの整数 a と b は, $a-b$ が n で割り切れるとき, n に関して合同であるといい, それを $a \equiv b \pmod{n}$ と表す. このとき, 関係 $\equiv \pmod{n}$ が $\mathbb{Z}$ における同値関係となることを示せ.

（解答）任意の元 $a \in \mathbb{Z}$ に対して，$a - a = 0$ は n で割り切れるので，$a \equiv a \pmod{n}$ であり，反射律が成立する．

関係 $a \equiv b \pmod{n}$ が成立するならば，$a - b$ は n で割り切れる．このとき，$b - a = -(a - b)$ も n で割り切れるので，$b \equiv a \pmod{n}$ である．したがって，対称律が成立する．

関係 $a \equiv b \pmod{n}$ かつ $b \equiv c \pmod{n}$ が成立するならば，$a - b$ と $b - c$ はそれぞれ n で割り切れる．このとき，n で割り切れる整数の和も n で割り切れることから，$a - c = (a - b) + (b - c)$ も n で割り切れる．したがって，関係 $a \equiv c \pmod{n}$ が得られるので，推移律が成り立つ．

反射律，対称律，推移律をみたすので，関係 $\equiv \pmod{n}$ は整数の集合 $\mathbb{Z}$ における同値関係である．

5.2 同　値　類

同値関係にあるすべての元をまとめて 1 つの新しい元とみなすために同値類を導入する．

【直和分割の解説】集合 A とその部分集合系 $\mathcal{M}$ について，
 (i) 　$\mathcal{M}$ に属するすべての集合の和集合が A に等しい，すなわち $\cup \mathcal{M} = A$
 (ii) 　$\mathcal{M}$ の異なる 2 元は互いに素である，すなわち

$$C, C' \in \mathcal{M},\ C \neq C' \Rightarrow C \cap C' = \emptyset \tag{5.10}$$

が成り立つとき，$\mathcal{M}$ は A の**直和分割** (disjoint union) である，または A は $\mathcal{M}$ に属する集合の直和であるという．互いに素である集合の集まりは，その和集合の直和分割となる．

○**例 5.2**○　5 で割り切れる自然数の集合を C_0 とし，5 で割ると 1, 2, 3, 4 余る自然数の集合をそれぞれ C_1, C_2, C_3, C_4 とする．たとえば，$10 \in C_0$，$7 \in C_2$ である．このとき，5 つの集合 C_0, C_1, C_2, C_3, C_4 は，互いに交わらず，すべての和集合は自然数全体の集合 $\mathbb{N}$ と一致する．したがって，集合系 $\{C_0, C_1, C_2, C_3, C_4\}$ は，図 5.2 に示されるように，$\mathbb{N}$ の直和分割である．

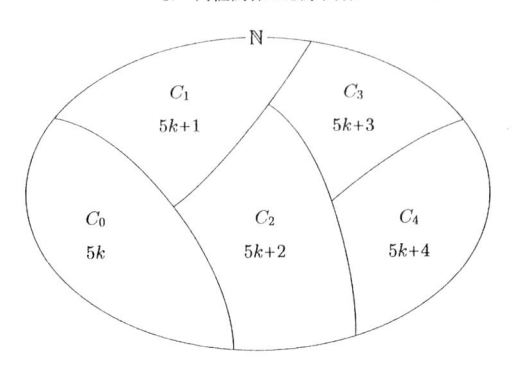

図 5.2 自然数全体の集合 $\mathbb{N}$ の直和分割 $\{C_0, C_1, C_2, C_3, C_4\}$

【同値類の解説】集合系 $\mathcal{M}$ が A の直和分割であるならば,任意の $a \in A$ に対して,ただ 1 つの $C \in \mathcal{M}$ が存在し, $a \in C$ となる.集合 A の元 a, b に対して, a を含む $\mathcal{M}$ の元と b を含む $\mathcal{M}$ の元が一致するとき,またそのときに限り aTb であるとして, A における関係 T を定義する.このようにして定義した T は,反射律,対称律,推移律をみたすので同値関係である(章末問題).これを**直和分割 $\mathcal{M}$ に付随する同値関係**という.

逆に,集合 A における任意の同値関係から A の直和分割が得られ,その直和分割に付随する同値関係と元の同値関係が一致することを示す.集合 A における同値関係を T とする.この集合 A の各元 a に対して, aTx であるような A の元 x 全体の集合を

$$C(a) = \{x | x \in A,\ aTx\} \tag{5.11}$$

とする.このとき, T が同値関係であることから,

$$a \in C(a) \tag{5.12}$$
$$aTb \Rightarrow C(a) = C(b) \tag{5.13}$$
$$C(a) \neq C(b) \Rightarrow C(a) \cap C(b) = \emptyset \tag{5.14}$$

が成立する(章末問題).この部分集合 $C(a)$ を同値関係 T による a の**同値類** (equivalence class) という.関係 T による同値類全体の集合を $\mathcal{M}$ とすれば

(i) A のどの元 a も $\mathcal{M}$ の元 $C(a)$ に含まれるから $\cup \mathcal{M} = A$

(ii) $\mathcal{M}$ の相違なる2元は互いに素

となる．したがって，部分集合系 $\mathcal{M}$ は A の直和分割となる．このとき，直和分割 $\mathcal{M}$ に付随する同値関係は，もちろん T となる．集合 A における同値関係 T からこの直和分割 $\mathcal{M}$ を作ることを，A の T による類別または分類という．また，同値類全体の集合 $\mathcal{M}$ を A の T による**商集合** (quotient set) とも呼び，記号 A/T で表す．

〇**例 5.3**〇 n を与えられた正の整数とし，$\mathbb{Z}$ における n に関する合同関係 $\equiv (\mod n)$ を考える．このとき関係 $\equiv (\mod n)$ による同値類は

$$C(0), C(1), \cdots, C(n-1) \tag{5.15}$$

である．集合 $C(0)$ は n で割り切れる整数の集合であり，集合 $C(i)(i=1,\cdots,n-1)$ は，n で割ると余りが i となる整数の集合となる．集合系

$$\{C(0), C(1), \cdots, C(n-1)\} \tag{5.16}$$

は $\mathbb{Z}$ の直和分割であり，これが商集合 $\mathbb{Z}/(\equiv (\mod n))$ である．

5.3 順 序 関 係

経営工学において，同値関係と同様，あるいはそれ以上に大事な関係に順序関係がある．最もよく知られている順序関係として，実数における大小関係があるが，それ以外にも，集合の包含関係，自然数の整除関係などよく使われるものがある．

●**順序関係とは**
集合 A における関係 O が次の条件
(i) 任意の $a \in A$ に対して
$$aOa \tag{5.17}$$
(ii) 任意の $a, b \in A$ に対して
$$aOb,\ bOa \Rightarrow a = b \tag{5.18}$$
(iii) 任意の $a, b, c \in A$ に対して

$$aOb,\ bOc \Rightarrow aOc \tag{5.19}$$

をみたすとき，O を A における**順序関係** (order relation) または単に**順序** (order) という．

上記の (ii) を**反対称律** (antisymmetric law) という．順序関係は，反射律，反対称律，推移律をみたす関係である．同値関係と比較すると，対称律の代わりに反対称律が加わっている．

○例 5.4○ 自然数全体の集合 $\mathbb{N}$ における大小関係 $\leq$ は，反射律，反対称律，推移律をみたすので順序である．

○例 5.5○ 集合 X のべき集合 2^X を $\mathcal{M}$ とし，$\mathcal{M}$ の元 A と B に対して，"A が B の部分集合である" という関係 $A \subset B$ を考える．この包含関係 $\subset$ は，反射律，反対称律，推移律をみたすので $\mathcal{M}$ における順序である．

◇例題 5.3◇ 自然数 m が自然数 n によって割り切れることを $n \prec m$ と書くことにすれば，関係 $\prec$ は $\mathbb{N}$ における順序であることを示せ．この $\prec$ を**整除関係** (divisibility relation) という．

(解答) 任意の自然数 m について，m は m で割り切れるので，反射律をみたす．また，自然数 m が自然数 n によって割り切れれば $m \geq n$ であり，同時に n が m で割り切れるならば $n \geq m$ であるので，$m = n$ となる．したがって，反対称律をみたす．また，自然数 m が n によって割り切れ，n が k によって割り切れるならば，ある整数 a に対して $m = an$ かつある整数 b に対して $n = bk$ となる．したがって，$m = abk$ であるので，m は k によって割り切れ，推移律をみたす．以上のことから，反射律，反対称律，推移律をみたすので，整除関係 $\prec$ は順序である．

【全順序の解説】集合 A における 1 つの順序を $\leq$ とするとき，A の元 a, b に対して $a \leq b$ が成り立つならば，a は b 以下である，b は a 以上である，a は b を超えないという．関係 $a \leq b$ は，$b \geq a$ と表すこともある．また，$a \leq b$ かつ $a \neq b$ であることを $a < b$ または $b > a$ と表し，a は b より小さい，b は a

より大きい，a は b より前にある，b は a より後にある，などという．

集合 A の元 a と b に対して，$a \leq b$ または $b \leq a$ のいずれかが成り立つとき，a と b は順序 $\leq$ について**比較可能** (comparable) であるという．A の任意の 2 元について比較可能であるとき，すなわち次の**連結律**

(iv) 任意の $a, b \in A$ に対して，

$$(a \leq b) \vee (b \leq a) \tag{5.20}$$

が成立するとき，順序 $\leq$ を A における**全順序** (total order) または**線形順序** (linear order) という．全順序とは，反射律，反対称律，推移律，連結律をみたす関係である．集合 A における関係 O が反射律，推移律，連結律をみたすとき，O を A における**弱順序**という．弱順序は，反対称律をみたすとは限らない．

集合 A に 1 つの順序が定められたとき，A とその順序 $\leq$ の組 $(A, \leq)$ を**順序集合** (ordered set) または**半順序集合** (partially ordered set) という．順序集合 $(A, \leq)$ において，もし $\leq$ が全順序ならば，これを**全順序集合** (totally ordered set) または**線形順序集合** (linear ordered set) という．順序集合 $(A, \leq)$ の空でない任意の部分集合を $M \subset A$ とするとき，M の元 a, b に対して

$$a \leq b \Leftrightarrow a \leq_M b \tag{5.21}$$

により関係 $\leq_M$ を定義すれば，$\leq_M$ が M における順序となる．このとき，順序集合 $(M, \leq_M)$ を順序集合 $(A, \leq)$ の**部分順序集合**という．

順序集合あるいは全順序集合 $(A, \leq)$ における順序 $\leq$ があきらかな場合には，単に A を順序集合あるいは全順序集合と呼ぶこともある．

◯ **例 5.6** ◯ 自然数全体の集合 $\mathbb{N}$ における大小関係 $\leq$ は全順序であるが，べき集合 2^X における包含関係 $\subset$ は，X の元の数が 2 以上のとき全順序とはならない．

◇ **例題 5.4** ◇ 有限集合 X のべき集合を $\mathcal{M}$ とし，$\mathcal{M}$ の元すなわち X の部分集合 A と B に対して，A の元の数が B の元の数以上 $|A| \geq |B|$ であるという関係 T が弱順序となることを示せ．また，集合 X が 2 つ以上の元をもつ

とき,この関係が順序とはならないことを示せ.

(解答) 任意の $A \subset X$ に対して,$|A| \geq |A|$ となるので T は反射律をみたす.任意の $A \subset X$ と $B \subset X$ に対して,$|A| \geq |B|$ または $|B| \geq |A|$ となるので T は連結律をみたす.集合 X の部分集合 A, B, C に対して,$|A| \geq |B|$ かつ $|B| \geq |C|$ ならば $|A| \geq |C|$ となるので T は推移律をみたす.以上のことから,反射律,推移律,連結律をみたすので,T は弱順序である.

また,集合 X が 2 つ以上の元をもつとき,a と b を X の異なる元とすれば,集合 $A = \{a\}$ と $B = \{b\}$ について,$|A| \geq |B|$ かつ $|B| \geq |A|$ であるが,$A \neq B$ である.すなわち,反対称律をみたさないので T は順序ではない.

5.4 最大元,極大元,上界,上限

この節では,似たような概念である最大元,極大元,上界,上限などについて解説するが,それらの定義はそれぞれ異なるので,その違いを正確に理解することが大切である.

【最大元と極大元の解説】順序集合 $(A, \leq)$ を考える.集合 A に 1 つの元 a があり,任意の $x \in A$ に対して $x \leq a$ が成り立つとき,この a を A の**最大元** (maximum element) といい,max A と表す.同様に,任意の $x \in A$ に対して $a \leq x$ が成り立つとき,この a を A の**最小元** (minimum element) といい,min A と表す.集合 A の最大元 max A と最小元 min A は,存在するとは限らないが,存在するならばただ 1 つしかない.実際,a_1 と a_2 を最大元とすれば,$a_1 \geq a_2$ かつ $a_2 \geq a_1$ が成り立つが,反対称律により $a_1 = a_2$ が得られる.

集合 A の元 a に対して,$a < x$ となる A の元 x が存在しないとき,この元 a を A の**極大元** (maximal element) という.同様に,$x < a$ となる A の元 x が存在しないとき,この a を A の**極小元** (minimal element) という.集合 A の極大元あるいは極小元は存在するとは限らず,複数存在することもある.

最大元 max A(最小元 min A)が存在するならば,それは集合 A の唯一の極大 (小) 元である.集合 A が全順序集合であるとき,A の極大元が存在すれば

5.4 最大元, 極大元, 上界, 上限

それは最大元であり, 極小元が存在すればそれは最小元となる.

○例 5.7○ 集合系 $M = \{\emptyset, \{a\}, \{c\}, \{a,b\}\}$ において, 包含関係 $\subset$ を順序とする. このとき, 最大元は存在しないが, 極大元は $\{c\}$ と $\{a,b\}$ である. また, 空集合 $\emptyset$ は, 最小元でありかつ極小元である.

◇例題 5.5◇ 集合 $A = \{1, 2, 3, 4, 5, 6\}$ において整除関係 $\prec$ を順序とするとき, 最大元, 極大元, 最小元, 極小元をそれぞれ求めよ.

(解答) 集合 A には, 5でも6でも割り切れる元は存在しないので, 最大元は存在しない. また, 4で割り切れる元は, それ自身以外に A に存在しないので, 4は極大元である. 同様に, 5と6も極大元であるが, 1, 2, 3は他の元の約数となっているので, 極大元ではない. 集合 A の任意の元が1で割り切れるので, 1は A の最小元である. したがって, 極小元も1だけである.

【上界と上限の解説】 集合 M を順序集合 $(A, \leq)$ の空でない部分順序集合とする. この集合 M についても, A の場合と同様に最大元, 極大元等を定義することができる. 集合 M の最大元と極大元は, 存在すればもちろん M の元である. 次に解説する M の上界と上限は, 最大元あるいは極大元と似た概念であるが, 必ずしも M の元とは限らない.

集合 A の元 a があり, 任意の $x \in M$ に対して $x \leq a$ が成り立つとき, この元 a を M の A における**上界** (upper bound) という. 集合 M の上界が存在するとき, M は A において**上に有界** (bounded from above) であるという.

同様に, 任意の $x \in M$ に対して $a \leq x$ が成り立つとき, この a を M の A における**下界** (lower bound) という. 下界が存在するとき, M は A において**下に有界** (bounded from below) であるという. 集合 M が上にも下にも有界であるとき, M は**有界** (bounded) であるという.

部分順序集合 M の A における上界全部の集合を M^*, 下界全部の集合を M_* と表す. 集合 M が上に有界, すなわち $M^* \neq \emptyset$ であって, この M^* の最小元 $\min M^*$ が存在するとき, その最小元を M の A における**上限** (supremum) または**最小上界** (least upper bound) といい, $\sup M$ と表す.

同様に，集合 M が下に有界であって，しかも max M_* が存在するとき，それを M の A における**下限** (infimum) または**最大下界** (greatest lower bound) といい，inf M と表す．

○**例 5.8** ○　実数全体の集合 $\mathbb{R}$ において大小関係 $\leq$ を順序とする．集合

$$M = \left\{ 2 - \frac{1}{n} \,\middle|\, n \in \mathbb{N} \right\} \tag{5.22}$$

は，図 5.3 に示されるように，区間 $[1, 2)$ 上の実数の集まりである．2 以上の任意の実数は M の上界であり，上限は 2 であるが，M の最大元は存在しない．また，1 以下の任意の実数は M の下界であり，下限は 1 であり，それは M の最小元でもある．

図 5.3　集合 $M = \{2 - 1/n \mid n \in \mathbb{N}\}$ の上界，上限など

○**例 5.9** ○　自然数の集合 $\mathbb{N}$ において，整除関係 $\prec$ を順序とし，集合 $M = \{2, 4, 10\}$ をその部分順序集合とする．このとき，2, 4, 10 の公倍数 $20, 40, \cdots$ が M の上界であり，最小公倍数 20 が M の上限である．また，2, 4, 10 の公約数 1, 2 が M の下界であり，最大公約数 2 が M の下限であり，最小元でもある．上界と下界が存在するので，集合 M は $\mathbb{N}$ において有界である．

【**最大元と上限の存在について**】部分順序集合 M が上に有界であっても，必ずしも上限 sup M が存在するとは限らない．上限 sup M が存在するならば，定義よりそれはただ 1 つである．

集合 M の上限を a とすれば，次の (i) と (ii) が成り立つ．
(i) 任意の $x \in M$ に対して，$x \leq a$ である．
(ii) 元 $a' \in A$ が任意の $x \in M$ に対して $x \leq a'$ をみたすならば，$a \leq a'$ である．

逆に，集合 A の元 a について上記の (i) と (ii) が成り立てば，$a = \sup M$ となる．

5.4 最大元, 極大元, 上界, 上限

集合 M の上限 $a = \sup M$ が存在し, $a \in M$ ならば a は M の最大元である. 逆に最大元 $a = \max M$ が存在すれば, a は M の上限である. しかし, M の最大元が存在しなくても, 上限が存在することもある. 以上の議論から, 上に有界であるような A の空でない部分集合 M について, 次の 3 つの場合がありうる.

- 最大元 $\max M$ が存在する (このとき上限も存在する)
- 最大元 $\max M$ は存在しないが, 上限 $\sup M$ は存在する
- 上限 $\sup M$ が存在しない (このとき最大元も存在しない)

○例 5.10 ○ 上記のそれぞれの場合にあてはまる例として,
- 実数全体の集合 $\mathbb{R}$ における $M_1 = \{x \mid -1 \leq x \leq 1\}$
- 実数全体の集合 $\mathbb{R}$ における $M_2 = \{x \mid -1 \leq x < 1\}$
- 有理数全体の集合 $\mathbb{Q}$ における $M_3 = \{x \mid x \in \mathbb{Q}, 0 < x < \sqrt{2}\}$

がある. 実際, 元 1 は, $\mathbb{R}$ における $M_1 = \{x \mid -1 \leq x \leq 1\}$ の最大元であり上限でもある. また, 元 1 は, $\mathbb{R}$ における $M_2 = \{x \mid -1 \leq x < 1\}$ の上限であるが, M に属さないので最大元ではない. 有理数の集合 $\mathbb{Q}$ において, 集合 $M_3 = \{x \mid x \in \mathbb{Q}, 0 < x < \sqrt{2}\}$ の上限 a が存在すると仮定する. このとき, $a \geq \sqrt{2}$ である. ところが, $a \in \mathbb{Q}$ より $a \neq \sqrt{2}$ であるので, $a > \sqrt{2}$ が成立する. したがって, 次節で示す定理 5.1 により, $a > b > \sqrt{2}$ をみたす有理数 b が存在するので, a が M_3 の上限であることに矛盾する. 背理法により, 有理数の集合 $\mathbb{Q}$ において M_3 の上限は存在しない.

【補足】次節では, 実数の集合 $\mathbb{R}$ において, 任意の空ではない上に有界な部分集合は必ず上限をもつことを示す. 上の例で示したように, 有理数全体の集合 $\mathbb{Q}$ では, 有界な部分集合が上限をもたないことがある.

5.5 実数の完備性

　実数については，高校あるいは中学から慣れ親しんでいるが，その数学的な定義についてはあいまいである．ここでは，有理数の切断を使って実数を定義する．普段当たり前として扱っていることを少し数学的にきちんと扱おうということである．多少難しいと感じる場合には，読み飛ばしてかまわないが，異なる 2 つの実数の間には有理数が存在することと，実数の集合に上界が存在すれば必ず上限が存在することを覚えておくことが必要である．

【有理数の切断の解説】 この節では，自然数，整数，有理数については，すでに定義されているものとする．すなわち，**自然数** (natural number) とは，

$$1, 2, 3, \cdots, n, n+1, \cdots \tag{5.23}$$

と表される数の中の 1 つである．同様に，**整数** (integer) とは，

$$\cdots, -(n+1), -n, \cdots, -3, -2, -1, 0, 1, 2, 3, \cdots, n, n+1, \cdots \tag{5.24}$$

と表される数の中の 1 つである．**有理数** (rational number) とは，ある整数 $a \in \mathbb{Z}$ と自然数 $b \in \mathbb{N}$ を使って，a/b と表される数のことである．また，有理数には加減乗除が導入されており，大小関係 "$\leq$" が全順序であることも既知であるとする．

　有理数全体の集合 $\mathbb{Q}$ を 2 つの集合 A とその補集合 $B = A^c$ に直和分割し，

$$\forall a \in A, \, \forall b \in B, \, a < b \tag{5.25}$$

が成り立っているとする．このような分割を**有理数の切断** (cut of rational numbers) といい $(A|B)$ と表す．1 つの有理数 a に対して，$A_1 = \{x | x \leq a\}$，$B_1 = A_1^c$ あるいは $A_2 = \{x | x < a\}$，$B_2 = A_2^c$ とすれば，$(A_1|B_1)$ と $(A_2|B_2)$ は有理数の切断である．しかし，有理数の切断の中には，このように表すことができないものも存在する．有理数の切断 $(A|B)$ について，図 5.4 に示されるように，次の 4 つの場合が考えられる．

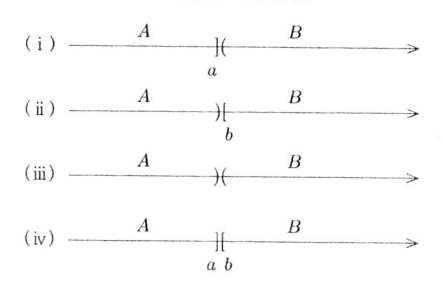

図 5.4 有理数の切断 $(A|B)$ の場合分け

(i) 集合 A に最大元 a が存在するが, B に最小元が存在しない.
(ii) 集合 A に最大元が存在しないが, B に最小元 b が存在する.
(iii) 集合 A に最大元が存在しなく, B にも最小元が存在しない.
(iv) 集合 A に最大元 a が存在し, B にも最小元 b が存在する.

上記の $(A_1|B_1)$ と $(A_2|B_2)$ は, それぞれ (i) と (ii) の場合の例である. (iii) の例としては, $A_3 = \{x|x<-\sqrt{2}\}$ と $B_3 = A_3^c$ による有理数の切断 $(A_3|B_3)$ がある. (iv) の場合があると仮定すると, 有理数 $c = (a+b)/2$ が存在し, $c \notin A$ かつ $c \notin B$ となるので, A と B が有理数全体の集合 $\mathbb{Q}$ の直和分割であることに矛盾する. したがって, (iv) は起こりえない.

有理数の切断 $(A|B)$ について, (i) の場合に, この切断は有理数 a を定義するとし,

$$a = (A|B) \tag{5.26}$$

と表す. 同様に, (ii) の場合には, 切断 $(A|B)$ は有理数 b を定義するとし, $b = (A|B)$ と表す. 逆に, 有理数を使って, (i) または (ii) の切断を定めることができるが, (iii) の切断を有理数によって定めることはできない. そこで, (iii) の場合には, 切断 $(A|B)$ は有理数ではない新しい数 c を定義するとし,

$$c = (A|B) \tag{5.27}$$

と表す. この数 c を**無理数** (irrational number) という. 上記のようにして, 任意の有理数の切断 $(A|B)$ に対して, 1 つの有理数または無理数を対応させることができる. 有理数と無理数をあわせて**実数** (real number) という. 上で示した切断 $(A_1|B_1)$ と $(A_2|B_2)$ は同じ有理数 a を定義するので, 以降では $(A_2|B_2)$

を $(A_1|B_1)$ を同一視し，有理数の切断といえば (i) と (iii) の場合だけを考えることにする．

【実数の大小】 上記のようにして定義した実数に順序を導入する．有理数の切断で定義された 2 つの実数 $c = (A|B)$ と $d = (A'|B')$ に対して，

$$A = A' \Leftrightarrow c = d \tag{5.28}$$

$$A \subset A' \Leftrightarrow c \leq d \tag{5.29}$$

と定義する．定義よりすぐに，$c = (A|B)$ ならば，

$$\forall a \in A, \ a \leq c \tag{5.30}$$

$$\forall b \in B, \ c \leq b \tag{5.31}$$

が成立することがわかる．上のようにして定義した関係 "$\leq$" が，実数における全順序となることを確かめることができる（章末問題）．また，c と d が有理数のとき，この順序による大小関係は，有理数の大小関係と矛盾しない．

■**定理 5.1** 2 つの実数を c と d とするとき，$c < d$ ならばある有理数 a が存在し，$c < a < d$ となる．

[証明] 2 つの実数 c と d の間に不等式 $c < d$ が成立し，有理数の切断によって，$c = (A|B)$, $d = (A'|B')$ と表されているとする．$c < d$ より，$A \subset A'$ かつ $A \neq A'$ であるので，A に含まれない A' の元 a' が存在する．このとき，$a' \in A'$ かつ $a' \in B$ となり，$c \leq a' \leq d$ が成立する．有理数の切断として (i) と (iii) の場合だけを考えているので，a' は集合 B の最小元ではない．したがって，$a'' < a'$ となる B の元 a'' が存在する．このとき，$a = (a' + a'')/2$ とすれば，a は有理数であり，$c \leq a'' < a < a' \leq d$ が成立する． □

上の定理より，次の事実を導くことができる．

■**定理 5.2** 任意の実数 $x > 0$ に対して，ある自然数 $n \in \mathbb{N}$ が存在し，$1/n < x$ が成立する

5.5 実数の完備性

【実数の切断の解説】有理数の切断と同様に,実数全体の集合 $\mathbb{R}$ を 2 つの集合 C とその補集合 $D = C^c$ に直和分割し,

$$\forall c \in C, \ \forall d \in D, \ c < d \tag{5.32}$$

が成り立っているとする.このような分割を**実数の切断** (cut of real numbers) といい $(C|D)$ と表す.

■**定理 5.3** 任意の実数の切断 $(C|D)$ に対して,C の最大元または D の最小元が存在する(これを実数の連続性または完備性という).

[証明] 集合 C と D に含まれる有理数の集合をそれぞれ A と B とする.このとき,$(A|B)$ は有理数の切断となるので,実数 $c = (A|B)$ を定義できる.このとき,$c \in C$ または $c \in D$ である.$c \in C$ ならば c は C の最大元である.実際,もし c が C の最大元でなければ,ある $c' \in C$ が存在し,$c < c'$ となるが,このとき定理 5.1 より,$c < a < c'$ となる有理数 $a \in A$ が存在するので $c = (A|B)$ に矛盾する.同様に,$c \in D$ ならば c は D の最小元である.

■**定理 5.4** 実数全体の集合 $\mathbb{R}$ の部分集合を M とする.集合 M に上界が存在するならば上限が存在し,下界が存在するならば下限が存在する.

[証明] 集合 M に上界が存在すると仮定する.M のすべての上界の集合を D として,$C = D^c$ とすれば $(C|D)$ は実数の切断である.定理 5.3 より,集合 C の最大元または D の最小元が存在する.集合 C に最大元 c が存在するとすれば,c は M の上界ではないので,ある $d \in M$ が存在し $c < d$ となる.このとき,定理 5.1 より,ある有理数 a が存在し $c < a < d$ となり,この a も M の上界ではないので,c が C の最大元であることに矛盾する.したがって,D は最小元をもち,それが M の上限となる.下界が存在する場合にも,同様に下限が存在することを証明することができる.

演習問題

5.1 次のような関係の例をあげよ.
(1) 反射的, 対称的であるが, 推移的ではない.
(2) 反射的, 推移的であるが, 対称的ではない.

5.2 $A = \mathbb{Z} \times (\mathbb{Z} - \{0\})$ とする. A の元 (m,n) と (m',n') に対して
$$mn' = m'n \tag{5.33}$$
であるとき $(m,n)T(m',n')$ として関係 T を定義すれば, T が A における同値関係となることを証明せよ.

5.3 集合系 $\mathcal{M}$ が集合 A の直和分割であるとき, $\mathcal{M}$ に付随する関係 T が同値関係であることを示せ.

5.4 集合 A における同値関係を T とし, aTx であるような A の元 x 全体の集合を
$$C(a) = \{x | x \in A, \ aTx\} \tag{5.34}$$
とする. このとき,
$$a \in C(a)$$
$$aTb \Rightarrow C(a) = C(b)$$
$$C(a) \neq C(b) \Rightarrow C(a) \cap C(b) = \emptyset$$
が成立することを示せ.

5.5 直積 $[0,1] \times [0,1]$ において, 2つの元 (x_1, x_2) と (y_1, y_2) に対して, $x_1 \geq y_1$ かつ $x_2 \geq y_2$ であるとき $(x_1, x_2) \geq (y_1, y_2)$ とすれば, この関係 $\geq$ が順序であるが, 全順序ではないことを示せ.

5.6 全順序集合 $(A, \leq)$ では, 極大元がたかだか1つであり, 存在するならば最大元となることを示せ.

5.7 $A = \mathbb{N} - \{1\} = \{2, 3, 4, \cdots\}$ とし, 整除関係 $\prec$ を順序とする順序集合 $(A, \prec)$ を考える.
(1) 最小元が存在するならば, それを求めよ.
(2) すべての極小元を求めよ.

5.8 X を空でない集合とし, べき集合 2^X から空集合 $\emptyset$ だけを取り除いた集合系を $\mathcal{M}$ とする. 包含関係 $\subset$ を順序とする順序集合 $\mathcal{M}$ の極小元とはどのようなものか. また, $\mathcal{M}$

演 習 問 題

が最小元をもつのは，どのような場合か．

5.9 $a_1, a_2, \cdots, a_n \in \mathbb{N}$ とするとき，順序集合 $(\mathbb{N}, \prec)$ における $\{a_1, a_2, \cdots, a_n\}$ の上限と下限はそれぞれ何になるか．ここで，$\prec$ は整除関係を表している．

5.10 有理数の切断により定義された 2 つの実数 $c = (A|B)$ と $d = (A'|B')$ に対して，等号 $=$ と関係 $\leq$ を

$$A = A' \Leftrightarrow c = d \quad (5.35)$$

$$A \subset A' \Leftrightarrow c \leq d \quad (5.36)$$

により定義するとき，関係 $\leq$ が $\mathbb{R}$ における全順序となることを示せ．

6
濃度と可算集合

　無限集合は，有限集合とは異なり，"要素の数"を数えることができないが，それに代わる"要素の数のようなもの"はないのだろうか．自然数の集合，有理数の集合，実数の集合などは，どれも無限集合であるが，それぞれの"要素の数のようなもの"は同程度といってよいのだろうか．あるいは，自然数の集合は，有理数の集合の真部分集合であるから，その"要素の数のようなもの"は有理数の場合より少ないのだろうか．このような疑問をもちながら，本章を読み進めてもらえれば，より理解が進むことは間違いない．

6.1　集合の対等

　2つの集合 A と B が与えられたとき，元の数が等しいか，あるいはどちらか一方が他方より多いかという問題を考えてみる．どちらの集合も有限集合ならばその元の数を数えることにより，この問題に答えることができる．また，一方が有限集合で他方が無限集合ならば，無限集合のほうが多いと考えるのが普通である．どちらも無限集合の場合にどのように考えるとよいか，というのがこの節のテーマである．

【対等の解説】 2つの有限集合 A と B が与えられ，集合 A の元の数を m，集合 B の元の数を n とする．第3章で解説したように，不等式 $m > n$ が成立するならば，集合 A から B への全射 f は存在するが単射は存在せず，$m < n$ ならば集合 A から B への全射 f は存在しないが単射は存在する．そして，$m = n$

ならば集合 A から B への全単射が存在する．したがって，2 つの有限集合 A と B の元の数が等しければ A から B への全単射が存在する．逆に，有限集合 A から B への全単射が存在すれば，A と B の元の数が等しい．

有限集合の場合の上の結果を無限集合の場合にも拡張して，集合 A から集合 B への全単射が存在するとき，B は A に**対等** (equipotent) であるといい，$A \sim B$ と書く．集合 A と B が有限集合のとき，対等である必要十分条件は，元の数が等しいことである．空集合 $\emptyset$ は，それ自身のみと対等であるとする．

■**定理 6.1** 集合 A, B, C に対して，

$$A \sim A \tag{6.1}$$
$$A \sim B \Rightarrow B \sim A \tag{6.2}$$
$$A \sim B,\ B \sim C \Rightarrow A \sim C \tag{6.3}$$

が成り立つ．したがって，対等は，反射律，対称律，推移律をみたすので，同値関係である．

[証明] 第 3 章で解説したように，任意の集合 A に対して，恒等写像 I_A が存在し，それは集合 A から A への全単射であるから，$A \sim A$ が成立する．

$A \sim B$ ならば，集合 A から集合 B への全単射 f が存在するが，このとき逆写像 f^{-1} が存在し，それは集合 B から集合 A への全単射となる．したがって，$B \sim A$ が成立する．

$A \sim B$ かつ $B \sim C$ ならば，集合 A から B への全単射 f と集合 B から集合 C への全単射 g が存在する．このとき，合成写像 $g \circ f$ が集合 A から C への全単射となるので，$A \sim C$ が成立する． □

◇ **例題 6.1** ◇ 整数全体の集合 $\mathbb{Z}$ が自然数全体の集合 $\mathbb{N}$ と対等であることを示せ．

(ヒント: 自然数 n が偶数の場合と奇数の場合に分けることにより，集合 $\mathbb{N}$ から $\mathbb{Z}$ への全単射を見つける．)

(解答) 集合 $\mathbb{N}$ から $\mathbb{Z}$ への写像 f を

$$f(n) = \begin{cases} \dfrac{n}{2} & (n \text{ が偶数のとき}) \\ -\dfrac{1}{2}(n-1) & (n \text{ が奇数のとき}) \end{cases} \qquad (6.4)$$

と定義すれば,f は自然数 $1, 2, 3, 4, \cdots$ を順に $0, 1, -1, 2, \cdots$ へ写し,$\mathbb{N}$ から $\mathbb{Z}$ への全単射となるので,$\mathbb{Z}$ は $\mathbb{N}$ と対等である

◇ **例題 6.2** ◇ 直積 $\mathbb{N} \times \mathbb{N}$ が $\mathbb{N}$ と対等であることを示せ.

(ヒント:直積 $\mathbb{N} \times \mathbb{N}$ は,図 6.1 で示されるように,2 次元平面の第 1 象限にある格子点の集合であるので,すべての格子点に 1 番から順に番号をつけることができれば,それが $\mathbb{N} \times \mathbb{N}$ から $\mathbb{N}$ への全単射となる.)

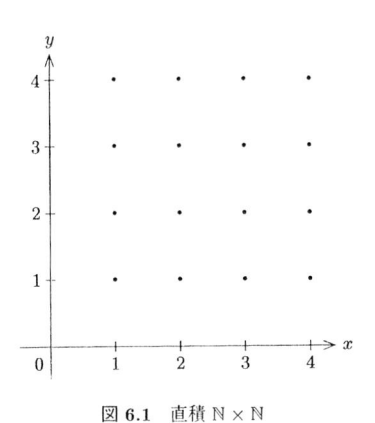

図 6.1 直積 $\mathbb{N} \times \mathbb{N}$

(解答)集合 $\mathbb{N} \times \mathbb{N}$ から $\mathbb{N}$ への写像 f を,任意の $(m, n) \in \mathbb{N} \times \mathbb{N}$ に対し,

$$f(m, n) = n + \frac{1}{2}(n + m - 1)(n + m - 2) \qquad (6.5)$$

と定義すれば,f は $\mathbb{N} \times \mathbb{N}$ の元 $(1,1), (2,1), (1,2), (3,1), (2,2), \cdots$ を順に $1, 2, 3, 4, 5, \cdots$ へ写し,全単射となるので,集合 $\mathbb{N}$ は $\mathbb{N} \times \mathbb{N}$ と対等である.したがって,定理 6.1 より,$\mathbb{N} \times \mathbb{N}$ は $\mathbb{N}$ と対等である.

◇ **例題 6.3** ◇ 任意の開区間 (a, b) が実数全体の集合 $\mathbb{R}$ と対等であることを示せ.

(解答) 関数 $f: (-\pi/2, \pi/2) \to \mathbb{R}$ を

$$f(x) = \tan x \tag{6.6}$$

と定義すれば，f が全単射となるので，$\mathbb{R}$ は $(-\pi/2, \pi/2)$ と対等である．また，関数 $g: (a,b) \to (-\pi/2, \pi/2)$ を

$$g(x) = \pi \frac{x-a}{b-a} - \frac{\pi}{2} \tag{6.7}$$

と定義すれば，全単射となるので，区間 $(-\pi/2, \pi/2)$ は (a,b) と対等である．よって，定理 6.1 より，$\mathbb{R}$ は区間 (a,b) と対等である．

【ベルンシュタインの定理の解説】2 つの集合 A と B が対等であることを示すには，A から B への全単射が存在することを示せば十分であるが，そのような写像を簡単に見つけることができるとは限らない．たとえば，開区間 $(0,1)$ から閉区間 $[0,1]$ への全単射を示すことは簡単ではないが，次のベルンシュタインの定理を使えば，この 2 つの区間が対等であるといえる．

■**定理 6.2** 2 つの集合 A, B について，A から B への単射および B から A への単射がともに存在するならば，A と B は対等である．

[補足] この定理の証明は少し程度が高いので，この章の最後に示す．集合 A から B への単射 f が存在すれば，その値域を B' とし，写像 $g: A \to B'$ を任意の $x \in A$ に対し $g(x) = f(x)$ と定義することにより，g は全単射となる．したがって，集合 A から B への単射 f が存在すれば，集合 A は B のある部分集合と対等であり，その逆も成立する．また，定理 4.1 より，集合 A から B への単射が存在する必要十分条件は，B から A への全射が存在することである．以上の議論から，定理 6.2 は，次のように言い換えることができる．

■**定理 6.3** 2 つの集合 A, B について，次のいずれかが成り立つならば，A と B は対等である．

(i) 集合 A と対等であるような B の部分集合および B と対等であるような A の部分集合が存在する．

(ii) 集合 A から B への全射および B から A への全射が存在する．

(iii) 集合 A から B への全射および単射が存在する．

◇ 例題 **6.4** ◇　実数全体の集合 $\mathbb{R}$ の部分集合 A がある開区間 (a,b) を含むならば，A が $\mathbb{R}$ と対等であることを示せ．

（解答）集合 A が $\mathbb{R}$ の部分集合であること，開区間 (a,b) が $\mathbb{R}$ と対等であることから，上の定理より成り立つ．

6.2　集合の濃度

前節で定義した対等は，同値関係である．したがって，この対等を使って同じグループを1つにまとめ，そのグループに名前をつけようというのがこの節のテーマである．

【濃度とは】2つの集合 A と B が対等であるとき，A と B は**濃度**あるいは**基数** (power, cardinality, or cardinal number) が等しいという．これにより，集合が対等であるかどうかということの目印として，濃度という言葉が導入されたことになる．

有限集合の場合には，濃度が等しいということは，元の数が等しいことと同じである．このことから，有限集合 A の元の数を集合 A の濃度という．同様に，無限集合にも濃度という概念を導入でき，集合 A の濃度を $|A|$ と表すことにする．

有限集合の濃度を有限の濃度といい，無限集合の濃度を無限の濃度という．自然数全体の集合 $\mathbb{N}$ の濃度は，無限の濃度である．これを**可算の濃度**または**可付番の濃度** (countable power) といい，記号 $\aleph_0$（アレフ・ゼロ）で表す．すなわち，

$$|\mathbb{N}| = \aleph_0 \tag{6.8}$$

である．前節で示した例題から，整数全体の集合 $\mathbb{Z}$ と直積 $\mathbb{N} \times \mathbb{N}$ の濃度も $\aleph_0$ である．

6.2 集合の濃度

実数全体の集合 $\mathbb{R}$ の濃度を**連続の濃度** (power of continum) といい，$\aleph$(アレフ) で表す．任意の開区間，あるいは開区間を含む $\mathbb{R}$ の部分集合は，連続の濃度をもつ．

【濃度の大小】2 つの有限集合 A と B については，元の数で濃度の大小を比較することができる．一般に，集合 A, B の濃度をそれぞれ $\mathfrak{m}, \mathfrak{n}$ とするとき，次の同値な条件

- 集合 A が B のある部分集合と対等である．
- 集合 A から B への単射が存在する．
- 集合 B から A への全射が存在する．

のいずれかが成り立つならば，$\mathfrak{m}$ は $\mathfrak{n}$ を超えない，$\mathfrak{m}$ は $\mathfrak{n}$ 以下である，$\mathfrak{n}$ は $\mathfrak{m}$ 以上であるなどといい，

$$\mathfrak{m} \leq \mathfrak{n} \quad \text{あるいは} \quad \mathfrak{n} \geq \mathfrak{m} \tag{6.9}$$

と表す．

濃度 $\mathfrak{n}$ が $\mathfrak{m}$ 以上であって，集合 A と B の濃度が等しくない ($\mathfrak{m} \neq \mathfrak{n}$) ときは，

$$\mathfrak{m} < \mathfrak{n} \tag{6.10}$$

と表し，濃度 $\mathfrak{m}$ は $\mathfrak{n}$ より小さい，あるいは $\mathfrak{n}$ は $\mathfrak{m}$ より大きいという．

【補足】集合 A と B を使って，2 つの濃度 $\mathfrak{m}$ と $\mathfrak{n}$ の大小を定義したが，厳密にはこの定義が集合 A と B の取り方によらないことを示す必要がある．すなわち，集合 A, B の濃度をそれぞれ $\mathfrak{m}, \mathfrak{n}$ とし，集合 A が B のある部分集合と対等であるならば，濃度が $\mathfrak{m}$ である任意の集合 A' と濃度が $\mathfrak{n}$ である任意の集合 B' に対して，集合 A' が B' のある部分集合と対等であることを示さなければならない．実際，集合 A が B のある部分集合と対等であるので集合 A から B への単射 f が存在し，集合 A と A' が対等であるので A' から A への全単射 g が存在し，集合 B と B' が対等であるので B から B' への全単射 h が存在する．このとき，3 つの写像の合成写像 $h \circ f \circ g$ が A' から B' への単射となることから，集合 A' は B' のある部分集合と対等となる．

○ 例 6.1 ○　有限集合 A が B の真部分集合ならば,

$$|A| < |B| \tag{6.11}$$

が成立する．しかし，無限集合のときは，このような関係式が成立するとは限らない．たとえば，自然数全体の集合 $\mathbb{N}$ は整数全体の集合 $\mathbb{Z}$ の真部分集合であるが，前節の例で示したように，この 2 つの集合は対等であるので,

$$|\mathbb{N}| = |\mathbb{Z}| \tag{6.12}$$

となる．

○ 例 6.2 ○　自然数全体の集合 $\mathbb{N}$ は，実数全体の集合 $\mathbb{R}$ の部分集合であるから,

$$\aleph_0 \leq \aleph \tag{6.13}$$

が成り立つ．しかし，$\aleph_0 < \aleph$ が成立するかどうかについては，すぐにはわからない．このことについては，次節でより詳しく解説する．

■定理 6.4　任意の濃度 $\mathfrak{m}, \mathfrak{n}, \mathfrak{l}$ について,

$$\mathfrak{m} = \mathfrak{m} \tag{6.14}$$

$$\mathfrak{m} \leq \mathfrak{n}, \ \mathfrak{n} \leq \mathfrak{m} \Rightarrow \mathfrak{m} = \mathfrak{n} \tag{6.15}$$

$$\mathfrak{m} \leq \mathfrak{n}, \ \mathfrak{n} \leq \mathfrak{l} \Rightarrow \mathfrak{m} \leq \mathfrak{l} \tag{6.16}$$

が成り立つ．したがって，濃度の大小関係は，反射律，反対称律，推移律をみたすので，順序である．

[証明] 反射律 (6.14) と推移律 (6.16) については，定義より成り立つので，ここでは反対称律 (6.15) を証明する．関係式 $\mathfrak{m} \leq \mathfrak{n}$ と $\mathfrak{n} \leq \mathfrak{m}$ が成り立つと仮定する．濃度が $\mathfrak{m}$ と $\mathfrak{n}$ である集合をそれぞれ A と B とする．このとき，$\mathfrak{m} \leq \mathfrak{n}$ より集合 A は B の部分集合と対等であり，$\mathfrak{n} \leq \mathfrak{m}$ より集合 B は A の部分集合と対等である．したがって，定理 6.3 より集合 A は B と対等であり，$\mathfrak{m} = \mathfrak{n}$ が成立する．　□

■定理 6.5 任意の無限集合 A は，可算の濃度以上である．すなわち，

$$\aleph_0 \leq |A| \tag{6.17}$$

が成立する．

この定理の証明は，A から 1 つずつ順に要素を無限に取り出すことができることを示せばよいが，それを示すためには選択公理を使う必要がある．章末に，その証明を示す．

6.3 可算集合

有限集合の元の数を拡張して濃度を導入したが，自然数全体の集合と濃度が等しい集合にはどのようなものがあるか，またそれより大きな濃度をもつ無限集合には何があるのだろうかといった疑問をいだくと思われる．ここでは，そのような疑問に答える．

【可算集合とは】可算の濃度 $\aleph_0$ を持つ集合，すなわち $\mathbb{N}$ と対等であるような集合を**可算集合**あるいは**可付番集合** (countable set) という．たとえば，整数全体の集合 $\mathbb{Z}$ と直積 $\mathbb{N} \times \mathbb{N}$ は，可算集合である．定理 6.5 より，m を任意の無限の濃度とすれば $\aleph_0 \leq \mathrm{m}$ が成立する．すなわち，$\aleph_0$ は無限の濃度のうち最小である．また，有限集合と可算集合をあわせてたかだか**可算な集合** (at most countable set) という．$\aleph_0$ より大きい濃度をもつ集合を**非可算集合** (uncountable set) という．次の定理は，可算集合の特徴を述べている．

■定理 6.6 集合 A と B がともにたかだか可算であるならば，その和集合 $A \cup B$ はたかだか可算な集合である．また，直積 $A \times B$ もたかだか可算な集合である．ここで，集合 A と B のいずれか一方が可算集合であるならば和集合 $A \cup B$ は可算集合であり，さらに集合 A と B が空集合でないならば直積 $A \times B$ も可算集合となる．

［証明］集合 A と B がともにたかだか可算な集合であるとすれば，A から $\mathbb{N}$ への単射 f と B から $\mathbb{N}$ への単射 g が存在する．このとき，和集合 $A \cup B$ から

$\mathbb{Z}$ への写像 h を

$$h(x) = \begin{cases} f(x) & (x \in A) \\ -g(x) & (x \notin A,\ x \in B) \end{cases} \qquad (6.18)$$

と定義すれば，この写像 h は単射となる．整数全体の集合 $\mathbb{Z}$ が可算であるから，和集合 $A \cup B$ はたかだか可算な集合である．また，直積 $A \times B$ から $\mathbb{N} \times \mathbb{N}$ への写像 ψ を

$$\psi(x, y) = (f(x), g(y)) \qquad (6.19)$$

と定義すれば，この写像 ψ は単射となる．直積 $\mathbb{N} \times \mathbb{N}$ が可算であるから，直積 $A \times B$ はたかだか可算な集合である．あきらかに，集合 A と B のいずれか一方が可算集合であるならば和集合 $A \cup B$ は可算集合であり，さらにどちらも空でなければ直積 $A \times B$ も可算集合となる． □

◇ **例題 6.5** ◇　有理数全体の集合 $\mathbb{Q}$ が可算の濃度 $\aleph_0$ をもつことを示せ．

（解答）任意の有理数は，ある整数 x と自然数 y を使って，x/y と表すことができる．したがって，直積 $\mathbb{Z} \times \mathbb{N}$ から有理数全体の集合 $\mathbb{Q}$ への写像 ψ を

$$\psi(x, y) = \frac{x}{y} \qquad (6.20)$$

と定義すれば，この ψ は全射となる．したがって，$|\mathbb{Q}| \leq |\mathbb{Z} \times \mathbb{N}|$ である．整数全体の集合 $\mathbb{Z}$ は可算集合であるから，定理 6.6 により直積 $\mathbb{Z} \times \mathbb{N}$ は可算集合である．以上の議論から，集合 $\mathbb{Q}$ はたかだか可算な集合であり，無限集合であるから，可算集合である．

【連続の濃度について】実数全体の集合 $\mathbb{R}$ は，もちろん無限集合であるが，可算集合であるか非可算集合であるかまだあきらかにしていない．次の定理は，実数全体の集合が非可算集合であることを主張する．

■**定理 6.7**　連続の濃度 $\aleph$ は可算の濃度より大きい，すなわち

$$\aleph_0 < \aleph \tag{6.21}$$

が成立する.

[証明] 実数全体の集合 $\mathbb{R}$ の部分集合 $(0,1)$ が可算の濃度より大きいことを示せば十分である.開区間 $(0,1)$ は無限集合なので,可算の濃度以上であることはあきらかなので,可算集合ではないことを示す.背理法を使うために,集合 $(0,1)$ が可算集合であると仮定する.可算集合は $\mathbb{N}$ と対等であるので, $\mathbb{N}$ から $(0,1)$ への全単射 f が存在する. $f(1)$ は,0 より大きく 1 より小さい実数なので,無限小数で表すと

$$f(1) = 0.a_1^1 a_2^1 a_3^1 \cdots \tag{6.22}$$

となる.ここで a_i^1 は $f(1)$ の小数第 i 位の数で 0 から 9 までの整数である.このとき,たとえば 0.5 と 0.499999 $\cdots$ のように 2 通りの表し方がある場合には,常に前者の小数で表すものとする.同様に

$$\begin{aligned} f(2) &= 0.a_1^2 a_2^2 a_3^2 \cdots \\ f(3) &= 0.a_1^3 a_2^3 a_3^3 \cdots \\ &\vdots \\ f(n) &= 0.a_1^n a_2^n a_3^n \cdots \\ &\vdots \end{aligned} \tag{6.23}$$

と表すことができる.このとき,任意の $i \in \mathbb{N}$ に対して

$$b_i = \begin{cases} 1 & (a_i^i = 2) \\ 2 & (a_i^i \neq 2) \end{cases} \tag{6.24}$$

と定義し,実数

$$g = 0.b_1 b_2 b_3 \cdots \tag{6.25}$$

を定める.このように定義した g の小数第 i 位の数 b_i は $f(i)$ の小数第 i 位の値 a_i^i と異なる.したがって,任意の $i \in \mathbb{N}$ に対し $g \neq f(i)$ となるが, $g \in (0,1)$ であるので, f が全射であることに矛盾する.したがって,開区間 $(0,1)$ は可算集合ではない. □

付録（定理 6.2 と 6.5 の証明）

■**定理 6.2** 2 つの集合 A, B について，A から B への単射および B から A への単射がともに存在するならば，A と B は対等である．

[証明] 集合 A から B への単射 f および集合 B から A への単射 g が存在すると仮定し，集合 A から B への全単射が存在することを示す．

写像 f の値域 $f(A)$ が B に等しければ，f が全単射となるので，$f(A)$ と B が等しくないと仮定し，

$$B_1 = B - f(A) \tag{6.26}$$

とする．この集合 B_1 から順に

$$A_1 = g(B_1),\ B_2 = f(A_1),\ \cdots,\ A_n = g(B_n),\ B_{n+1} = f(A_n),\ \cdots \tag{6.27}$$

と定義することにより，A の部分集合族 $(A_n)_{n\in\mathbb{N}}$ と B の部分集合族 $(B_n)_{n\in\mathbb{N}}$ を得られる．これらの部分集合族に対して，和集合を

$$A_* = \cup_{n\in\mathbb{N}} A_n,\ B_* = \cup_{n\in\mathbb{N}} B_n \tag{6.28}$$

とする．集合 A に対する A_* の補集合を $A_*^c = A - A_*$，集合 B に対する B_* の補集合を $B_*^c = B - B_*$ とする．このとき，$f(A_*^c) = B_*^c$ となることを示す．写像 f が単射であるから，式 (3.42) を使い

$$f(A_*^c) = f(A - A_*) = f(A) - f(A_*) = (B - B_1) - f(A_*) \tag{6.29}$$

が成立する．ここで，式 (4.20) から

$$f(A_*) = f(\cup_{n\in\mathbb{N}} A_n) = \cup_{n\in\mathbb{N}} f(A_n) = \cup_{n\in\{2,3,\cdots\}} B_n \tag{6.30}$$

となるが，これを式 (6.29) に代入することにより，

$$f(A_*^c) = B - B_1 - \cup_{n\in\{2,3,\cdots\}} B_n = B - \cup_{n\in\mathbb{N}} B_n = B - B_* = B_*^c \tag{6.31}$$

を示すことができた．したがって，写像 $f_1 : A_*^c \to B_*^c$ を

$$f_1(x) = f(x) \tag{6.32}$$

と定義すれば，f が単射であることから，この写像 f_1 は全単射となる．

同様に，式 (4.20) から

$$g(B_*) = g(\cup_{n \in \mathbb{N}} B_n) = \cup_{n \in \mathbb{N}} g(B_n) = \cup_{n \in \mathbb{N}} A_n = A_* \tag{6.33}$$

が成立する．したがって，写像 $g_1 : B_* \to A_*$ を

$$g_1(y) = g(y) \tag{6.34}$$

と定義すれば，g が単射であることから，この写像 g_1 は全単射となる．写像 g_1 の逆写像を g_1^{-1} とすれば，それは A_* から B_* への全単射となる．

以上のことから，写像 $f_2 : A \to B$ を

$$f_2(x) = \begin{cases} f_1(x) & (x \in A_*^c) \\ g_1^{-1}(x) & (x \in A_*) \end{cases} \tag{6.35}$$

と定義すれば，これが集合 A から B への全単射となる． □

■**定理 6.5** 任意の無限集合 A は，可算の濃度以上である．

［証明］任意の無限集合を A とする．集合 A のすべての空ではない部分集合の集合系（べき集合 2^A から空集合を除いた集合系）を Λ とする．このとき集合族 $(B)_{B \in \Lambda}$ は，空ではない集合からなるので，選択公理により Λ から $A = \cup_{B \in \Lambda} B$ への写像 f で，各 $B \in \Lambda$ に対して $f(B) \in B$ となるものが存在する．このとき，

$$\begin{aligned} & a_1 = f(A),\ A_1 = A - \{a_1\} \\ & a_2 = f(A_1),\ A_2 = A_1 - \{a_2\} \\ & \quad\quad\quad \vdots \\ & a_n = f(A_{n-1}),\ A_n = A_{n-1} - \{a_n\} \\ & \quad\quad\quad \vdots \end{aligned} \tag{6.36}$$

として A の元の列 $a_1, a_2, \cdots$ を定めれば，$a_n \in A_{n-1}$ となるので，すべての $a_i (i = 1, 2, \cdots)$ が異なり，$\{a_1, a_2, \cdots\}$ は A の可算な部分集合となる．したがって，任意の無限集合 A は可算の濃度以上である． □

演習問題

6.1 自然数全体の集合 $\mathbb{N}$ と正の偶数全体の集合が対等であることを示せ．

6.2 閉区間 $[0,1]$ から開区間 $(0,1)$ への全単射を 1 つ示せ．

6.3 $A \sim A'$ かつ $B \sim B'$ ならば $A \times B \sim A' \times B'$ となることを示せ．

6.4 開区間の集合 $\mathcal{T}$ があって，$\mathcal{T}$ に属するどの 2 つの開区間も互いに素であるとする．このとき，$\mathcal{T}$ はたかだか可算な集合であることを証明せよ．

7

ユークリッド空間の位相

　位相という言葉を耳にすることはあまり多くないと思っていたが，手元にある『岩波国語辞典』でその意味を引くと，"抽象空間で極限や連続の概念を定義する数学的構造"とある．非常にわかりやすくかつ正確に書いてあり，位相という言葉が一般的な言葉として受け入れられていることに驚いた．本章では，この意味の通り，ユークリッド空間における極限や連続の概念を定義する数学的構造について学ぶ．

7.1　ユークリッド空間

　高校の数学では，実数の集合 $\mathbb{R}$ を数直線，直積 $\mathbb{R} \times \mathbb{R}$ を 2 次元平面，3 つの直積 $\mathbb{R}^3$ を 3 次元空間で表している．それでは，4 つ以上の $\mathbb{R}$ の直積はどのような集合になるだろうかといったことが，この節のテーマである．

【ユークリッド空間の距離】3 次元空間上の 2 点 (x_1, x_2, x_3) と (y_1, y_2, y_3) の距離は，

$$\sqrt{(x_1-y_1)^2+(x_2-y_2)^2+(x_3-y_3)^2} \tag{7.1}$$

により計算できる．一般に，n を自然数とするとき，実数全体の集合 $\mathbb{R}$ の n 個の直積 $\mathbb{R} \times \mathbb{R} \times \cdots \times \mathbb{R}$ を $\mathbb{R}^n$ と書く．$\mathbb{R}^n$ の 2 つの元 $\boldsymbol{x}=(x_1, x_2, \cdots, x_n)$ と $\boldsymbol{y}=(y_1, y_2, \cdots, y_n)$ に対して，その間の**距離** (distance) を

$$d(\boldsymbol{x}, \boldsymbol{y}) = \sqrt{\sum_{i=1}^{n}(x_i-y_i)^2} \tag{7.2}$$

と定義する.集合 $\mathbb{R}^n$ にこの距離を導入したとき,$\mathbb{R}^n$ を n 次元ユークリッド空間 (Euclidean space) または略して n 次元空間とよぶ.$\mathbb{R}^n$ の元を n 次元空間の点 (point) あるいはベクトル (vector) ともよぶ.点 $\boldsymbol{x} = (x_1, x_2, \cdots, x_n) \in \mathbb{R}^n$ であるとき,x_i を $\boldsymbol{x}$ の第 i 成分または第 i 座標という.また,部分集合 $M \subset \mathbb{R}^n$ に対して,$\boldsymbol{x} \in M$ であるとき,$\boldsymbol{x}$ を M の点あるいは M 上の点ともいう.以降では,$\mathbb{R}^n$ の点をボールド体の文字 $\boldsymbol{x}$ を使って表す.

○例 7.1○ 4 次元ユークリッド空間 $\mathbb{R}^4$ の 2 点 $(1, 1, -1, 1)$ と $(-1, 0, 1, 1)$ の距離は,

$$\sqrt{(1-(-1))^2 + (1-0)^2 + (-1-1)^2 + (1-1)^2} = 3 \tag{7.3}$$

である.

○例 7.2○ $\mathbb{R}^n$ の点 $\boldsymbol{x} = (x_1, x_2, \cdots, x_n)$ に対して,

$$\|\boldsymbol{x}\| = \sqrt{\sum_{i=1}^{n} x_i^2} \tag{7.4}$$

を $\boldsymbol{x}$ のノルム (norm) という.任意の 2 点 $\boldsymbol{x}, \boldsymbol{y} \in \mathbb{R}^n$ に対して,

$$d(\boldsymbol{x}, \boldsymbol{y}) = \|\boldsymbol{x} - \boldsymbol{y}\| \tag{7.5}$$

とすれば,これはユークリッド空間の距離と一致する.

■**定理 7.1** $\mathbb{R}^n$ における距離 $d(\boldsymbol{x}, \boldsymbol{y})$ は次の 4 つの性質をもつ.
 (i) 任意の $\boldsymbol{x}, \boldsymbol{y} \in \mathbb{R}^n$ に対して $d(\boldsymbol{x}, \boldsymbol{y}) \geq 0$
 (ii) $d(\boldsymbol{x}, \boldsymbol{y}) = 0 \Leftrightarrow \boldsymbol{x} = \boldsymbol{y}$
 (iii) $d(\boldsymbol{x}, \boldsymbol{y}) = d(\boldsymbol{y}, \boldsymbol{x})$
 (iv) 任意の $\boldsymbol{x}, \boldsymbol{y}, \boldsymbol{z} \in \mathbb{R}^n$ に対して,

$$d(\boldsymbol{x}, \boldsymbol{z}) \leq d(\boldsymbol{x}, \boldsymbol{y}) + d(\boldsymbol{y}, \boldsymbol{z}) \tag{7.6}$$

[証明] 距離の定義より,性質 (i), (ii), (iii) が成り立つので,ここでは性質 (iv) を示す.$\mathbb{R}^n$ の任意の 3 点を $\boldsymbol{x} = (x_1, x_2, \cdots, x_n)$,$\boldsymbol{y} = (y_1, y_2, \cdots, y_n)$,

$\boldsymbol{z} = (z_1, z_2, \cdots, z_n)$ とする.このとき,任意の $i \in \{1, 2, \cdots, n\}$ に対して,$a_i = x_i - y_i$, $b_i = y_i - z_i$ とすれば,$a_i + b_i = x_i - z_i$ となり,

$$\begin{aligned}
&(d(\boldsymbol{x},\boldsymbol{y}) + d(\boldsymbol{y},\boldsymbol{z}))^2 - d(\boldsymbol{x},\boldsymbol{z})^2 \\
&= \left(\sqrt{\sum_{i=1}^n a_i^2} + \sqrt{\sum_{i=1}^n b_i^2}\right)^2 - \sum_{i=1}^n (a_i + b_i)^2 \\
&= \sum_{i=1}^n a_i^2 + 2\sqrt{\left(\sum_{i=1}^n a_i^2\right)\left(\sum_{i=1}^n b_i^2\right)} + \sum_{i=1}^n b_i^2 - \sum_{i=1}^n (a_i^2 + 2a_i b_i + b_i^2) \\
&= 2\left(\sqrt{\left(\sum_{i=1}^n a_i^2\right)\left(\sum_{i=1}^n b_i^2\right)} - \sum_{i=1}^n a_i b_i\right) \\
&\geq 0
\end{aligned}$$

が成立する.ここで,最後の不等式は,次のシュワルツ (Schwarz) の不等式

$$\left(\sum_{i=1}^n a_i^2\right)\left(\sum_{i=1}^n b_i^2\right) \geq \left(\sum_{i=1}^n a_i b_i\right)^2 \tag{7.7}$$

から導かれる.この不等式は,左辺から右辺を引くことにより,

$$\begin{aligned}
\left(\sum_{i=1}^n a_i^2\right)\left(\sum_{i=1}^n b_i^2\right) - \left(\sum_{i=1}^n a_i b_i\right)^2 &= \sum_{i \neq j} a_i^2 b_j^2 - 2 \sum_{1 \leq i < j \leq n} a_i b_i a_j b_j \\
&= \sum_{1 \leq i < j \leq n} (a_i b_j - a_j b_i)^2 \\
&\geq 0
\end{aligned}$$

となるので成立する. □

7.2 内部,外部,境界

我々が生活している3次元空間において,ボールのような物体があれば,その内部,外部,表面を区別することができる.ここでは,抽象的な空間であるユークリッド空間に集合 (物体) があるとき,その内部,外部,境界などを定義

【内部,外部,境界の解説】 ユークリッド空間上の点 $a \in \mathbb{R}^n$ と正の実数 r が与えられたとき,点 a からの距離が r より小さい点の集合

$$B(a,r) = \{x | x \in \mathbb{R}^n,\ d(a,x) < r\} \tag{7.8}$$

を,中心 a,半径 r の $\mathbb{R}^n$ の**球体** (ball) という.次元 $n=2$ のときは 2 次元平面上の円の内部を表し,$n=3$ のときは 3 次元空間上の球の内部を表している.

ユークリッド空間 $\mathbb{R}^n$ の部分集合 M と点 a に対して,図 7.1 に示されるように適当に正の数 ε をとれば,

$$B(a,\varepsilon) \subset M \tag{7.9}$$

が成り立つとき,a を M の**内点** (interior point) という.集合 M のすべての内点の集合を M の**内部** (interior) といい M^i で表す.定義から,$M^i \subset M$ である.

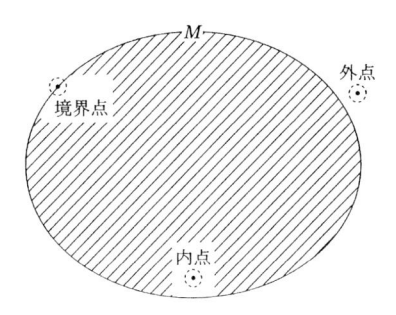

図 7.1 集合 M の内点,外点,境界点

集合 M の $\mathbb{R}^n$ に対する補集合 M^c の内点を M の**外点** (exterior point) という.すなわち,a が M の外点であるということは,図 7.1 に示されるように,適当に正の数 ε をとれば,

$$B(a,\varepsilon) \cap M = \emptyset \tag{7.10}$$

が成り立つ.集合 M のすべての外点の集合を M の**外部** (exterior) といい M^e

7.2 内部, 外部, 境界

と表す. このとき, 定義より, $M^e = (M^c)^i$ (補集合の内部) となる. また,

$$M^e \subset M^c, \quad M^i \cap M^e = \emptyset \tag{7.11}$$

が成り立つ.

ユークリッド空間 $\mathbb{R}^n$ の点で M の内点でも外点でもない点を M の**境界点** (boundary point) と呼ぶ. 境界点全部の集合 $\mathbb{R}^n - (M^i \cup M^e)$ を M の**境界** (boundary) といい, それを M^b で表す. 点 $\boldsymbol{a} \in M^b$ ならば, M の内点でも外点でもないので, 図 7.1 に示されるように, 任意の $\varepsilon > 0$ に対して

$$B(\boldsymbol{a}, \varepsilon) \cap M \neq \emptyset, \quad B(\boldsymbol{a}, \varepsilon) \cap M^c \neq \emptyset \tag{7.12}$$

が成り立つ. 定義より, M の補集合の境界は, M の境界と一致するので

$$(M^c)^b = M^b \tag{7.13}$$

である.

ユークリッド空間 $\mathbb{R}^n$ は, 集合 M^i, M^e, M^b の直和である, すなわち, M^i, M^e, M^b のいずれの 2 つも共通部分をもたず,

$$\mathbb{R}^n = M^i \cup M^e \cup M^b \tag{7.14}$$

が成立している.

○例 7.3○ 2 次元平面 $\mathbb{R}^2$ において, 図 7.2 に示されるように

$$M = \{(x,y) | x+y < 1, \ x \geq 0, y \geq 0\} \tag{7.15}$$

とすれば, 点 $\boldsymbol{a}_1 = (0.6, 0.2)$, $\boldsymbol{a}_2 = (0.3, 0.5)$ などは M の内点であり, 点 $\boldsymbol{b}_1 = (-0.5, 0)$, $\boldsymbol{b}_2 = (1, 1)$ などは外点であり, 点 $\boldsymbol{c}_1 = (0, 0)$, $\boldsymbol{c}_2 = (0.4, 0.6)$ などは境界点である. また, M の内部, 外部, 境界はそれぞれ

$$\begin{aligned}
M^i &= \{(x,y) | x+y < 1, \ x > 0, y > 0\} \\
M^e &= \{(x,y) | x+y > 1\} \cup \{(x,y) | x < 0\} \cup \{(x,y) | y < 0\} \\
M^b &= \{(x,y) | y = 0, \ 0 \leq x \leq 1\} \cup \{(x,y) | x = 0, \ 0 \leq y \leq 1\} \\
&\quad \cup \{(x,y) | x+y = 1, \ x \geq 0, y \geq 0\}
\end{aligned} \tag{7.16}$$

となる.

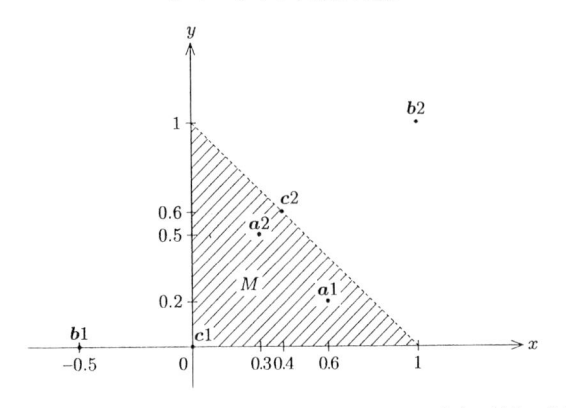

図 7.2 集合 $M = \{(x,y) | x+y < 1,\ x \geq 0,\ y \geq 0\}$ の内点, 外点, 境界点

7.3 部分集合の閉包

お饅頭は, あんこだけではべとべとして食べにくいが, それに薄い皮をつけることにより持ちやすくなる. 集合においても, そのままでは扱いにくいが, 皮である境界をつけることにより扱いやすくなることがある. 部分集合の閉包とは, この皮をつけたものに相当する.

【閉包の解説】ユークリッド空間 $\mathbb{R}^n$ の部分集合 M に対して, その内部と境界をあわせた集合

$$M^i \cup M^b \tag{7.17}$$

を M の**閉包** (closure) といい $\overline{M}$ と表す. 閉包 $\overline{M}$ 上の点を M の**触点** (adherent point) という. 点 $x \in \mathbb{R}^n$ が $M - \{x\}$ の触点であるとき, x を M の**集積点** (accumulatin point, cluster point) という. 点 $x \in M$ が M の集積点でないとき, x を**孤立点** (isolated point) という. 点 $a \in \overline{M}$ であることは, 任意の $\varepsilon > 0$ に対して

$$B(a, \varepsilon) \cap M \neq \emptyset \tag{7.18}$$

が成り立つことと同等である. 定義から,

$$M^i \subset M \subset \overline{M} \tag{7.19}$$

7.3 部分集合の閉包

$$\overline{M} = M^i \cup M^b = (M^e)^c \tag{7.20}$$

$$\overline{M^c} = M^e \cup M^b = (M^i)^c \tag{7.21}$$

$$\overline{M}^c = M^e = (M^c)^i \tag{7.22}$$

$$(\overline{M^c})^c = M^i \tag{7.23}$$

が成立する．

◯**例 7.4**◯ 有理数全体の集合 $\mathbb{Q}$ を 1 次元ユークリッド空間 $\mathbb{R}$ の部分集合とみなせば，任意の $a \in \mathbb{R}$ と任意の $\varepsilon > 0$ に対して

$$B(a, \varepsilon) \cap \mathbb{Q} \neq \emptyset, \quad B(a, \varepsilon) \cap \mathbb{Q}^c \neq \emptyset \tag{7.24}$$

であるので，$\mathbb{Q}^i = \emptyset$, $\mathbb{Q}^e = \emptyset$, $\mathbb{Q}^b = \mathbb{R}$ となる．したがって，

$$\overline{\mathbb{Q}} = \mathbb{R} \tag{7.25}$$

が成立する．この例のように，X の部分集合 A において，$\overline{A} = X$ が成立するとき，A は X で**稠密** (dense) であるという．この例では，有理数全体の集合 $\mathbb{Q}$ が $\mathbb{R}$ で稠密であることを示した．

◯**例 7.5**◯ 2 次元平面上の集合 M が図 7.3 のように 4 角形の内部と両端を含まない線分と 1 点の和集合として表されているとすれば，辺を含んだ 4 角形と両端を含んだ線分の和集合上の点が集積点であり，1 点が孤立点である．

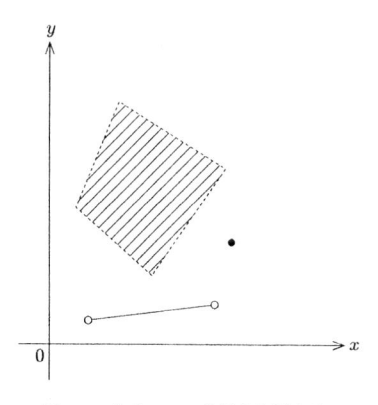

図 7.3 集合 M の集積点と孤立点

○ 例 7.6 ○　集合 $B(\boldsymbol{a},r) = \{x | x \in \mathbb{R}^n,\ d(\boldsymbol{a},\boldsymbol{x}) < r\}$ について，

$$B(\boldsymbol{a},r)^i = B(\boldsymbol{a},r) \tag{7.26}$$

$$\overline{B(\boldsymbol{a},r)} = \{x | x \in \mathbb{R}^n,\ d(\boldsymbol{a},\boldsymbol{x}) \leq r\} \tag{7.27}$$

$$B(\boldsymbol{a},r)^b = \{x | x \in \mathbb{R}^n,\ d(\boldsymbol{a},\boldsymbol{x}) = r\} \tag{7.28}$$

が成立する（章末問題）．集合 $\overline{B(\boldsymbol{a},r)}$ を中心 $\boldsymbol{a}$, 半径 r の $\mathbb{R}^n$ の**閉球体** (closed ball) という．これに対して，普通の球体 $B(\boldsymbol{a},r)$ を**開球体** (open ball) と呼ぶこともある．また，集合 $B(\boldsymbol{a},r)^b = \{x | d(\boldsymbol{a},\boldsymbol{x}) = r\}$ を $\mathbb{R}^n$ の**球面** (sphere) という．

7.4　開集合と閉集合

集合には，お饅頭の例でいえば，皮が全部ついたもの（閉集合），まったく皮のないもの（開集合），一部皮のついたもの（開集合でも閉集合でもない）がある．この中で，両極端にある開集合と閉集合についての性質を調べる．

【開集合と閉集合の解説】ユークリッド空間 $\mathbb{R}^n$ の部分集合 M とその内部 M^i が一致するとき，M を $\mathbb{R}^n$ の**開集合** (open set) とよぶ．M が開集合であるための必要十分条件は，M の任意の点が M の内点であることである．定義より，空集合 $\emptyset$ と $\mathbb{R}^n$ は開集合である．また，M とその閉包 $\overline{M}$ が一致するとき，M を $\mathbb{R}^n$ の**閉集合** (closed set) と呼ぶ．M が閉集合であるための必要十分条件には，
- M の任意の境界点が M に属する
- M の補集合と M の外部が一致する
- M に含まれない任意の点が M の外点である

などがある．定義より，空集合 $\emptyset$ と $\mathbb{R}^n$ は閉集合でもある．すなわち，空集合 $\emptyset$ と $\mathbb{R}^n$ は，開集合であり同時に閉集合でもある．逆に，ユークリッド空間 $\mathbb{R}^n$ において開集合であり同時に閉集合となる集合は，この 2 つの集合 $\emptyset$ と $\mathbb{R}^n$ のみである．このように，開集合かつ閉集合である集合が空集合と全体集合のみである (位相) 空間は**連結** (connected) であるといわれる．

◇ **例題 7.1** ◇　1次元ユークリッド空間 $\mathbb{R}$ において区間 $(a,b) = \{x | a < x < b\}$, $(-\infty, b) = \{x | x < b\}$, $(a, \infty) = \{x | x > a\}$ が開集合で，区間 $[a,b] = \{x | a \leq x \leq b\}$, $(-\infty, b] = \{x | x \leq b\}$, $[a, \infty) = \{x | x \geq a\}$ が閉集合となることを示せ．また，区間 $(a,b] = \{x | a < x \leq b\}$ と $[a,b) = \{x | a \leq x < b\}$ が開集合でも閉集合でもないことを示せ．

（解答）任意の $x \in (a,b)$ に対して，

$$\varepsilon = \min\{x - a, \ b - x\} \tag{7.29}$$

とすれば，$\varepsilon > 0$ であり

$$B(x, \varepsilon) \subset (a,b) \tag{7.30}$$

が成り立つ．区間 (a,b) 上の任意の点 x が内点であるので，(a,b) は開集合である．同様にして，区間 $(-\infty, a), (b, \infty)$ も開集合であることを示すことができる．

また，任意の $x \notin [a,b]$ に対して，

$$\varepsilon = \begin{cases} a - x & (x < a) \\ x - b & (x > b) \end{cases} \tag{7.31}$$

とすれば，$\varepsilon > 0$ であり

$$B(x, \varepsilon) \cap [a,b] = \emptyset \tag{7.32}$$

が成り立つ．区間 $[a,b]$ に含まれない任意の点 x が外点であるので，$[a,b]$ は閉集合である．同様にして，区間 $(-\infty, a], [b, \infty)$ も閉集合であることを示すことができる．

区間 $(a,b]$ において，点 a と b はその境界点であるが，b はこの区間に含まれ，a は含まれない．したがって，区間 $(a,b]$ は，開集合でも閉集合でもない．区間 $[a,b)$ についても，同様である．

◯ **例 7.7** ◯　一般に，$a_i, b_i \ (i = 1, 2, \cdots, n)$ を $a_i < b_i$ であるような $2n$ 個の実数とするとき，$\mathbb{R}^n$ の部分集合

$$\{(x_1, x_2, \cdots, x_n) | a_i < x_i < b_i \ (i = 1, 2, \cdots, n)\} \tag{7.33}$$

は開集合であり，集合

$$\{(x_1, x_2, \cdots, x_n) | a_i \leq x_i \leq b_i \ (i = 1, 2, \cdots, n)\} \tag{7.34}$$

は閉集合である．これらをそれぞれ $\mathbb{R}^n$ の**開区間** (open interval)，**閉区間** (closed interval) という．

■**定理 7.2** ユークリッド空間 $\mathbb{R}^n$ の開集合と閉集合について，次のことが成り立つ．
 (i) 開集合の補集合は閉集合であり，閉集合の補集合は開集合である．
 (ii) 任意の集合 M の内部 M^i は，開集合である．また，M^i は M に含まれる最大の開集合である．
 (iii) 任意の集合 M の閉包 $\overline{M}$ は，閉集合である．また，$\overline{M}$ は M を含む最小の閉集合である．

［証明］任意の開集合を M とすれば，開集合の定義より $M^i = M$ となる．このとき，

$$\overline{M^c} = M^e \cup M^b = (M^i)^c = M^c \tag{7.35}$$

となるので，M^c は閉集合である．同様に，M が閉集合ならば M^c が開集合となることを示すことができるので，性質 (i) が成立する．

任意の集合 M に対して，$\boldsymbol{x} \in M^i$ とすれば，ある $\varepsilon > 0$ が存在し，

$$B(\boldsymbol{x}, \varepsilon) \subset M \tag{7.36}$$

となる．一般に，$A \subset B$ ならば，A の内点は B の内点であるので，$A^i \subset B^i$ が成立する．上の式 (7.36) より

$$B(\boldsymbol{x}, \varepsilon)^i \subset M^i \tag{7.37}$$

であるが，例 7.6 で示したように $B(\boldsymbol{x}, \varepsilon)^i = B(\boldsymbol{x}, \varepsilon)$ であるので，$B(\boldsymbol{x}, \varepsilon) \subset M^i$ となる．したがって，M^i は開集合である．また，N が M に含まれる開集合ならば $N \subset M$ であるが，その両辺の開集合をとり，$N^i = N$ となることを使うと

$$N \subset M^i \tag{7.38}$$

が成立する．したがって，性質 (ii) が成立する．

任意の集合Mの補集合 M^c に対して，(ii) を適用すれば，M^e は開集合であり，M^c に含まれる任意の開集合 O に対して，$O \subset M^e$ である．この結果に (i) を使えば，$\overline{M} = (M^e)^c$ は閉集合であり，M を含む任意の閉集合 O^c に対して，$\overline{M} \subset O^c$ となるので，(iii) が成立する． □

7.5 開集合系と閉集合系

この節で学ぶ開集合系は，ユークリッド空間の開集合をすべて集めた集合である．この開集合系がユークリッド空間を特徴づけているとみることもできる．次章の位相空間をよく理解するためにも，開集合系について十分に学んでおく必要がある．

【開集合系の解説】ユークリッド空間 $\mathbb{R}^n$ の開集合全体の集合を $\mathbb{R}^n$ の**開集合系** (system of open sets) といい，$\mathcal{D}(\mathbb{R}^n)$ または $\mathcal{D}$ と表す．また，$\mathbb{R}^n$ の閉集合全体の集合を $\mathbb{R}^n$ の**閉集合系** (system of closed sets) といい，$\mathcal{U}(\mathbb{R}^n)$ または $\mathcal{U}$ と表す．全体集合 $\mathbb{R}^n$ および空集合 $\emptyset$ は $\mathbb{R}^n$ の開集合である．また，$\mathbb{R}^n$ の有限個の開集合の共通部分，任意の添数集合に対する開集合の和集合はそれぞれ $\mathbb{R}^n$ の開集合であることを示すことができる．すなわち，次の定理が成立する．

■**定理 7.3** ユークリッド空間 $\mathbb{R}^n$ の開集合系 $\mathcal{D}$ について，次の性質 (i)，(ii)，(iii) が成り立つ．
(i) $\mathbb{R}^n \in \mathcal{D}$, $\emptyset \in \mathcal{D}$
(ii) $O_1, O_2, \cdots, O_n \in \mathcal{D} \Rightarrow O_1 \cap O_2 \cap \cdots \cap O_n \in \mathcal{D}$
(iii) 任意の添数集合 Λ に対して，$(O_\lambda)_{\lambda \in \Lambda}$ を $\mathcal{D}$ の元からなる任意の集合族とすれば
$$\cup_{\lambda \in \Lambda} O_\lambda \in \mathcal{D} \tag{7.39}$$

［証明］性質 (i) は，定義より成り立つ．

性質 (ii) を示すために，$O_1, O_2, \cdots, O_n$ が $\mathbb{R}^n$ の開集合であるとする．集合 $O_1 \cap O_2 \cap \cdots \cap O_n$ に属する任意の点を $\boldsymbol{x}$ とすれば，任意の $i \in \{1, 2, \cdots, n\}$ に対して $\boldsymbol{x} \in O_i$ であるので，ある正の数 ε_i が存在して，

$$B(\boldsymbol{x}, \varepsilon_i) \subset O_i \tag{7.40}$$

が成立する．このとき，

$$\varepsilon = \min\{\varepsilon_1, \varepsilon_2, \cdots, \varepsilon_n\} \tag{7.41}$$

と定義すれば，$\varepsilon > 0$ であり，

$$B(\boldsymbol{x}, \varepsilon) \subset O_1 \cap O_2 \cap \cdots \cap O_n \tag{7.42}$$

が成立する．したがって，集合 $O_1 \cap O_2 \cap \cdots \cap O_n$ 上の任意の点 $\boldsymbol{x}$ が内点であるので，性質 (ii) が成り立つ．

次に，性質 (iii) を示すために，開集合からなる任意の集合族を $(O_\lambda)_{\lambda \in \Lambda}$ とする．集合 $\cup_{\lambda \in \Lambda} O_\lambda$ に属する任意の点を $\boldsymbol{x}$ とすれば，ある $\lambda' \in \Lambda$ が存在し，

$$\boldsymbol{x} \in O_{\lambda'} \tag{7.43}$$

となる．$O_{\lambda'}$ が開集合であるから，ある ε が存在し，

$$B(\boldsymbol{x}, \varepsilon) \subset O_{\lambda'} \tag{7.44}$$

となる．したがって，

$$B(\boldsymbol{x}, \varepsilon) \subset \cup_{\lambda \in \Lambda} O_\lambda \tag{7.45}$$

となり，$\boldsymbol{x}$ は集合 $\cup_{\lambda \in \Lambda} O_\lambda$ の内点である．ゆえに，この集合は開集合であり，性質 (iii) が成立する． □

[補足] 定理 7.3 の (ii) を拡張して，無限個の開集合の共通部分を考えると，証明における ε が存在するとは限らないので，その共通部分が開集合とは限らない．したがって，定理 7.3(ii) における開集合は有限個である必要がある．

開集合の補集合が閉集合であることとド・モルガンの法則を使うと，定理 7.3 から，閉集合系について次の定理を導くことができる（章末問題）．

■定理 7.4 ユークリッド空間 $\mathbb{R}^n$ の閉集合系 $\mathcal{U}$ について，次の (i), (ii), (iii) が成り立つ．

(i) $\mathbb{R}^n \in \mathcal{U}$, $\emptyset \in \mathcal{U}$

(ii) $A_1, A_2, \cdots, A_n \in \mathcal{U} \Rightarrow A_1 \cup A_2 \cup \cdots \cup A_n \in \mathcal{U}$

(iii) 任意の添数集合 Λ に対して，$(A_\lambda)_{\lambda \in \Lambda}$ を $\mathcal{U}$ の元からなる任意の集合族とすれば

$$\cap_{\lambda \in \Lambda} A_\lambda \in \mathcal{U} \tag{7.46}$$

○例 7.8 ○ 第 4 章の例題 4.1 でみたように，自然数の集合 $\mathbb{N}$ によって添数づけられた集合族 $(A_n)_{n \in \mathbb{N}}$ と $(B_n)_{n \in \mathbb{N}}$ を任意の $n \in \mathbb{N}$ に対して

$$A_n = \left[1 + \frac{1}{n},\ 3 + \frac{1}{n}\right] \tag{7.47}$$

$$B_n = \left(1 + \frac{1}{n},\ 3 + \frac{1}{n}\right) \tag{7.48}$$

と定義すれば，

$$\cup_{n \in \mathbb{N}} A_n = (1, 4]$$

$$\cup_{n \in \mathbb{N}} B_n = (1, 4)$$

$$\cap_{n \in \mathbb{N}} A_n = [2, 3]$$

$$\cap_{n \in \mathbb{N}} B_n = (2, 3]$$

が成立する．この例が示すように，開集合の族の和集合は開集合であるが，その共通部分は開集合とは限らない．また，閉集合の族の共通部分は閉集合であるが，その和集合は閉集合とは限らない．

演 習 問 題

7.1 n 次元ユークリッド空間の球体 $B(\boldsymbol{a}, r) = \{\boldsymbol{x} | d(\boldsymbol{a}, \boldsymbol{x}) < r\}$ に対して，

$$\begin{aligned} B(\boldsymbol{a}, r)^i &= \{\boldsymbol{x} | d(\boldsymbol{a}, \boldsymbol{x}) < r\} = B(\boldsymbol{a}, r) \\ B(\boldsymbol{a}, r)^e &= \{\boldsymbol{x} | d(\boldsymbol{a}, \boldsymbol{x}) > r\} \\ B(\boldsymbol{a}, r)^b &= \{\boldsymbol{x} | d(\boldsymbol{a}, \boldsymbol{x}) = r\} \end{aligned} \tag{7.49}$$

となることを示せ.

7.2 1次元ユークリッド空間 $\mathbb{R}$ の空でない真部分集合 M が開集合かつ閉集合とはならないことを示せ.

7.3 $\mathbb{R}^2$ の開区間 $M = (a_1, b_1) \times (a_2, b_2)$ が開集合となることを証明せよ.

7.4 $\mathbb{R}^2$ の部分集合 $C = \{(x_1, x_2) | x_1 \in \mathbb{Q},\ x_2 \in \mathbb{Q}\}$ について,その内部,外部,境界を求めよ.

7.5 定理 7.4 を証明せよ.

8

距離空間と位相空間

 ユークリッド空間は，高校数学でも学んでいるが，この章では，より抽象的な距離空間と位相空間について学ぶ．ユークリッド空間は距離空間であり，位相空間でもあるが，それ以外にも多くの距離空間あるいは位相空間がある．多くの例と例題を随所に入れてあるので，それらをよく理解することにより抽象的な概念のイメージをもつことが大切である．

8.1 距 離 空 間

 前章では，距離を導入したユークリッド空間 $\mathbb{R}^n$ において，開集合にまつわるさまざまな概念を導入し，それらの数学的構造・性質を調べた．この節では，一般の集合においても，ある性質をもった距離を導入することにより，ユークリッド空間と同様に開集合などを定義できることを示す．

【距離空間とは】空でない集合を X とする．直積 $X \times X$ 上の実数値関数 $d: X \times X \to \mathbb{R}$ が次の条件をみたすとき，関数 d を集合 X 上の**距離**または**距離関数** (distance function) という．
 (i) 任意の $x, y \in X$ に対し $d(x, y) \geq 0$
 (ii) $d(x, y) = 0 \Leftrightarrow x = y$
 (iii) $d(x, y) = d(y, x)$
 (iv) 任意の $x, y, z \in X$ に対し，

$$d(x, z) \leq d(x, y) + d(y, z) \tag{8.1}$$

定理 7.1 から，ユークリッド空間における距離は，これらの性質をみたす．

距離関数 d の与えられた集合 X を**距離空間** (metric space) という．この距離空間を (X, d) と表すことがある．ユークリッド空間 $\mathbb{R}^n$ は，式 (7.2) で定義した d を距離関数とする距離空間である．距離空間 X の元を点ということがある．

○ 例 8.1 ○ 集合 S に対して，関数 $d : S \times S \to \mathbb{R}$ を

$$d(x, y) = \begin{cases} 0 & (x = y) \\ 1 & (x \neq y) \end{cases} \tag{8.2}$$

と定義する．このとき，性質 (i), (ii), (iii) は，定義より成り立ち，任意の $x, y, z \in S$ に対し，$x = z$ ならば $d(x, z) = 0$ であるので式 (8.1) が成立し，$x \neq z$ ならば $x \neq y$ または $y \neq z$ であるので式 (8.1) が成立する．したがって，性質 (iv) も成立し，この関数 d は S 上の距離である．

○ 例 8.2 ○ 集合 $\mathbb{R}^n$ において，関数 $d_1 : \mathbb{R}^n \times \mathbb{R}^n \to \mathbb{R}$ を任意の $\boldsymbol{x} = (x_1, x_2, \cdots, x_n)$ と $\boldsymbol{y} = (y_1, y_2, \cdots, y_n)$ に対して

$$d_1(\boldsymbol{x}, \boldsymbol{y}) = \sum_{i=1}^{n} |x_i - y_i| \tag{8.3}$$

と定義するとき，d_1 が距離となっていることを示す．性質 (i), (ii), (iii) は定義より成り立つので，(iv) を示す．$\mathbb{R}^n$ の任意の 3 点を $\boldsymbol{x} = (x_1, x_2, \cdots, x_n)$，$\boldsymbol{y} = (y_1, y_2, \cdots, y_n)$，$\boldsymbol{z} = (z_1, z_2, \cdots, z_n)$ とする．任意の $i \in \{1, 2, \cdots, n\}$ に対して，

$$|x_i - z_i| \leq |x_i - y_i| + |y_i - z_i| \tag{8.4}$$

が成り立つので，これをすべての $i \in \{1, 2, \cdots, n\}$ について加えることにより

$$d_1(\boldsymbol{x}, \boldsymbol{z}) \leq d_1(\boldsymbol{x}, \boldsymbol{y}) + d_1(\boldsymbol{y}, \boldsymbol{z}) \tag{8.5}$$

が得られる．したがって，性質 (iv) が成り立ち，d_1 は距離関数となる．

◇ 例題 8.1 ◇ 閉区間 $[a, b]$ 上の実数値連続関数全体の集合を $C[a, b]$ とする．任意の $f, g \in C[a, b]$ に対して，

$$d(f,g) = \int_a^b |f(x)-g(x)|dx \tag{8.6}$$

と定義するとき, d が $C[a,b]$ 上の距離関数となることを示せ.

(解答) 性質 (i) と (iii) は, 定義より成り立つ. $f=g$ ならば $d(f,g)=0$ も成り立つ. 逆に, $d(f,g)=0$ ならば

$$\int_a^b |f(x)-g(x)|dx = 0 \tag{8.7}$$

であるが, 関数 f と g が連続であるから, これは任意の $x \in [a,b]$ に対して $f(x)-g(x)=0$ であることを意味する. したがって, 任意の $x \in [a,b]$ に対して $f(x)=g(x)$ であるので, $f=g$ となる. ゆえに, (ii) が成立する. 次に, $f,g,h \in C[a,b]$ ならば, 任意の $x \in [a,b]$ に対して

$$|f(x)-h(x)| \le |f(x)-g(x)| + |g(x)-h(x)|$$

であるから, 式 (8.1) が成立する. ゆえに, (iv) も成立する. 以上のことから, d は $C[a,b]$ 上の距離関数である.

【距離空間の開集合など】 ユークリッド空間の場合と同様に, 距離空間 (X,d) の元 $a \in X$ と正の数 ε に対して, 集合

$$B(a,\varepsilon) = \{x | x \in X,\ d(a,x) < \varepsilon\} \tag{8.8}$$

を, 中心 a, 半径 ε の**球体**という.

部分集合 $M \subset X$ と点 $a \in M$ に対して, 適当に正の数 ε をとれば,

$$B(a,\varepsilon) \subset M \tag{8.9}$$

が成り立つとき, a を M の**内点**という. 集合 M のすべての内点の集合を M の内部といい, M とその内部が一致するとき, M を X の**開集合**という. すべての開集合の集まりを距離空間 X の**開集合系**といい, $\mathcal{D}(X)$ または $\mathcal{D}$ と表す. このようにして, ユークリッド空間の場合と同様に, 距離空間 (X,d) において次のように定義することができる.

- M^c の内点を M の**外点**という．
- M のすべての外点の集まりを M の**外部**という．
- M の内点でも外点でもない点を M の**境界点**という．
- M のすべての境界点の集まりを M の**境界**という．
- M の内部と境界の和集合を M の**閉包**という．
- M の閉包と M が一致するとき，M を X の**閉集合**という．
- X のすべての閉集合の集まりを X の**閉集合系**という．
- M の閉包上の点を M の**触点**という．
- $x \in X$ が $M - \{x\}$ の触点であるとき，x を M の**集積点**という．
- $x \in M$ が M の集積点でないとき，x を**孤立点**という．

また，距離空間の開集合系について，ユークリッド空間における定理 7.3 と同様な結果を得ることができる．

|○例 8.3○| 2 次元平面 $\mathbb{R}^2$ において，例 8.2 で定義した d_1 を距離関数とするとき，点 $\boldsymbol{a} = (0,0)$ を中心とし，半径 1 ならびに $\sqrt{2}$ の球体

$$B_1(\boldsymbol{a}, 1) = \{(x,y) \mid |x| + |y| < 1\} \tag{8.10}$$

$$B_1(\boldsymbol{a}, \sqrt{2}) = \{(x,y) \mid |x| + |y| < \sqrt{2}\} \tag{8.11}$$

は，図 8.1 のように表される．この図において，$B(\boldsymbol{a}, 1)$ はユークリッド空間 $\mathbb{R}^2$ において $\boldsymbol{a}$ を中心とし，半径 1 の球体である．

この図からも推察できるように，任意の $\boldsymbol{a} \in \mathbb{R}^2$ と任意の $r > 0$ に対して，

$$B_1(\boldsymbol{a}, r) \subset B(\boldsymbol{a}, r) \subset B_1(\boldsymbol{a}, \sqrt{2}r) \tag{8.12}$$

が成立する．この関係を使うと，部分集合 $M \subset \mathbb{R}^2$ に対して，2 次元ユークリッド空間 $(\mathbb{R}^2, d)$ における M の内点が距離空間 $(\mathbb{R}^2, d_1)$ における M の内点であり，その逆も成立することを示すことができる（章末問題）．より一般的に，距離空間 $(\mathbb{R}^n, d_1)$ における部分集合 M の内部は，ユークリッド空間 $(\mathbb{R}^n, d)$ における M の内部と一致する．したがって，距離空間 $(\mathbb{R}^n, d_1)$ における開集合系は，ユークリッド空間 $(\mathbb{R}^n, d)$ における開集合系と同じものとなる．

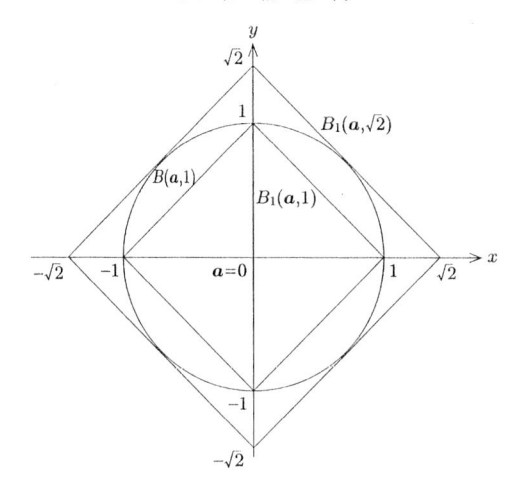

図 8.1　球体 $B_1(a,1)$, $B_1(a,\sqrt{2})$ と $B(a,1)$

8.2　位相空間

距離空間では，距離に基づき開集合，閉集合などを定義した．集合に距離が定義されていなくとも，すべての開集合，すなわち開集合系が定義されていれば，その集合の数学的（位相的）構造・性質などを調べることができる．

【位相空間とは】 空でない集合を S とする．この集合 S の部分集合系 (すなわち 2^S の部分集合) $\mathcal{D}$ が次の 3 つの条件

(i) $S \in \mathcal{D}$, $\emptyset \in \mathcal{D}$
(ii) $O_1, O_2, \cdots, O_n \in \mathcal{D} \Rightarrow O_1 \cap O_2 \cap \cdots \cap O_n \in \mathcal{D}$
(iii) $(O_\lambda)_{\lambda \in \Lambda}$ を $\mathcal{D}$ の元からなる任意の集合族とすれば

$$\cup_{\lambda \in \Lambda} O_\lambda \in \mathcal{D} \tag{8.13}$$

をみたすとき，$\mathcal{D}$ は S に位相の構造を導入する，あるいは，$\mathcal{D}$ は S における 1 つの**位相** (topology) であるという．

1 つの位相 $\mathcal{D}$ が与えられた集合 S を**位相空間** (topological space) という．この位相空間を $(S, \mathcal{D})$ と表す．集合 S の元を点ということがある．

同じ集合 S に対しても位相の与え方はさまざまであり，$\mathcal{D}_1$ と $\mathcal{D}_2$ が S において異なる位相であれば，位相空間 $(S, \mathcal{D}_1)$ と $(S, \mathcal{D}_2)$ は異なる．与えられている位相があきらかな場合には，S を位相空間と呼ぶこともある．

|◯ 例 8.4 ◯| ユークリッド空間 $\mathbb{R}^n$ における開集合系 $\mathcal{D}$ は，定理 7.3 でみたように，上の性質 (i),(ii),(iii) をみたすので位相である．また，任意の距離空間 (X, d) は，開集合系を位相とする位相空間とみることができる．

|◯ 例 8.5 ◯| 空ではない集合 S において，$\mathcal{D}_0 = \{\emptyset, S\}$ は位相である．この位相を**密着位相** (trivial topology) といい，$(S, \mathcal{D}_0)$ を**密着空間**という．

|◯ 例 8.6 ◯| 空ではない集合 S において，$\mathcal{D}_1$ を S のべき集合 2^S とすれば，$\mathcal{D}_1$ は S における位相である．この位相を**離散位相** (discrete topology) といい，$(S, \mathcal{D}_1)$ を**離散空間** (discrete space) という．集合 S に対して例 8.1 で定義した d を距離関数とするとき，距離空間 (S, d) において，その開集合系を位相 $\mathcal{D}_1$ とすれば，それは離散位相となる．

【位相空間の開集合と閉集合など】位相空間を $(S, \mathcal{D})$ とするとき，$\mathcal{D}$ に属する元 $O \subset S$ をこの位相空間の**開集合**という．S の部分集合を M とするとき，M に含まれるすべての開集合の和集合，すなわち M に含まれる最大の開集合を M の**内部**といい，M の内部に属する点を M の**内点**という．a が M の内点ならば，M に含まれる開集合 $O \in \mathcal{D}$ が存在し，$a \in O$ となる．

また，開集合 $O \in \mathcal{D}$ の S に対する補集合 O^c をこの位相空間の**閉集合**という．このようにして，ユークリッド空間あるいは距離空間の場合とほぼ同様に，位相空間における**外点**，**外部**，**境界点**，**境界**，**閉包**，**閉集合系**，**集積点**，**孤立点**などを定義できる．

|◇ 例題 8.2 ◇| 密着空間 $(S, \mathcal{D}_0)$ における部分集合 $M \subset S$ の内部，外部，境界を求めよ．

(解答) 空でない S の真部分集合は開集合でも閉集合でもない．したがって，M が空でなく，S の真部分集合ならば，その内部と外部は空集合 $\emptyset$ であり，境界は全体集合 S である．$M = S$ ならば，その内部は S 自身であり，外部と境

界は空集合である．$M = \emptyset$ ならば，その外部は全体集合 S であり，内部と境界は空集合である．

【相対位相の解説】位相空間 $(S, \mathcal{D})$ の任意の部分集合を A とする．このとき，A の部分集合系
$$\mathcal{D}_A = \{O \cap A | O \in \mathcal{D}\}$$
は，A における位相となる．これを A における $\mathcal{D}$ の**相対位相** (relative topology) という．また，集合 A に相対位相 $\mathcal{D}_A$ を導入して得られる位相空間 $(A, \mathcal{D}_A)$ を $(S, \mathcal{D})$ の**部分位相空間** (topological subspace) という．M を A の部分集合とするとき，相対位相 $\mathcal{D}_A$ における M の内点を A における M の**相対的内点** (relative interior point) という．

◯**例 8.7** ◯ 3 次元ユークリッド空間 $\mathbb{R}^3$ の部分集合
$$A = \{(x_1, x_2, x_3) | x_3 = 0\}$$
における相対位相を $\mathcal{D}_A$ とする．A の部分集合
$$M = \{(x_1, x_2, x_3) | x_1^2 + x_2^2 < 1,\ x_3 = 0\}$$
は，図 8.2 のように 3 次元空間における A 上の円盤と見ることできる．このとき，M 上の任意の点は，M の境界点であり，内点ではないが，M は位相空間

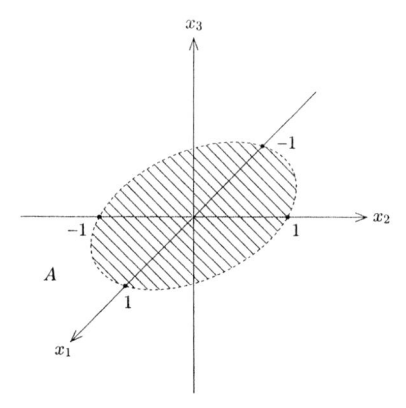

図 8.2 $\mathbb{R}^3$ における集合 $M = \{(x_1, x_2, x_3) | x_1^2 + x_2^2 < 1,\ x_3 = 0\}$

$(A, \mathcal{D}_A)$ の開集合であり,M 上の点はすべて相対的内点である(章末問題).

8.3 点列の収束

高校の数学で学んだように,数列には収束するものとしないものがある.数列の収束は,1次元ユークリッド空間の集合 $\mathbb{R}$ の位相的な性質に基づくものである.したがって,位相空間においてもその元の列の収束を考えることができる.

【点列の収束の解説】ユークリッド空間 $\mathbb{R}^n$ の元の列 $(\boldsymbol{x}_k)_{k \in \mathbb{N}}$ または

$$\boldsymbol{x}_1, \boldsymbol{x}_2, \boldsymbol{x}_3, \cdots \tag{8.14}$$

を点列 (sequence of points) と呼ぶ.$\mathbb{R}^n$ 上の点列 $(\boldsymbol{x}_k)_{k \in \mathbb{N}}$ が点 $\boldsymbol{x} \in \mathbb{R}^n$ に収束する (converge) とは,

- 任意に与えられた正の数 ε に対して,適当な番号 n_0 をとれば

$$k \geq n_0 \Rightarrow \boldsymbol{x}_k \in B^n(\boldsymbol{x}, \varepsilon) \tag{8.15}$$

が成り立つ

ことをいう.ここで,$B^n(\boldsymbol{x}, \varepsilon)$ は,$\mathbb{R}^n$ の球体である.このことを $\lim_{k \to \infty} \boldsymbol{x}_k = \boldsymbol{x}$ と書き,点 $\boldsymbol{x}$ を点列 $(\boldsymbol{x}_k)_{k \in \mathbb{N}}$ の極限 (limit) または極限点 (limit point) という.

同様に,距離空間 (X, d) において,X 上の点列 $(x_k)_{k \in \mathbb{N}}$ が点 $x \in X$ に収束するとは,

- 任意に与えられた正の数 ε に対して,適当な番号 n_0 をとれば

$$k \geq n_0 \Rightarrow d(x, x_k) < \varepsilon \text{ (あるいは } x_k \in B(x, \varepsilon)) \tag{8.16}$$

が成り立つ

と定義できる.この定義では,球体あるいは距離を使っているが,次の定理が示すように,それらを使わずに開集合を使って定義することも可能である.

■定理 8.1 距離空間 (X, d) において,X 上の点列 $(x_k)_{k \in \mathbb{N}}$ が点 $x \in X$ に収

束する必要十分条件は,

- x を含む任意の開集合 O に対して,適当な番号 n_0 をとれば

$$k \geq n_0 \Rightarrow x_k \in O \tag{8.17}$$

が成り立つ

ことである.

[証明] 球体は開集合であるので,定理の後半が成り立てば,点列 $(x_k)_{k \in \mathbb{N}}$ が点 $x \in X$ に収束する.逆に,点列 $(x_k)_{k \in \mathbb{N}}$ が点 $x \in X$ に収束すると仮定する.極限 x を含む任意の開集合を O とすれば,ある $\varepsilon > 0$ が存在し,

$$B(x, \varepsilon) \subset O \tag{8.18}$$

となる.この $\varepsilon > 0$ に対して,ある自然数 $n_0 \in \mathbb{N}$ が存在し,式 (8.16) が成立するので,

$$k \geq n_0 \Rightarrow x_k \in B(x, \varepsilon) \subset O \tag{8.19}$$

となる.したがって,定理の後半が成り立つ.

【位相空間の点列の収束】上の定理の結果を適用して,位相空間 $(S, \mathcal{D})$ において,点列 $(x_k)_{k \in \mathbb{N}}$ が点 $x \in S$ に収束するとは,

- x を含む任意の開集合 $O \in \mathcal{D}$ に対して,適当な番号 n_0 をとれば

$$k \geq n_0 \Rightarrow x_k \in O \tag{8.20}$$

が成り立つ

ことと定義する.

○例8.8○ 密着空間 $(S, \mathcal{D}_0)$ では,任意の点列 $(x_k)_{k \in \mathbb{N}}$ は任意の点 x に収束する.実際,x を含む開集合は全体集合 S のみであるので,

$$k \geq 1 \Rightarrow x_k \in S \tag{8.21}$$

が成り立つ.

○例8.9○ 離散空間 $(S, \mathcal{D}_1)$ では,点列 $(x_k)_{k \in \mathbb{N}}$ がある点 $x \in S$ に収束す

るならば，x を含む開集合 $\{x\}$ に対して，ある n_0 が存在し

$$k \geq n_0 \Rightarrow x_k \in \{x\} \tag{8.22}$$

となる．すなわち，ある番号より先の点 x_k は，すべて点 x と一致している．

◇ **例題 8.3** ◇ 区間 $[0,1]$ 上の実数値連続関数の集合 $C[0,1]$ に (8.6) で定義された距離 d を導入した距離空間 $(C[0,1], d)$ を考える．$k \in \mathbb{N}$ とするとき，$f_k \in C[0,1]$ を任意の $x \in [0,1]$ に対して

$$f_k(x) = \left(1 + \frac{1}{k}\right)x - \frac{1}{k} \tag{8.23}$$

と定義する．このとき，距離空間 $(C[0,1], d)$ 上の点列（関数列）$(f_k)_{k \in \mathbb{N}}$ が収束することを示せ．

（解答）関数 f を任意の $x \in [0,1]$ に対して

$$f(x) = x \tag{8.24}$$

と定義すれば，これは区間 $[0,1]$ 上の実数値連続関数である．関数列 $(f_k)_{k \in \mathbb{N}}$ が f に収束することを示す．任意の $\varepsilon > 0$ に対して，ある $n_0 \in \mathbb{N}$ が存在し $\varepsilon > 1/n_0$ となる．このとき，$k \geq n_0$ ならば

$$\begin{aligned}
d(f, f_k) &= \int_0^1 |f(x) - f_k(x)| dx \\
&= \int_0^1 \left(-\frac{1}{k}x + \frac{1}{k}\right) dx \\
&= \left[-\frac{1}{2k}x^2 + \frac{1}{k}x\right]_0^1 \\
&= \frac{1}{2k} \\
&< \varepsilon
\end{aligned}$$

が成立する．したがって，関数列 $(f_k)_{k \in \mathbb{N}}$ は f に収束する．

8.4 連続写像

高校の数学では，1変数関数の連続について学んでいる．この連続という性質も，点列の収束と同様に1次元ユークリッド空間 $\mathbb{R}$ の位相によって特徴づけることができる．そして，一般の位相空間における写像についても，連続という概念を考えることが可能である．

【点での連続の解説】 開集合 $A \subset \mathbb{R}$ で定義された関数 $f: A \to \mathbb{R}$ が点 $x \in A$ において連続であるとは，

- x に収束する任意の数列 $(x_k)_{k \in \mathbb{N}}$ に対して，数列 $(f(x_k))_{k \in \mathbb{N}}$ が $f(x)$ に収束する

ことである．この定義には数列が使われているが，それを使わずに定義すると，関数 f が点 x で連続であるとは，

- 任意の正の数 $\varepsilon > 0$ に対して，ある $\delta > 0$ が存在し，$|x - y| < \delta$ ならば $|f(x) - f(y)| < \varepsilon$ が成立する

ことである．この定義を拡張することにより，ユークリッド空間 $\mathbb{R}^n$ の開集合から $\mathbb{R}^m$ への関数，さらに距離空間の開集合から距離空間への写像の連続を定義できる．

距離空間 (X, d) の開集合 $A \subset X$ から距離空間 (X', d') への写像を $f: A \to X'$ とする．写像 f が A の点 a で**連続** (continuous) であるとは，

- 任意に与えられた正の数 ε に対して，適当な正の数 $\delta > 0$ をとれば

$$d(x, a) < \delta \Rightarrow d'(f(x), f(a)) < \varepsilon \tag{8.25}$$

  が成り立つ

ことと定義する．

距離空間 (X, d) と (X', d') における球体をそれぞれ B と B' で表せば，上の条件式 (8.25) は，

$$x \in B(a, \delta) \Rightarrow f(x) \in B'(f(a), \varepsilon) \tag{8.26}$$

すなわち

$$f(B(a,\delta)) \subset B'(f(a),\varepsilon) \tag{8.27}$$

と書き直せる．この条件は，

$$B(a,\delta) \subset f^{-1}(B'(f(a),\varepsilon)) \tag{8.28}$$

と同値である．球体 $B(a,\delta)$ を a の δ 近傍 (neighborhood) と呼ぶことがある．

一般に位相空間 $(S,\mathcal{D})$ において，$V \subset S$ が $a \in S$ の近傍であるとは，a が V の内点であること，すなわち，ある開集合 $O \in \mathcal{D}$ が存在し

$$a \in O,\ O \subset V \tag{8.29}$$

となることをいう．点 $a \in S$ を含む任意の開集合 $O \in \mathcal{D}$ は a の近傍であり，それを特に**開近傍** (open neighborhood) という．

■**定理 8.2** 距離空間 (X,d) の開集合 $A \subset X$ から距離空間 (X',d') への写像 $f : A \to X'$ が A の点 a で連続となる必要十分条件は，$f(a)$ の任意の開近傍 V' に対して，a の開近傍 V が存在し $f(V) \subset V'$ となることである．

[証明] 点 a を中心とする任意の球体は a の開近傍であることから，定理の後半が成り立てば f は連続である．その逆を示すために，写像 $f : A \to X'$ が点 $a \in A$ で連続であると仮定する．点 $f(a) \in X'$ の任意の開近傍を V' とすれば，ある $\varepsilon > 0$ が存在し，

$$B'(f(a),\varepsilon) \subset V' \tag{8.30}$$

となる．写像 f が a で連続であるから，ある $\delta > 0$ が存在し，

$$f(B(a,\delta)) \subset B'(f(a),\varepsilon) \tag{8.31}$$

となる．したがって，$V = B(a,\delta)$ とすれば定理の後半が成立する．□

○**例 8.10**○ 関数 $f : \mathbb{R} \to \mathbb{R}$ を任意の $x \in \mathbb{R}$ に対して

$$f(x) = x^2 \tag{8.32}$$

とする．この関数 f は，$x = 0$ で連続であるが，$f(0) = 0$ を含む任意の開

集合 V' は,ある $b>0$ に対して,開区間 $O'=(-b,b)$ を含む.このとき,$V=(-\sqrt{b},\sqrt{b})$ とすれば,図 8.3 に示されるように,V は $x=0$ の開近傍であり,

$$f(V)\subset O'\subset V' \tag{8.33}$$

となる.

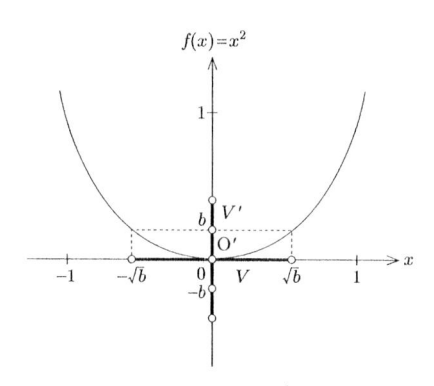

図 8.3 関数 $f(x)=x^2$ の $x=0$ での連続性と近傍の関係

【位相空間での連続】上記の定理の結果を適用し,位相空間 $(S,\mathcal{D})$ の開集合 $A\subset S$ から位相空間 $(S',\mathcal{D}')$ への写像 $f:A\to S'$ が点 $a\in A$ で連続であるとは,
- $f(a)$ の任意の開近傍 V' に対して,a の開近傍 V が存在し $f(V)\subset V'$ となる

と定義する.

【連続関数と連続写像の解説】ユークリッド空間の開集合 A で定義された関数 $f:A\to\mathbb{R}^m$ が A の任意の点 $x\in A$ で連続であるときに,f は A において連続 (continuous) である,あるいは,f は A で定義された**連続関数** (continuous function) または**連続写像** (continuous mapping) であるという.

距離空間 (X,d) の開集合 $A\subset X$ から距離空間 (X',d') への写像 $f:A\to X'$ についても,f が任意の点 $x\in A$ で連続であるときに,f は A において連続で

ある,あるいは,f は A で定義された連続写像であるという.同様に,位相空間 $(S, \mathcal{D})$ の部分集合 $A \subset S$ から位相空間 $(S', \mathcal{D}')$ への写像 f についても,任意の点 $x \in A$ で連続であるときに,f は A において連続であるという.次の定理は,位相空間についての主張であるが,もちろんユークリッド空間あるいは距離空間でも成り立つ.

■定理 8.3　位相空間 $(S, \mathcal{D})$ の開集合 $A \subset S$ から位相空間 $(S', \mathcal{D}')$ への写像 $f: A \to S'$ が連続であるならば,S' の任意の開集合 O' に対して,その逆像 $f^{-1}(O') \subset A$ は S の開集合となる.逆に,S' の任意の開集合 O' に対して $f^{-1}(O')$ が S の開集合となるならば,f は連続である.

[証明] 写像 $f: A \to S'$ が連続であるとする.S' の任意の開集合 O' に対して,逆像 $f^{-1}(O')$ が空集合ならば開集合なので,空集合でないと仮定して,開集合となることを示す.集合 $f^{-1}(O')$ に属する任意の点を a とすれば,$f(a) \in O'$ であるので,O' は $f(a)$ の開近傍である.写像 f が点 a で連続であるので,a の開近傍 O が存在して,

$$O \subset f^{-1}(O') \tag{8.34}$$

となる.したがって,a は集合 $f^{-1}(O')$ の内点である.a が $f^{-1}(O')$ の任意の点であることから,$f^{-1}(O')$ は S の開集合である.

次に,任意の開集合 $O' \in \mathcal{D}'$ に対して $f^{-1}(O')$ が S の開集合であると仮定する.集合 A に属する任意の点 a と $f(a)$ の任意の開近傍 O' に対して,$f^{-1}(O')$ は S の開集合である.このとき,a はこの開集合 $f^{-1}(O')$ の元であるので,a の開近傍 O が存在し,

$$O \subset f^{-1}(O') \tag{8.35}$$

となる.したがって,定義より写像 f は点 a で連続である.点 $a \in A$ が任意であるので,写像 f は連続である.　□

○例 8.11○　関数 $f: \mathbb{R} \to \mathbb{R}$ を任意の $x \in \mathbb{R}$ に対して,

$$f(x) = x^2 \tag{8.36}$$

とする.これは連続関数であり,任意の開区間 $O' = (a, b)$ に対して,

$$f^{-1}(O') = \begin{cases} \emptyset & (a < b < 0) \\ (-\sqrt{b}, \sqrt{b}) & (a < 0 \leq b) \\ (-\sqrt{b}, -\sqrt{a}) \cup (\sqrt{a}, \sqrt{b}) & (0 \leq a < b) \end{cases} \quad (8.37)$$

となるので，逆像 $f^{-1}(O')$ は開集合である．しかし，開区間 $O = (a, b)$ の f による像は開集合とは限らない．実際，$O = (-1, 1)$ のとき，

$$f(O) = [0, 1) \quad (8.38)$$

となり，これは開集合ではない．

◇ **例題 8.4** ◇ 位相空間 $(S, \mathcal{D})$ から $\mathbb{R}$ への連続関数を f, g とするとき，任意の x に対して

$$(f + g)(x) = f(x) + g(x) \quad (8.39)$$

として関数 $f + g$ を定義するとき，この $f + g$ が連続関数となることを示せ．

（解答）$\mathbb{R}$ の任意の開集合を O' とするとき，$O = (f + g)^{-1}(O')$ が位相空間 $(S, \mathcal{D})$ の開集合となることを示す．任意の $x \in O$ に対して，

$$y = (f + g)(x) \in O' \quad (8.40)$$

である．O' は $\mathbb{R}$ の開集合であるから，ある $\varepsilon > 0$ が存在して，$(y - 2\varepsilon, y + 2\varepsilon) \subset O'$ となる．$y_f = f(x)$, $y_g = g(x)$ に対して，$O'_f = (y_f - \varepsilon, y_f + \varepsilon)$ と $O'_g = (y_g - \varepsilon, y_g + \varepsilon)$ を定義すれば，$x \in f^{-1}(O'_f)$ かつ $x \in g^{-1}(O'_g)$ である．f と g は連続関数であるから，$f^{-1}(O'_f)$ と $g^{-1}(O'_g)$ は位相空間 $(S, \mathcal{D})$ の開集合である．したがって，

$$O_0 = f^{-1}(O'_f) \cap g^{-1}(O'_g) \quad (8.41)$$

は開集合であり，$x \in O_0$ となる．また，任意の $x' \in O_0$ に対して，$f(x') \in O'_f$ かつ $g(x') \in O'_g$ であるので，

$$(f + g)(x') = f(x') + g(x') \in (y_f + y_g - 2\varepsilon, y_f + y_g + 2\varepsilon) \subset O' \quad (8.42)$$

が成立し, $x' \in O$ となることがわかる. 以上の議論より, O_0 は x を含み, O に含まれる開集合である. したがって, x は O の内点であり, 集合 O は位相空間 $(S, \mathcal{D})$ の開集合である.

◇ **例題 8.5** ◇ 位相空間 $(S, \mathcal{D})$ から位相空間 $(S', \mathcal{D}')$ への写像 $f : S \to S'$ が連続であるならば, S' の任意の閉集合 U' に対して, その逆像 $f^{-1}(U') \subset S$ は S の閉集合となることを示せ. 逆に, S' の任意の閉集合 U' に対して $f^{-1}(U')$ が S の閉集合となるならば, f は連続であることを示せ.

(解答) 関係式 (3.27) より, 任意の $Q \subset S'$ に対して,

$$f^{-1}(Q^c) = (f^{-1}(Q))^c$$

が成り立つ. 写像 f が連続であるとする. S' の任意の閉集合 U' に対して, その補集合 U'^c は開集合なので, その逆像

$$f^{-1}(U'^c) = (f^{-1}(U'))^c$$

は開集合となる. したがって, $f^{-1}(U')$ は閉集合となる.

逆に, S' の任意の閉集合 U' に対して $f^{-1}(U')$ が S の閉集合であるとする. S' の任意の開集合 O' に対して, その補集合 O'^c は閉集合なので, その逆像

$$f^{-1}(O'^c) = (f^{-1}(O'))^c$$

は閉集合となる. したがって, $f^{-1}(O')$ は開集合となるので, f は連続である.

演 習 問 題

8.1 $\mathbb{R}^n$ 上の任意の点 $\boldsymbol{x} = (x_1, x_2, \cdots, x_n)$ と $\boldsymbol{y} = (y_1, y_2, \cdots, y_n)$ に対して, 関数 $d : \mathbb{R}^n \times \mathbb{R}^n \to \mathbb{R}$ を

$$d_\infty(\boldsymbol{x}, \boldsymbol{y}) = \max\{|x_i - y_i| | i = 1, 2, \cdots, n\} \tag{8.43}$$

と定義するとき, d_∞ が $\mathbb{R}^n$ の距離となることを示せ.

8.2 閉区間 $[a,b]$ 上の実数値連続関数全体の集合を $C[a,b]$ とする.任意の $f,g \in C[a,b]$ に対して,
$$d(f,g) = \max\{|f(x) - g(x)| \mid x \in [a,b]\} \tag{8.44}$$
と定義するとき,d が $C[a,b]$ 上の距離関数となることを示せ.

8.3 例 8.3 において,部分集合 $M \subset \mathbb{R}^2$ に対して,2次元ユークリッド空間 $(\mathbb{R}^2, d)$ における M の内点が距離空間 $(\mathbb{R}^2, d_1)$ における M の内点であり,その逆も成立することを示せ.

8.4 2つの元からなる集合 $S = \{a,b\}$ における位相をすべて書きあげよ.

8.5 3つの元からなる集合 $S = \{a,b,c\}$ において,部分集合系 $\mathcal{D} = \{\emptyset, \{a\}, \{b\}, \{a,b\}, S\}$ が位相となることを確かめよ.

8.6 距離空間 (X,d) において,すべての開集合の集まりを $\mathcal{D}$ とすれば,$\mathcal{D}$ は X における位相となることを示せ.この位相を,距離から導入された位相という.

8.7 離散空間 $(S, \mathcal{D}_1)$ の任意の部分集合 $M \subset S$ の内部,外部,境界を求めよ.

8.8 例 8.7 において,$M = \{(x_1, x_2, x_3) | x_1^2 + x_2^2 < 1, x_3 = 0\}$ 上の任意の点は,M の境界点であり,内点ではないが,M は位相空間 $(A, \mathcal{D}_A)$ の開集合であり,M 上の点はすべて相対的内点であることを示せ.

8.9 任意の $k \in \mathbb{N}$ に対して,2次元ユークリッド空間 $\mathbb{R}^2$ の点を
$$(a_k, b_k) = \left(\frac{1}{k}, -\frac{1}{k}\right) \tag{8.45}$$
とするとき,点列 $((a_k, b_k))_{k \in \mathbb{N}}$ が収束することを証明せよ.

8.10 任意の $k \in \mathbb{N}$ に対して,2次元ユークリッド空間 $\mathbb{R}^2$ の点を
$$(a_k, b_k) = (k, -k) \tag{8.46}$$
とするとき,点列 $((a_k, b_k))_{k \in \mathbb{N}}$ が収束しないことを証明せよ.

8.11 関数 $f : \mathbb{R} \to \mathbb{R}$ を任意の $x \in \mathbb{R}$ に対して,
$$f(x) = 2x \tag{8.47}$$
と定義するとき,f が任意の $x \in \mathbb{R}$ で連続であることを証明せよ.

8.12 関数 $f : \mathbb{R} \to \mathbb{R}$ が
$$f(x) = \begin{cases} 2 - x & (x < 1) \\ x - 1 & (x \geq 1) \end{cases} \tag{8.48}$$
と定義されているとき,f が連続ではないことを証明せよ.

9

点列と連続関数の性質

 本章では，経営工学上有用な点列と連続関数の性質を示す．ユークリッド空間におけるコーシー列が収束すること，有界な点列が収束する部分列をもつこと，有界閉集合上の実数値連続関数が最大値と最小値をもつことなどは，オペレーションズリサーチなどで頻繁に使われる性質である．

9.1 コーシー列

 前章で位相空間における点列を定義したが，ここでは経営工学において重要なユークリッド空間における点列の性質について，主に解説する．ユークリッド空間におけるコーシー列が収束することを示すが，その根本には第5章で解説した実数の完備性が深くかかわっている．

【単調増加数列の解説】 数列 $(a_k)_{k \in \mathbb{N}}$ は，k が増加するにつれてその値 a_k が減少しないとき，すなわち

$$\forall k \in \mathbb{N}, \ a_k \leq a_{k+1} \tag{9.1}$$

が成り立つとき，**単調増加** (monotone increasing) するといい，

$$\forall k \in \mathbb{N}, \ a_k \geq a_{k+1} \tag{9.2}$$

が成り立つとき，**単調減少** (monotone decreasing) するという．また，数列 $(a_k)_{k \in \mathbb{N}}$ に上界が存在するとき，すなわち

$$\exists q \in \mathbb{R}, \ \forall k \in \mathbb{N}, \ a_k \leq q \tag{9.3}$$

が成立するとき，$(a_k)_{k\in\mathbb{N}}$ は上に有界であるといい，下界が存在するとき下に有界であるという．

次の定理では，単調で有界な数列が収束するという重要な結果を示す．

■**定理 9.1** 数列 $(a_k)_{k\in\mathbb{N}}$ は，上に有界で単調増加するならば収束する．また，下に有界で単調減少するならば収束する．

[証明] 数列 $(a_k)_{k\in\mathbb{N}}$ が上に有界で単調増加すると仮定する．このとき，集合 $\{a_k|k\in\mathbb{N}\}$ は上界をもつから，定理 5.4 により上限 c が存在する．任意の正の数 ε に対して，$c-\varepsilon$ は上界でないことから，ある $k_0\in\mathbb{N}$ が存在し，$a_{k_0}>c-\varepsilon$ となる．単調増加するから，

$$k\geq k_0 \Rightarrow c-\varepsilon < a_{k_0} \leq a_k \leq c \tag{9.4}$$

が成立する．$\varepsilon>0$ が任意であるので，数列 $(a_k)_{k\in\mathbb{N}}$ は c に収束する．同様に，数列 $(a_k)_{k\in\mathbb{N}}$ は，下に有界で単調減少するならば，集合 $\{a_k|k\in\mathbb{N}\}$ の下限に収束する． □

【コーシー列の解説】実数の数列 $(a_k)_{k\in\mathbb{N}}$ は，

$$\forall \varepsilon > 0,\ \exists k_0 \in \mathbb{N} \quad (k',k\geq k_0 \Rightarrow |a_{k'}-a_k|<\varepsilon) \tag{9.5}$$

が成り立つとき，**コーシー列** (Cauchy sequence) または**基本列** (fundamental sequence) と呼ばれる．収束する任意の数列は，コーシー列となる（章末問題）．次の定理では，その逆が成立することを示す．

■**定理 9.2** 実数のコーシー列 $(a_k)_{k\in\mathbb{N}}$ は，収束する．

[証明] 数列 $(a_k)_{k\in\mathbb{N}}$ を任意のコーシー列とする．コーシー列であるから，ある $k_0\in\mathbb{N}$ に対して

$$k,k'\geq k_0 \Rightarrow |a_k - a_{k'}| < 1 \tag{9.6}$$

となる．したがって，

$$k\geq k_0 \Rightarrow a_{k_0}-1 < a_k < a_{k_0}+1 \tag{9.7}$$

となるので，集合 $A = \{a_k | k \in \mathbb{N}\}$ は有界である．

次に，任意の $k \in \mathbb{N}$ に対して，集合

$$A_k = \{a_{k'} | k \leq k'\} \tag{9.8}$$

を定義すれば，

$$A = A_1 \supset \cdots \supset A_k \supset A_{k+1} \supset \cdots \tag{9.9}$$

となる．集合 A が有界であるので，任意の A_k も有界である．定理 5.4 より，集合 A_k の下限が存在するので，それを b_k とする．包含関係 $A_{k+1} \subset A_k$ より，b_k は A_{k+1} の下界であり，

$$b_k \leq b_{k+1} \tag{9.10}$$

が成立する．したがって，数列 $(b_k)_{k \in \mathbb{N}}$ は，有界で単調増加する．定理 9.1 より，$(b_k)_{k \in \mathbb{N}}$ は収束し，極限 b をもつ．このとき，任意の $\varepsilon > 0$ に対して，

$$\exists k_1 \in \mathbb{N} \quad \left(k \geq k_1 \Rightarrow \left| b_k - b \right| < \frac{\varepsilon}{2} \right) \tag{9.11}$$

が成立する．また，$(a_k)_{k \in \mathbb{N}}$ がコーシー列であるから，

$$\exists k_2 \in \mathbb{N} \quad \left(k', k \geq k_2 \Rightarrow \left| a_{k'} - a_k \right| < \frac{\varepsilon}{2} \right) \tag{9.12}$$

となる．これは，$k \geq k_2$ ならば $a_k - \varepsilon/2$ が集合 A_k の下界となることを意味している．b_k は A_k の下限であるから，

$$a_k - \frac{\varepsilon}{2} \leq b_k \tag{9.13}$$

であり，一方 a_k は A_k の元なので

$$a_k \geq b_k \tag{9.14}$$

である．上の2つの不等式と式 (9.11) より，

$$k \geq \max\{k_1, k_2\} \Rightarrow |a_k - b| \leq |a_k - b_k| + |b_k - b| < \varepsilon \tag{9.15}$$

が成立する．したがって，コーシー列 $(a_k)_{k \in \mathbb{N}}$ は b に収束する． □

◯ **例 9.1** ◯ 有理数全体の集合 $\mathbb{Q}$ におけるコーシー列は，必ずしも $\mathbb{Q}$ の元に収束しない．実際，数列 $(a_k)_{k\in\mathbb{N}}$ を

$$a_1 = 1.4, \quad a_2 = 1.41, \quad a_3 = 1.414, \cdots \tag{9.16}$$

というように，$\sqrt{2}$ と小数第 k 位まで等しいように a_k を定めれば，この数列は有理数からなるコーシー列である．しかし，その実数集合全体 $\mathbb{R}$ における極限は無理数である $\sqrt{2}$ に等しいので，$\mathbb{Q}$ の元ではない．

【完備距離空間の解説】距離空間 (X,d) の点列 $(x_k)_{k\in\mathbb{N}}$ は，条件

$$\forall \varepsilon > 0, \ \exists k_0 \in \mathbb{N} \quad (k', k \geq k_0 \Rightarrow d(x_{k'}, x_k) < \varepsilon) \tag{9.17}$$

が成り立つとき，コーシー列であるという．距離空間において収束する任意の点列はコーシー列である（章末問題）．逆に，任意のコーシー列が収束するならば，距離空間 (X,d) は**完備** (complete) であるといい，(X,d) を**完備距離空間** (complete metric space) という．上の定理で述べたように，1 次元ユークリッド空間は完備であるが，例 9.1 で示したように，有理数全体の集合 $\mathbb{Q}$ は完備ではない．後ほど n 次元ユークリッド空間が完備であることを示すが，その前に完備でない距離空間の例を紹介する．

◯ **例 9.2** ◯ 区間 $[-1,1]$ 上の実数値連続関数全体の集合 $C[-1,1]$ に属する任意の f と g に対して，

$$d(f,g) = \int_{-1}^{1} |f(x) - g(x)| dx \tag{9.18}$$

と定義すれば，d が距離関数となることを例題 8.1 で示したが，この距離空間 $(C[-1,1], d)$ は完備ではない．実際，$C[-1,1]$ の元の列 $(f_k)_{k\in\mathbb{N}}$ を

$$f_k(x) = \begin{cases} 0 & (-1 \leq x \leq 0) \\ kx & \left(0 < x < \dfrac{1}{k}\right) \\ 1 & \left(\dfrac{1}{k} \leq x \leq 1\right) \end{cases} \tag{9.19}$$

と定義する．この関数 f_k のグラフは，図 9.1 のように示される．任意の $k, k' \in \mathbb{N}$ に対して，$k' \leq k$ とすれば

$$
\begin{aligned}
d(f, g) &= \int_{-1}^{1} |f_k(x) - f_{k'}(x)| dx \\
&= \int_{0}^{1/k} |kx - k'x| dx + \int_{1/k}^{1/k'} |1 - k'x| dx \\
&= \frac{1}{2}(k - k')\frac{1}{k^2} + \left(\frac{1}{k'} - \frac{1}{2}k'\frac{1}{k'^2}\right) - \left(\frac{1}{k} - \frac{1}{2}k'\frac{1}{k^2}\right) \\
&= \frac{1}{2k'} - \frac{1}{2k} \\
&\leq \frac{1}{2k'}
\end{aligned}
$$

となる．同様に，$k \leq k'$ ならば，$d(f, g) \leq 1/2k$ となる．任意の $\varepsilon > 0$ に対して，ある k_0 が存在し，$\varepsilon > 1/k_0$ となるので，

$$k, k' \geq k_0 \Rightarrow d(f, g) \leq \max\left\{\frac{1}{2k}, \frac{1}{2k'}\right\} \leq \frac{1}{2k_0} < \varepsilon \qquad (9.20)$$

が成立する．したがって，元の列 $(f_k)_{k \in \mathbb{N}}$ は，コーシー列である．しかし，元の列 $(f_k)_{k \in \mathbb{N}}$ の極限は，連続関数とはならないので，距離空間 $C[-1, 1]$ には存在しない．

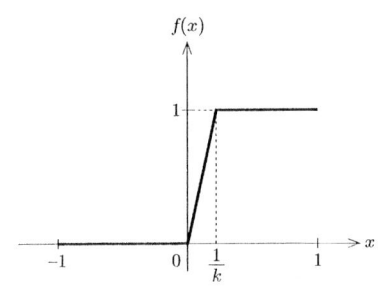

図 9.1 関数 f_k のグラフ

■**定理 9.3** ユークリッド空間 $\mathbb{R}^n$ のコーシー列 $(a_k)_{k \in \mathbb{N}}$ は収束する．

[証明] $\mathbb{R}^n$ の任意のコーシー列を $(\boldsymbol{a}_k)_{k\in\mathbb{N}}$ とする．このとき，任意の $i \in \{1,2,\cdots,n\}$ に対して，点 $\boldsymbol{a}_k$ の第 i 成分を $a_k(i)$ とする．第 i 成分からなる数列 $(a_k(i))_{k\in\mathbb{N}}$ は，コーシー列である．定理 9.2 より，このコーシー列は収束するので，その極限を $a(i)$ とする．第 i 成分が $a(i)$ と等しい $\mathbb{R}^n$ の点を

$$\boldsymbol{a} = (a(1), a(2), \cdots, a(n)) \tag{9.21}$$

とすれば，点列 $(\boldsymbol{a}_k)_{k\in\mathbb{N}}$ は $\boldsymbol{a}$ に収束する．実際，$\varepsilon > 0$ とすれば，任意の $i \in \{1,2,\cdots,n\}$ に対して，ある $k(i)$ が存在して，

$$k \geq k(i) \Rightarrow |a_k(i) - a(i)| < \frac{\varepsilon}{\sqrt{n}} \tag{9.22}$$

となる．したがって，$k_0 = \max\{k(1), k(2), \cdots, k(n)\}$ とすれば，

$$k \geq k_0 \Rightarrow d(\boldsymbol{a}_k, \boldsymbol{a}) < \sqrt{\sum_{i=1}^{n} \frac{\varepsilon^2}{n}} \leq \varepsilon \tag{9.23}$$

となる．以上のことから，点列 $(\boldsymbol{a}_k)_{k\in\mathbb{N}}$ は $\boldsymbol{a}$ に収束する． □

9.2 部 分 列

コンパクトとは位相空間における重要な概念であり，コンパクト集合と点列コンパクト集合を定義できる．しかし，ユークリッド空間では，部分集合がコンパクト集合であることと点列コンパクト集合であることが同値である．ここでは，より理解しやすい点列コンパクト集合を定義し，それが有界閉集合となることを示す．細かい証明は理解できなくとも，ユークリッド空間におけるコンパクト集合とは有界閉集合のことであること，有界閉集合における任意の点列が収束する部分列を含むことを覚えておくことを薦める．

【有界閉集合上の点列】ユークリッド空間 $\mathbb{R}^n$ の点列 $(\boldsymbol{a}_k)_{k\in\mathbb{N}}$ は，ある大きな正の実数 q に対して，

$$\forall k \in \mathbb{N},\ d(\boldsymbol{0}, \boldsymbol{a}_k) < q \tag{9.24}$$

となるとき，**有界** (bounded) であるといい，そのような q が存在しないとき**非有界** (unbounded) であるという．点列は，収束するならば有界であるが，有界であっても収束するとは限らない．たとえば，実数の数列 $(a_k)_{k \in \mathbb{N}}$ の第 k 項が

$$a_k = (-1)^k + \left(\frac{1}{2}\right)^k \tag{9.25}$$

であるならば，この数列は有界であるが収束しない．しかし，k が偶数である a_k のみを取り出せば，それは 1 に収束する．このような点列の性質について調べる．

点列 $(a_k)_{k \in \mathbb{N}}$ に対して，ある規則で抜き出した列

$$a_{k_1}, a_{k_2}, \cdots, a_{k_\ell}, \cdots \tag{9.26}$$

を $(a_k)_{k \in \mathbb{N}}$ の**部分列** (subsequence) という．ここで，$\mathbb{N}' = \{k_1, k_2, \cdots\}$ は，$\mathbb{N}$ の無限部分集合である．点列 $(a_k)_{k \in \mathbb{N}}$ が a に収束するならば，任意の部分列 $(a_k)_{k \in \mathbb{N}'}$ も a に収束する（章末問題）．

点列 $(a_k)_{k \in \mathbb{N}}$ が収束しなくとも，集合 $\{a_k\}_{k \in \mathbb{N}}$ に集積点 a が存在すれば，その点 a に収束する部分列が存在する．1 次元ユークリッド空間の有界な数列が収束する部分列をもつことを示した後に，n 次元ユークリッド空間の有界な点列が収束する部分列をもつことを示す．

■定理 9.4 $\mathbb{R}$ の有界な数列 $(a_k)_{k \in \mathbb{N}}$ は，収束する部分列をもつ．

［証明］数列 $(a_k)_{k \in \mathbb{N}}$ が有界であると仮定する．このとき，ある $q > 0$ が存在し

$$\forall k \in \mathbb{N}, \ -q < a_k < q \tag{9.27}$$

となる．$p_0 = -q$, $q_0 = q$ とすれば，区間 $[p_0, q_0]$ にすべての a_k が含まれる．区間 $[p_0, q_0]$ を 2 等分すれば，区間 $[p_0, (p_0 + q_0)/2]$ または $[(p_0 + q_0)/2, q]$ の少なくとも一方には，無限個の a_k が含まれる．そのような区間を $[p_1, q_1]$ とし，その区間に含まれる $(a_k)_{k \in \mathbb{N}}$ の部分列を $(a_k)_{k \in \mathbb{N}_1}$ とし，その第 1 項を b_1 とする．同様に，区間 $[p_1, q_1]$ を 2 等分し，無限個の a_k を含む区間を $[p_2, q_2]$ とし，その区間に含まれる $(a_k)_{k \in \mathbb{N}_1}$ の部分列を $(a_k)_{k \in \mathbb{N}_2}$ とし，その第 2 項を b_2 と

する.この操作を l 回繰り返したときの区間を $[p_l, q_l]$ とし,その区間に含まれる $(a_k)_{k \in \mathbb{N}_{l-1}}$ の部分列を $(a_k)_{k \in \mathbb{N}_l}$ とし,その第 l 項を b_l とする.このとき,

$$p_0 \leq p_1 \leq \cdots \leq p_l \leq \cdots \leq q_l \leq \cdots \leq q_1 \leq q_0 \qquad (9.28)$$

$$q_l - p_l = 2^{-l}(q_0 - p_0) \qquad (9.29)$$

$$p_l \leq b_l \leq q_l \qquad (9.30)$$

が成立する.数列 $(p_k)_{k \in \mathbb{N}}$ は有界で単調増加するので,ある p に収束する.そして,数列 $(q_k)_{k \in \mathbb{N}}$ は有界で単調減少するので,ある q に収束する.このとき,条件 (9.29) より $p = q$ となる.数列 $(b_k)_{k \in \mathbb{N}}$ は,数列 $(a_k)_{k \in \mathbb{N}}$ の部分列であり,条件 (9.30) より p に収束する. □

■**定理 9.5** ユークリッド空間 $\mathbb{R}^n$ の有界な点列 $(\boldsymbol{a}_k)_{k \in \mathbb{N}}$ は,収束する部分列をもつ.

[証明] ユークリッド空間 $\mathbb{R}^n$ の任意の有界な点列を $(\boldsymbol{a}_k)_{k \in \mathbb{N}}$ とする.点 $\boldsymbol{a}_k$ の第 i 成分を $a_k(i)$ とする.有界であるから,ある $q > 0$ が存在し,任意の $k \in \mathbb{N}$ と i に対して,

$$-q \leq a_k(i) \leq q \qquad (9.31)$$

となる.したがって,第 1 成分からなる数列 $(a_k(1))_{k \in \mathbb{N}}$ は,有界な数列である.定理 9.4 より,部分列 $(a_k(1))_{k \in \mathbb{N}_1}$ が存在し,収束する.すなわち,$\mathbb{R}^n$ の部分列 $(\boldsymbol{a}_k)_{k \in \mathbb{N}_1}$ は,その第 1 成分が収束する.次に,この部分列の第 2 成分からなる数列 $(a_k(2))_{k \in \mathbb{N}_1}$ も有界な数列であるから,その部分列 $(a_k(2))_{k \in \mathbb{N}_2}$ が存在し,収束する.このとき,$\mathbb{R}^n$ の部分列 $(\boldsymbol{a}_k)_{k \in \mathbb{N}_2}$ は,その第 1 成分と第 2 成分が収束する.これを n 回繰り返すことにより,部分列 $(\boldsymbol{a}_k)_{k \in \mathbb{N}_n}$ が存在し,成分ごとにすべてが収束する.成分ごとの極限を $a(i) (i = 1, 2, \cdots, n)$ とすれば,定理 9.3 の証明と同様に,部分列 $(\boldsymbol{a}_k)_{k \in \mathbb{N}_n}$ が点 $(a(1), a(2), \cdots, a(n))$ に収束することを示すことができる. □

■**定理 9.6** ユークリッド空間 $\mathbb{R}^n$ の閉集合 A 上の点列 $(\boldsymbol{a}_k)_{k \in \mathbb{N}}$ が $\boldsymbol{a}$ に収束するならば,$\boldsymbol{a} \in A$ である.また,A が閉集合でないならば,ある $\boldsymbol{a} \notin A$ に対し

て，a に収束する A の点列 $(a_k)_{k\in\mathbb{N}}$ が存在する．したがって，$A \subset \mathbb{R}^n$ が閉集合となる必要十分条件は，A の収束する任意の点列の極限が A に含まれることである．

[証明] 閉集合 A の元からなる点列 $(a_k)_{k\in\mathbb{N}}$ が a に収束すると仮定する．A が閉集合であるから，$a \notin A$ ならば，ある $\varepsilon > 0$ が存在し，

$$\forall x \ (d(a, x) < \varepsilon \Rightarrow x \in A^c) \tag{9.32}$$

となる．これは，a が A の点列の極限であることに矛盾する．

次に，A が閉集合でないとする．このとき，A に含まれない A の境界点 $a \notin A$ が存在し，任意の $k \in \mathbb{N}$ に対して，

$$B\left(a, \frac{1}{k}\right) \cap A \neq \emptyset \tag{9.33}$$

となる．したがって，この集合から 1 点 a_k をとることができる．このとき，点列 $(a_k)_{k\in\mathbb{N}}$ は，点 a に収束する． $\square$

【点列コンパクト集合の解説】位相空間 $(S, \mathcal{D})$ と S の部分集合 A について，A の元からなる任意の点列 $(a_k)_{k\in\mathbb{N}}$ が，A の点に収束する部分列を含むとき，A を位相空間 $(S, \mathcal{D})$ の**点列コンパクト集合** (sequentially compact set) という．また，集合 S が点列コンパクト集合ならば $(S, \mathcal{D})$ を点列コンパクト位相空間という．ユークリッド空間 $\mathbb{R}^n$ は，点列コンパクト位相空間ではない．

■定理 9.7 ユークリッド空間 $\mathbb{R}^n$ において，部分集合 A が点列コンパクト集合となる必要十分条件は，A が有界閉集合となることである．

[証明] 部分集合 A が有界閉集合であるとする．A の元からなる任意の点列を $(a_k)_{k\in\mathbb{N}}$ とする．この点列は，有界であるから，定理 9.5 によりある部分列が存在し，点 $a \in \mathbb{R}^n$ に収束する．このとき，A が閉集合であるから，定理 9.6 により，$a \in A$ となる．したがって，A は点列コンパクト集合である．

逆に，集合 A が点列コンパクト集合であるとする．もし，A が非有界ならば，任意の $k \in \mathbb{N}$ に対して，

$$\exists a_k \in A, \ d(\mathbf{0}, a_k) > k \tag{9.34}$$

となる．このとき，点列 $(a_k)_{k\in\mathbb{N}}$ の任意の部分列は，非有界であるので，収束しない．したがって，A が点列コンパクトであることに矛盾するので，A は有界である．また，A が閉集合ではないと仮定すると，定理9.6により $a \notin A$ に収束する A の点列が存在する．この点列の任意の部分列も $a \notin A$ に収束する（章末問題）．任意の部分列が A の点に収束しないので，A が点列コンパクトであることに矛盾する．したがって，A は閉集合である．   □

■**定理 9.8**　実数全体の集合 $\mathbb{R}$ の部分集合 A が有界閉集合ならば，A の最大元と最小元が存在する．

[証明] 集合 A が有界なので，定理5.4により A の上限 a と下限 b が存在する．もし $a \notin A$ ならば，A が閉集合なので，a を含む開区間 $(a-\varepsilon, a+\varepsilon)$ が存在し，A と交わらない．このことは，a が A の上限ということに矛盾する．したがって，$a \in A$ であるので，a は A の最大元である．同様に，b は A の最小元である．   □

9.3　連続関数の最小値

ここでは，ユークリッド空間における連続関数の性質を調べる．連続関数の中間値の定理と有界閉集合で定義された連続関数が必ず最大値と最小値をもつことは，本節の重要な結果である．

【連結の解説】ユークリッド空間 $\mathbb{R}^n$ の部分集合 A に対して，開集合 O_1 と O_2 が存在して，

$$A \cap O_1 \neq \emptyset,\ A \cap O_2 \neq \emptyset,\ A \subset O_1 \cup O_2,\ A \cap O_1 \cap O_2 = \emptyset \quad (9.35)$$

となるとき，A は連結でないといい，そのような開集合が存在しないとき，A は**連結** (connected) であるという．空集合は，定義により連結である．図9.2に示されているように，2つ以上の部分に分けられる集合 A は，連結ではない．

■**定理 9.9**　実数の集合 $A \subset \mathbb{R}$ が連結ならば，任意の $a, b \in A$ に対して，

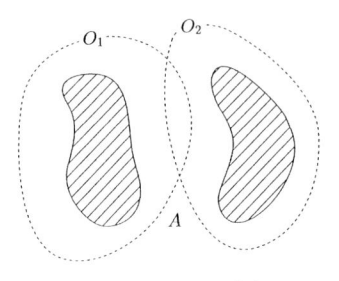

図 9.2 連結でない集合

$c \in (a, b)$ は A に含まれる.

[証明] 定理の対偶を証明するために,ある $a, b \in A$ に対して,$c \in (a, b)$ が A に含まれないとする.このとき,$O_1 = (-\infty, c)$,$O_2 = (c, \infty)$ とすれば,これらが開集合であり,式 (9.35) をみたすので,A は連結ではない. □

■定理 9.10 写像 $\boldsymbol{f}$ を $\mathbb{R}^n$ から $\mathbb{R}^m$ への連続関数とする.このとき,$A \subset \mathbb{R}^n$ が連結ならば,その像 $\boldsymbol{f}(A)$ も連結である.

[証明] 定理の対偶を証明するために,像 $\boldsymbol{f}(A)$ が連結でないと仮定する.このとき,$\mathbb{R}^m$ の開集合 O_1' と O_2' が存在して,

$$\boldsymbol{f}(A) \cap O_1' \neq \emptyset,\ \boldsymbol{f}(A) \cap O_2' \neq \emptyset,\ \boldsymbol{f}(A) \subset O_1' \cup O_2',\ \boldsymbol{f}(A) \cap O_1' \cap O_2' = \emptyset \tag{9.36}$$

となる.これらの関係式から,

$$A \cap \boldsymbol{f}^{-1}(O_1') \neq \emptyset,\ A \cap \boldsymbol{f}^{-1}(O_2') \neq \emptyset \tag{9.37}$$

$$A \subset \boldsymbol{f}^{-1}(O_1') \cup \boldsymbol{f}^{-1}(O_2'),\ A \cap \boldsymbol{f}^{-1}(O_1') \cap \boldsymbol{f}^{-1}(O_2') = \emptyset \tag{9.38}$$

を導くことができる.定理 8.3 より,$\boldsymbol{f}^{-1}(O_1')$ と $\boldsymbol{f}^{-1}(O_2')$ は $\mathbb{R}^n$ の開集合であるから,集合 A は連結ではない. □

この定理を使い,次の中間値の定理を証明することができる.

■定理 9.11 (中間値の定理) 写像 f を $\mathbb{R}^n$ の連結な部分集合 A から $\mathbb{R}$ への連続関数とする.このとき,任意の $a, b \in f(A)$ に対して,$c \in (a, b)$ ならば $f(\boldsymbol{x}) = c$ となる $\boldsymbol{x} \in A$ が存在する.

9.3 連続関数の最小値

[証明] 定理 9.10 より, $f(A)$ は連結である. 任意の $a, b \in f(A)$ に対して, $c \in (a, b)$ ならば, 定理 9.9 より $c \in f(A)$ である. したがって, $f(\boldsymbol{x}) = c$ となる $\boldsymbol{x} \in A$ が存在する. □

■**定理 9.12** 写像 $\boldsymbol{f}$ を $\mathbb{R}^n$ から $\mathbb{R}^m$ への連続写像とする. このとき, $A \subset \mathbb{R}^n$ が有界閉集合ならば, その像 $\boldsymbol{f}(A)$ も有界閉集合である.

[証明] 集合 $A \subset \mathbb{R}^n$ が有界閉集合であるとする. A の像 $\boldsymbol{f}(A)$ の元からなる点列を $(\boldsymbol{b}_k)_{k \in \mathbb{N}}$ とする. 任意の $k \in \mathbb{N}$ に対して, ある $\boldsymbol{a}_k \in A$ が存在し,

$$\boldsymbol{f}(\boldsymbol{a}_k) = \boldsymbol{b}_k \tag{9.39}$$

となる. このとき, 数列 $(\boldsymbol{a}_k)_{k \in \mathbb{N}}$ は, A の元からなる点列である. A が有界閉集合であるから, ある部分列 $(\boldsymbol{a}_k)_{k \in \mathbb{N}_1}$ が存在し, それはある点 $\boldsymbol{a} \in A$ に収束する. $\boldsymbol{f}$ が連続であるから, 任意の $\varepsilon > 0$ に対して, ある $\delta > 0$ が存在し,

$$d(\boldsymbol{a}, \boldsymbol{x}) < \delta \Rightarrow d(\boldsymbol{f}(\boldsymbol{a}), \boldsymbol{f}(\boldsymbol{x})) < \varepsilon \tag{9.40}$$

となる. この δ に対して, ある $k' \in \mathbb{N}_1$ が存在し,

$$k \geq k', \ k \in \mathbb{N}_1 \Rightarrow d(\boldsymbol{a}, \boldsymbol{a}_k) < \delta \tag{9.41}$$

となるので,

$$k \geq k', \ k \in \mathbb{N}_1 \Rightarrow d(\boldsymbol{f}(\boldsymbol{a}), \boldsymbol{b}_k)) < \varepsilon \tag{9.42}$$

が成立する. したがって, 数列 $(\boldsymbol{b}_k)_{k \in \mathbb{N}}$ の部分列 $(\boldsymbol{b}_k)_{k \in \mathbb{N}_1}$ が $\boldsymbol{f}(\boldsymbol{a}) \in \boldsymbol{f}(A)$ に収束する. ゆえに, $\boldsymbol{f}(A)$ は点列コンパクト集合であり, 有界閉集合である. □

【関数の最大値と最小値の解説】f を $\mathbb{R}^n$ から $\mathbb{R}$ への連続関数とする. このとき, 部分集合 $A \subset \mathbb{R}^n$ に対して, ある $\boldsymbol{a} \in A$ が存在し,

$$\forall \boldsymbol{x} \in A, \ f(\boldsymbol{a}) \leq f(\boldsymbol{x}) \tag{9.43}$$

が成立するならば, 点 $\boldsymbol{a}$ を A における関数 f の**最小解** (minimum solution) といい, 値 $f(\boldsymbol{a})$ を A における関数 f の**最小値** (minimum value) という. また,

ある $b \in A$ が存在し,
$$\forall x \in A, \ f(b) \geq f(x) \tag{9.44}$$
が成立するならば, 点 b を A における関数 f の**最大解** (maximum solution) といい, 値 $f(b)$ を A における関数 f の**最大値** (maximum value) という.

■**定理 9.13** f を $\mathbb{R}^n$ から $\mathbb{R}$ への連続関数とする. このとき, $A \subset \mathbb{R}^n$ が有界閉集合ならば, A における関数 f の最小値と最大値が存在する.

[証明] A が有界閉集合であるから, 定理 9.12 より, $f(A)$ は $\mathbb{R}$ における有界閉集合となる. したがって, 定理 9.8 より, 集合 $f(A)$ の最大元 p と最小元 q が存在する. このとき, ある $a, b \in A$ が存在し,
$$p = f(a), \quad q = f(b) \tag{9.45}$$
となる. したがって, a が A における f の最大解, $f(a)$ が f の最大値であり, b が最小解, $f(b)$ が f の最小値である. □

演 習 問 題

9.1 数列 $(a_k)_{k \in \mathbb{N}}$ が下に有界で単調減少するならば, この数列が収束することを示せ.

9.2 収束する任意の数列がコーシー列となることを示せ.

9.3 距離空間 (X, d) において収束する点列 $(a_k)_{k \in \mathbb{N}}$ がコーシー列となることを示せ.

9.4 数列 $(a_k)_{k \in \mathbb{N}}$ が a に収束するならば, 任意の部分列も a に収束することを示せ.

9.5 ユークリッド空間 $\mathbb{R}^n$ の点列 $(a_k)_{k \in \mathbb{N}}$ が収束するならば有界であることを示せ.

9.6 1 次元ユークリッド空間 $\mathbb{R}$ が点列コンパクト空間ではないことを示せ.

10

代 数 の 基 礎

　大学の初学年で線形代数を学ぶが，代数の基礎についてはふれない場合が多いようである．本章は，代数の導入部にあたる，群，環，体などを解説することにより，代数という概念がよくわからないという不安を払拭し，将来より深く代数を学ぶときの基礎を与えることを目的とする．

10.1　　群

　実数には，加法，乗法などの演算があり，2つの実数 a と b の和 $a+b$ あるいは積 ab を計算できる．実数ではこれらの演算を当然のこととして使っているが，一般の集合において，どのような性質をもった演算が定義されていれば，実数の和あるいは積のような計算ができるのだろうか．そこを調べることが，この節の1つの目的である．

【群とは】実数の加法について考えてみる．2つの実数を $a, b \in \mathbb{R}$ とするとき，その和 $a+b$ も実数である．したがって，加法とは，$\mathbb{R} \times \mathbb{R}$ の元 (a, b) を $\mathbb{R}$ の元 $a+b$ に対応させる写像とみることができる．実数の加法については，3つの性質，結合律 $a+(b+c) = (a+b)+c$ が成り立つこと，$a+0 = 0+a = a$ をみたす実数 0 が存在すること，任意の a に対して $a+(-a) = 0$ かつ $(-a)+a = 0$ をみたす実数 $-a$ が存在することが知られている．これらの3つの性質が成り立つので，実数全体の集合 $\mathbb{R}$ とその加法をあわせて群と呼ぶ．

　より一般的に，空でない集合を G とするとき，$G \times G$ から G への写像を二

項算法 (binary operation) と呼ぶ. 二項算法によって $(a,b) \in G \times G$ に対応する G の元を $a*b$ と表すことにする. 実数の加法のように次の3つの性質が成り立つとき, G を算法 $*$ と合わせて**群** (group) という, あるいは, G は算法 $*$ について**群をなす**ともいう.

● 群の公理

G1 任意の元 $a,b,c \in G$ に対して結合律
$$(a*b)*c = a*(b*c) \tag{10.1}$$
が成り立つ.

G2 ある元 $e \in G$ が存在し, 任意の元 $a \in G$ に対して
$$e*a = a*e = a \tag{10.2}$$
が成り立つ.

G3 任意の元 $a \in G$ に対して, ある元 $b \in G$ が存在して
$$b*a = a*b = e \tag{10.3}$$
が成り立つ.

乗法記号によって $a*b$ を ab と書く場合, G は**乗法群** (multiplicative group) と呼ばれ, 加法記号によって $a*b$ を $a+b$ と書く場合, G は**加法群** (additive group) と呼ばれる. 公理 G2 によって存在する元 e を群 G の**単位元** (unit element, identity element) という. この単位元を乗法群では 1 と書き, 加法群では 0 と書く. 単位元が e と e' の 2 つ存在するとすれば,

$$e = e*e' = e' \tag{10.4}$$

となり, 2 つが一致するので, 単位元はただ 1 つである. また, 公理 G3 によって存在する b を a の**逆元** (inverse element) という. 逆元を乗法群では a^{-1} と書き, 加法群では $-a$ と書く. 元 b と c が a の逆元ならば,

$$b = b*e = b*(a*c) = (b*a)*c = e*c = c \tag{10.5}$$

となるので, a の逆元はただ 1 つである.

◯ 例 10.1 ◯　整数全体の集合 $\mathbb{Z}$ はふつうの加法について群をなす．単位元は 0 であり，$a \in \mathbb{Z}$ の逆元は $-a$ である．同様に，$\mathbb{Q}, \mathbb{R}$ もそれぞれ加法について群をなす．

◯ 例 10.2 ◯　0 でない有理数全体の集合を $\mathbb{Q}^*$ で表せば，$\mathbb{Q}^*$ はふつうの乗法について群をなす．単位元は 1 であり，$a \in \mathbb{Q}^*$ の逆元は $1/a$ である．同様に，0 でない実数全体の集合 $\mathbb{R}^*$ も乗法について群をなす．

◯ 例 10.3 ◯　絶対値が 1 の複素数の集合を

$$T = \{\alpha | \alpha = a + bi,\ a^2 + b^2 = 1,\ a, b \in \mathbb{R}\} \tag{10.6}$$

とするとき，T は複素数の乗法について群をなす．単位元は 1 であり，$a+bi \in T$ の逆元は $a - bi$ である．

◯ 例 10.4 ◯　ただ 1 つの元をもつ集合 $\{e\}$ において $e * e = e$ と定義すれば，e は群となる．単位元も e の逆元も e である．

◯ 例 10.5 ◯　空でない集合を X とし，X からそれ自身へのすべての全単射の集合を G とすれば，G は写像の合成を算法として群をなす．単位元は恒等写像 I_X であり，写像 f の逆写像 f^{-1} が逆元となる．この群 G を X 上の**対称群** (symmetric group) という．

【可換群の解説】加法群については，その算法が**交換律** (commutative law) をみたすこと，すなわち任意の 2 元 a と b に対して

$$a + b = b + a \tag{10.7}$$

が成り立つことを仮定する．

一般に，群 G の 2 つの元が $a * b = b * a$ を満たすとき，a と b は**可換** (commutative) であるといわれる．G の任意の 2 元が常に可換であるとき，G を**可換群** (commutative group) または **Abel 群** (Abelian group) という．

◇ 例題 10.1 ◇　S を集合とし，そのべき集合を 2^S とする．任意の $A, B \in 2^S$ に対して，第 2 章で定義したように，対称差を

$$A \triangle B = (A - B) \cup (B - A) \tag{10.8}$$

とするとき，2^S は $\triangle$ を算法として可換群をなすことを証明せよ．

（解答）まず，定義より $A\triangle B \in 2^S$ が成立する．第 2 章の問題 2.7 から，演算 $\triangle$ は結合的である．また，任意の $A \in 2^S$ に対して，

$$A\triangle\emptyset = \emptyset\triangle A = A \tag{10.9}$$

であるから，空集合 $\emptyset$ が単位元である．そして，

$$A\triangle A = \emptyset \tag{10.10}$$

であるから，A が A の逆元である．また，定義より可換であるので，2^S は $\triangle$ を算法として可換群をなす．

◇ **例題 10.2** ◇ X が 3 つ以上の元をもつとき，X 上の対称群 G が可換でないことを示せ．

（解答）a, b, c を X の異なる 3 つの元とする．2 つの写像 f と g を

$$\begin{aligned}f(a) = a, \quad f(b) = c, \quad f(c) = b, \quad f(x) = x \quad (x \neq a, b, c) \\ g(a) = c, \quad g(b) = b, \quad g(c) = a, \quad g(x) = x \quad (x \neq a, b, c)\end{aligned} \tag{10.11}$$

により定義する．このとき，図 10.1 より，

$$(g \circ f)(a) = c, \quad (f \circ g)(a) = b \tag{10.12}$$

(a) 合成写像 $g \circ f$ (b) 合成写像 $f \circ g$

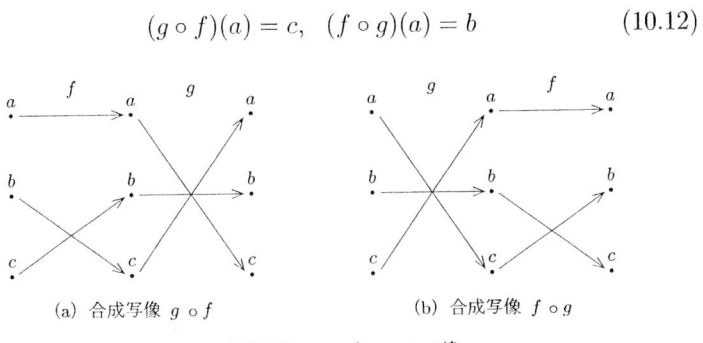

図 **10.1**   合成写像 $f \circ g$ と $g \circ f$ の違い

となるから，$f \circ g \neq g \circ f$ であり，この対称群 G は可換ではない．

【群の元の演算】 群 G の任意の元 a, u, u' に対して，

$$a * u = a * u' \Rightarrow u = u' \tag{10.13}$$

$$u * a = u' * a \Rightarrow u = u' \tag{10.14}$$

が成り立つ．実際，$a * u = a * u'$ が成立しているならば

$$\begin{aligned} u &= e * u = (a^{-1} * a) * u = a^{-1} * (a * u) \\ &= a^{-1} * (a * u') = (a^{-1} * a) * u' = e * u' = u' \end{aligned} \tag{10.15}$$

となる．同様に，$u * a = u' * a$ ならば $u = u'$ となることを示すことができる．上の式 (10.13) と (10.14) を**簡約律** (cancellation law) という．

次に，群 G の任意の元 a と b に対して，

$$\exists u \in G, \quad a * u = b \tag{10.16}$$

$$\exists v \in G, \quad v * a = b \tag{10.17}$$

であり，このような u と v がただ 1 つのみであることを示す．実際，$u_0 = a^{-1} * b$ とすれば $a * u_0 = b$ が成立する．また，上の簡約律により $a * u = a * u_0$ ならば $u = u_0$ となるので，ただ 1 つである．同様にして，$v * a = b$ となるような元 $v \in G$ もただ 1 つ存在する．

以下では，まず乗法群について述べ，その後に加法群についても解説する．乗法群 G の n 個の元を $a_1, a_2, \cdots, a_n$ とする．群の公理 G1 により，3 つの元の積 $(a_1 a_2) a_3$ は積 $a_1 (a_2 a_3)$ と等しいので，これらを単に $a_1 a_2 a_3$ と書くことにする．一般に，n 個の元 $a_1, a_2, \cdots, a_n$ の積は，たとえば $(\cdots ((a_1 a_2) a_3) \cdots a_n)$ のように 2 つずつ積をとることにより定義できるが，公理 G1 を帰納的に使うことにより，その順によらないことを示すことができる．したがって，n 個の元 $a_1, a_2, \cdots, a_n$ の積を単に

$$a_1 a_2 \cdots a_n \tag{10.18}$$

あるいは $\prod_{i=1}^{n} a_i$ と表す．特に，同じ元 $a \in G$ の n 個の積 $aa \cdots a$ を a^n と表す．

積 a_1a_2 の逆元が $a_2^{-1}a_1^{-1}$ であることを

$$(a_1a_2)(a_2^{-1}a_1^{-1}) = a_1(a_2a_2^{-1})a_1^{-1} = a_1a_1^{-1} = e \\ (a_2^{-1}a_1^{-1})(a_1a_2) = a_2^{-1}(a_1^{-1}a_1)a_2 = a_2^{-1}a_2 = e \tag{10.19}$$

により確認できる．同様にして，

$$(a_1a_2\cdots a_n)^{-1} = a_n^{-1}\cdots a_2^{-1}a_1^{-1} \tag{10.20}$$

が成り立つことを示すことができる．a の逆元の n 個の積 $(a^{-1})^n$ を a^{-n} と表すことにする．このとき，任意の整数 m と n に対して，指数法則

$$a^m a^n = a^{m+n}, \quad (a^m)^n = a^{mn} \tag{10.21}$$

が成り立つ．また，G の元 a と b が可換ならば，

$$(ab)^n = a^n b^n \tag{10.22}$$

も成り立つ．

加法群 G の場合には，n 個の元の和を

$$a_1 + a_2 + \cdots + a_n \tag{10.23}$$

あるいは $\sum_{i=1}^n a_i$ と表し，同じ元 a の n 個の和を na と表す．a の逆元の n 個の和 $n(-a)$ を $-na$ と表すことにすれば，任意の整数 m と n に対して

$$ma + na = (m+n)a \tag{10.24}$$
$$m(na) = (mn)a \tag{10.25}$$

が成り立つ．また，加法群では，交換律が成り立つことを仮定しているので，G の元 a と b に対して，

$$n(a+b) = na + nb \tag{10.26}$$

も成立する．

⊙ **例 10.6** ⊙　部分集合 $A \subset \mathbb{R}$ が実数の乗法について群をなすとき，上の議論より $2 \in A$ ならば任意の整数 $n \in \mathbb{Z}$ に対して $2^n \in A$ でなければならない．集合 $\{2^n | n \in \mathbb{Z}\}$ あるいは $\{2^n 3^m | n \in \mathbb{Z}, m \in \mathbb{Z}\}$ などは乗法について群をなすが，集合 $\{2^n | n \in \mathbb{Z}\} \cup \{3^m | m \in \mathbb{Z}\}$ は群とはならない．

10.2 部分群

数学では,ある性質をもった集合の部分集合が同じ性質をもつことがある.ここでは,前節で学んだ群について,その部分集合も群となる場合について解説する.

【部分群とは】 群 G とその部分集合 H について,H が G において定義されている算法に関してそれ自身群をなすとき,H を G の**部分群** (subgroup) という.

群 G の部分集合 H が G の部分群をなすためには,H が次の (i), (ii), (iii) をみたすことが必要かつ十分である.

(i) H は G の単位元 e を含む
(ii) $a, b \in H$ ならば $a * b \in H$
(iii) $a \in H$ ならば $a^{-1} \in H$

実際,H が群ならば,上の条件 (ii) と (iii) はあきらかに成り立つ.また,H は単位元 e' をもつが,群 G において

$$e'e' = e' = ee' \tag{10.27}$$

となるので,簡約律 (10.14) により $e' = e$ が成立する.したがって,(i) も成立する.逆に,H が (i), (ii), (iii) をみたすならば,$*$ が H 上の二項算法であり,群の公理 G2 と G3 をみたし,H が G の部分集合であるから G1 もみたすので,H は群となる.

■**定理 10.1** 群 G の 2 つの部分群を H_1 と H_2 とすれば,$H_1 \cap H_2$ も G の部分群となる.

[証明] 単位元 e について,$e \in H_1$ かつ $e \in H_2$ より $e \in H_1 \cap H_2$ であるので (i) をみたす.$a, b \in H_1 \cap H_2$ ならば $a, b \in H_1$ かつ $a, b \in H_2$ であるから,$a * b \in H_1$ かつ $a * b \in H_2$ となり $a * b \in H_1 \cap H_2$ である.したがって,(ii) をみたす.また,$a \in H_1 \cap H_2$ ならば $a \in H_1$ かつ $a \in H_2$ であるから,$a^{-1} \in H_1$ かつ $a^{-1} \in H_2$ となり $a^{-1} \in H_1 \cap H_2$ である.ゆえに,(iii) もみた

すので，$H_1 \cap H_2$ は G の部分群である． □

|○例 10.7○| 整数全体の加法群 $\mathbb{Z}$ は有理数全体の加法群 $\mathbb{Q}$ の部分群である．また，0 でない有理数の乗法群 $\mathbb{Q}^*$ は，0 でない実数の乗法群 $\mathbb{R}^*$ の部分群である．

|◇例題 10.3◇| 自然数 m について，m の倍数の集合を

$$\mathbb{Z}(m) = \{ma | a \in \mathbb{Z}\} \qquad (10.28)$$

とするとき，この $\mathbb{Z}(m)$ が整数全体の加法群 $\mathbb{Z}$ の部分群となっていることを示せ．

（解答）加法群 $\mathbb{Z}$ の単位元 0 は m の倍数であるので，(i) が成り立つ．a と b が m の倍数ならば，$a+b$ も m の倍数であるので，(ii) が成り立つ．また，a が m の倍数ならば，その逆元 $-a$ も m の倍数であるので，(iii) も成り立つ．したがって，m の倍数の集合 $\mathbb{Z}(m)$ は，加法群 $\mathbb{Z}$ の部分群である．

上の例題の部分群 $\mathbb{Z}(m)$ は m を含む最小の $\mathbb{Z}$ の部分群である．すなわち，m を含む $\mathbb{Z}$ の任意の部分群は $\mathbb{Z}(m)$ を含む．実際，$\mathbb{Z}'$ が m を含む $\mathbb{Z}$ の部分群であるとする．条件 (i) より $\mathbb{Z}'$ は，単位元 0 を含む．$\mathbb{Z}'$ の元 m と m の和 $2m$，さらに n 個の和 nm も $\mathbb{Z}'$ の元である．また，それらの逆元 $-nm$ も $\mathbb{Z}'$ の元である．したがって，$\mathbb{Z}'$ は，m のすべての倍数を含むので，$\mathbb{Z}(m) \subset \mathbb{Z}'$ である．

10.3　環

群では演算が 1 種類しか導入されていない．しかし，実数の演算などでは，加法と乗法という 2 つの演算が定義されている．このように 2 つの演算が定義されている集合として，環がある．

【環とは】空でない集合を K とする．集合 K に加法および乗法と呼ばれる 2 つの算法，すなわち $(a,b) \in K \times K$ を $a+b \in K$ へ対応させる写像と $(a,b) \in K \times K$ を $ab \in K$ へ対応させる写像が定義され，それについて次の条

10.3 環

件が満たされているとき,K を**環** (ring) という.

> ● **環の公理**
> **K1** K は加法について可換群をなす.
> **K2** 任意の a, b, c に対して,次の結合律
> $$(ab)c = a(bc) \tag{10.29}$$
> が成り立つ.
> **K3** 任意の $a, b, c \in K$ に対して,次の分配律
> $$a(b+c) = ab + ac$$
> $$(b+c)a = ba + ca \tag{10.30}$$
> が成り立つ.
> **K4** ある元 $e \in K$ が存在し,任意の元 $a \in K$ に対して
> $$ae = ea = a \tag{10.31}$$
> が成り立つ.

環 K について,その加法に関する単位元を 0,K の元 a の逆元を $-a$ で表す.この 0 を環 K の**零元** (zero element) と呼ぶ.また,環 K の乗法が可換,すなわち任意の $a, b \in K$ に対して

$$ab = ba \tag{10.32}$$

であるとき,K を**可換環** (commutative ring) という.公理 K4 によって存在する元 e を環 K の**単位元**という.

◯ **例 10.8** ◯ 整数全体の集合 $\mathbb{Z}$ はふつうの加法,乗法について可換環をなす.集合 $\mathbb{Q}$, $\mathbb{R}$ もそれぞれふつうの加法,乗法について可換環をなす.

◇ **例題 10.4** ◇ S を集合とし,そのべき集合を 2^S とする.任意の $A, B \in 2^S$ に対して,和を対称差 $A \triangle B$ によって,また積を共通部分 $A \cap B$ によって定義する.この加法と乗法に関して,2^S が可換環となることを示せ.

(解答) S の部分集合を A, B, C とする. 定義より $A \triangle B \in 2^S$ と $A \cap B \in 2^S$ が成り立つ. 加法について可換群をなすことを例題 10.1 で示した. 乗法に関して結合的であることもあきらかである. 次に, 乗法が加法に関して分配的であることを示す. まず,

$$x \in A \cap (B \triangle C) \Leftrightarrow x \in A \wedge (x \in B \triangle C)$$
$$\Leftrightarrow x \in A \wedge ((x \in B \wedge x \notin C) \vee (x \notin B \wedge x \in C))$$
$$\Leftrightarrow (x \in A \wedge x \in B \wedge x \notin C) \vee (x \in A \wedge x \notin B \wedge x \in C)$$

である. そして,

$$x \in (A \cap B) \triangle (A \cap C)$$
$$\Leftrightarrow (x \in (A \cap B) \wedge x \notin (A \cap C)) \vee (x \notin (A \cap B) \wedge x \in (A \cap C))$$
$$\Leftrightarrow (x \in A \wedge x \in B \wedge x \notin (A \cap C)) \vee (x \notin (A \cap B) \wedge x \in A \wedge x \in C)$$
$$\Leftrightarrow (x \in A \wedge x \in B \wedge x \notin C) \vee (x \in A \wedge x \notin B \wedge x \in C)$$

となる. ここで, 最後の関係式は, $x \in A$ のとき, $x \notin C$ と $x \notin A \cap C$ が同値であり, $x \notin B$ と $x \notin A \cap B$ が同値であることから導かれる. 上の 2 つの関係式を見比べることにより, $A \cap (B \triangle C) = (A \cap B) \triangle (A \cap C)$ が成り立っている. 同様に, $(B \triangle C) \cap A = (B \cap A) \triangle (C \cap A)$ も成り立つ. また, 全体集合 S が乗法の単位元となる. さらに, 乗法に関して可換であるから可換環となる.

◇ **例題 10.5** ◇ 区間 $[0,1]$ 上で定義された実数値関数全体の集合を K とする. 2 つの関数 f, g の和 $f + g$ と積 fg をそれぞれ任意の $t \in [0,1]$ に対して

$$\begin{aligned}(f+g)(t) &= f(t) + g(t) \\ (fg)(t) &= f(t)g(t)\end{aligned} \tag{10.33}$$

と定義する. この加法と乗法に関して, この集合 K が可換環をなすことを示せ.

(解答) f, g, h を区間 $[0,1]$ 上の関数とする. $f + g$ と fg は, 区間 $[0,1]$ 上の関数である. 任意の $t \in [0,1]$ に対して

$$((f+g)+h)(t) = f(t) + g(t) + h(t) = (f+(g+h))(t) \quad (10.34)$$

が成立するので，加法について結合的である．任意の $t \in [0,1]$ に対して

$$\theta(t) = 0 \quad (10.35)$$

とすれば，この θ は零元となる．また，関数 $-f$ を任意の $t \in [0,1]$ に対して

$$(-f)(t) = -f(t) \quad (10.36)$$

と定義すれば，この $-f$ は f の加法についての逆元となっている．定義より $f+g = g+f$ であるから，加法について可換群をなす．したがって，公理 K1 をみたす．定義より $(fg)h = f(gh)$ であるから，K2 をみたす．また，任意の $t \in [0,1]$ に対して

$$(f(g+h))(t) = f(t)(g(t)+h(t)) = f(t)g(t) + f(t)h(t) = (fg+fh)(t)$$
$$((g+h)f)(t) = (g(t)+h(t))f(t) = g(t)f(t) + h(t)f(t) = (gf+hf)(t)$$
$$(10.37)$$

が成立するので，K3 が成り立つ．任意の $t \in [0,1]$ に対して

$$e(t) = 1 \quad (10.38)$$

と定義すれば，この e が単位元となるので，K4 が成り立つ．乗法に関して可換 $fg = gf$ であるから K は可換環となる．

◇ **例題 10.6** ◇ 環 K について，その零元を 0 とすれば，K の任意の元 a に対して $a0 = 0a = 0$ となることを示せ．

（解答）K3 より，$a0 + a0 = a(0+0) = a0$ であるが，その両辺に $-a0$ を加えれば $a0 = 0$ を得る．同様に，$0a = 0$ も成り立つ．

◇ **例題 10.7** ◇ 環 K について，その零元を 0，単位元を 1 とする．もし $1 = 0$ ならば，K は零元 0 のみからなることを示せ．

(解答) K の任意の元 a に対して

$$a = 1a = 0a = 0 \tag{10.39}$$

となる.

10.4 体

環では，加法の逆元が存在しても，乗法の逆元が存在するとは限らない．たとえば，加法の単位元の逆元，すなわち環の零元の逆元は一般に存在しない．そこで，零元以外の元に逆元が存在する場合を考察し，体を導入する．

【整域の解説】 K を環とし，その零元を 0，単位元を 1 とする．もし $1 = 0$ ならば，前節の例題 10.7 でみたように，K は零元 0 のみからなる．このような環を**零環** (zero ring) という．以後，考える環は零環ではない (すなわち $0 \neq 1$) とする．

環 K においては，$a \neq 0$, $b \neq 0$ であるが，$ab = 0$ であるような元 a, b が存在することがある．このような元 a, b を K の**零因子** (zero divisor) という．そして，

●零因子をもたない可換環を**整域** (integral domain) という．

○例 10.9○　整数の環 $\mathbb{Z}$ では $a \neq 0$ かつ $b \neq 0$ ならば $ab \neq 0$ となるので，$\mathbb{Z}$ は整域である．

○例 10.10○　前節の例題 10.5 で示した区間 $[0,1]$ 上の関数全体の環は整域ではない．たとえば，$[0,1]$ 上の関数 f と g を

$$f(x) = \begin{cases} 1 & (0 \leq x \leq 0.5) \\ 0 & (0.5 < x \leq 1) \end{cases} \tag{10.40}$$

$$g(x) = \begin{cases} 0 & (0 \leq x \leq 0.5) \\ 1 & (0.5 < x \leq 1) \end{cases} \tag{10.41}$$

と定義すれば，$f \neq \theta$, $g \neq \theta$ であるが，$fg = \theta$ である．ここで，関数 θ はこの環の零元である．

10.4 体

【体の解説】環 K について，a を K の元とする．もし $ab = ba = 1$ となるような K の元 b が存在するならば，a を K の**可逆元** (invertible element) または**単元**とよび，b を a の**逆元** (inverse element) という．単元 a に対して，b と c がその逆元ならば，

$$b = be = b(ac) = (ba)c = ec = c \tag{10.42}$$

となるので，a の逆元は一意的に定まる．その逆元を a^{-1} と表す．

環 K の任意の元 a に対して $a0 = 0a = 0$ となり，$0 \neq 1$ を仮定しているので，零元 0 は単元ではない．そして，

- 環 K の 0 以外の元がすべて単元であるとき，K を**斜体** (skew field) という．
- 可換な斜体を**体** (field) という．

◯ **例 10.11** ◯ 有理数全体の環 $\mathbb{Q}$ と実数全体の環 $\mathbb{R}$ は体である．それらをそれぞれ有理数体，実数体という．整数全体の環 $\mathbb{Z}$ は体ではない．

【部分体の解説】K を環とする．K の空でない部分集合 K' が K に定義されている加法と乗法に関してそれ自身 1 つの環をなし，しかも K と同じ単位元をもっているとき，K' を K の**部分環** (subring) という．環 K の部分環 K' がもし体をなしているならば，それを K の**部分体** (subfield) という．

◯ **例 10.12** ◯ 環 $\mathbb{Z}$ は有理数体 $\mathbb{Q}$ の部分環であり，有理数体 $\mathbb{Q}$ は実数体 $\mathbb{R}$ の部分体である．

◇ **例題 10.8** ◇ K' が K の部分環であるためには，K' が K の単位元 1 を含み，さらに $a, b \in K'$ ならば $-a, a+b, ab \in K'$ であることが必要十分であることを示せ．

(解答) K' が環 K の部分環であるとする．部分環 K' は，単位元 $1'$ を含むが，部分群の場合と同様に $1' = 1$ となる．また，K' が環であるから，$a, b \in K'$ ならば $-a, a+b, ab \in K'$ である．

逆に，K' が K の単位元 1 を含み，$a, b \in K'$ ならば $-a, a+b, ab \in K'$ であるとする．K' は，1 の逆元 -1 を含むから，$1 + (-1) = 0$ より，零元を含む．

したがって，公理 K1 をみたす．また，K' は K の部分集合であるから，K2, K3, K4 もみたす．

◇ **例題 10.9** ◇ 区間 $[0,1]$ で定義された実数値関数全体の環を K とし，同じ区間で定義された実数値連続関数全体の集合を K' とすれば，K' は K の部分環であることを示せ．

（解答）区間 $[0,1]$ で定義された実数値関数の作る環 K の零元 θ と単位元 e は，例題 10.5 で示したが，それらは連続関数であるので，K' の元である．また，f と g が区間 $[0,1]$ で定義された実数値連続関数ならば，$-f, f+g, fg$ も $[0,1]$ で定義された実数値連続関数である．したがって，上の例題より K' は K の部分環である．

――― 演 習 問 題 ―――

10.1 実数全体の集合 $\mathbb{R}$ が加法について群をなすことを示せ．

10.2 乗法群 G において，$a_1 a_2 a_3$ の逆元が $a_3^{-1} a_2^{-1} a_1^{-1}$ となることを示せ．

10.3 例題 10.3 で解説した整数全体の集合 $\mathbb{Z}$ の部分群 $\mathbb{Z}(2)$ と $\mathbb{Z}(3)$ の共通部分 $\mathbb{Z}(2) \cap \mathbb{Z}(3)$ はどんな部分群となるか示せ．

10.4 整数全体の集合 $\mathbb{Z}$ が加法と乗法について環をなすことを示せ．

10.5 環 K の単元全体が乗法に関して群をなすことを示せ．

10.6 環 K の任意の元 a と b に対して，
$$a(-b) = (-a)b = -ab$$
が成立することを示せ．

10.7 有理数全体の集合 $\mathbb{Q}$ が加法と乗法について体をなすことを示せ．

10.8 任意の体は整域である，すなわち，零因子をもたないことを示せ．

11

凸集合と凸関数

　経営工学で実際に使われるユークリッド空間の部分集合は，ほとんどの場合に凸集合であるといってよいほど，凸集合は経営工学で頻繁に扱われる．また，凸関数は，最適化問題において大変重要な概念である．この凸関数は，そのエピグラフを考えることにより，凸集合と密接な関係があることを解説する．

11.1　凸　　集　　合

　ユークリッド空間の部分集合について，開集合，閉集合などをすでに学んだが，この節では実際によく使われる集合として，部分空間，アフィン集合，凸集合などについて学ぶ．これらの集合の定義は互いに似ているので，その違いを理解することが重要である．

【部分空間，アフィン集合，凸集合の解説】n 次元ユークリッド空間 $\mathbb{R}^n$ の部分集合を W とするとき，W 上の任意の 2 点の線形結合が W に含まれる，すなわち

$$x \in W,\ y \in W,\ \alpha \in \mathbb{R},\ \beta \in \mathbb{R} \Rightarrow \alpha x + \beta y \in W \tag{11.1}$$

となるならば，W を**部分空間** (subspace) という．3 次元ユークリッド空間 $\mathbb{R}^3$ において，空集合，原点，原点を通る直線，原点を通る平面，$\mathbb{R}^3$ 全体が部分空間となる．

　部分空間の定義 (11.1) では，係数 α と β が任意の実数であったが，この実数に和が 1 となるという条件を付け加えた場合，すなわち，n 次元ユークリッ

ド空間 $\mathbb{R}^n$ の部分集合 V が次の条件

$$x \in V, \ y \in V, \ \alpha \in \mathbb{R} \ \Rightarrow \ (1-\alpha)x + \alpha y \in V \tag{11.2}$$

をみたすとき，V を**アフィン集合** (affine set) という．部分空間は特別なアフィン集合であり，アフィン集合は部分空間を平行移動したような集合である．3次元ユークリッド空間 $\mathbb{R}^3$ において，空集合，1点，直線，平面，$\mathbb{R}^3$ 全体がアフィン集合となる．

アフィン集合の定義 (11.2) では，係数 α が任意の実数であったが，この実数に0以上1以下であるという条件を付け加えた場合，すなわち，n 次元ユークリッド空間 $\mathbb{R}^n$ の部分集合 S が次の条件

$$x \in S, \ y \in S, \ \alpha \in [0,1] \ \Rightarrow \ (1-\alpha)x + \alpha y \in S \tag{11.3}$$

をみたすとき，S を**凸集合** (convex set) という．部分空間とアフィン集合は，もちろん凸集合である．凸集合 S は，図 11.1(a) に示されるように，その集合上の任意の 2 点を結ぶ線分上の点が常に S に含まれるような集合である．図 11.1(b) のように，くぼみや穴が空いている場合，あるいは突起がある場合には凸集合とはならない．

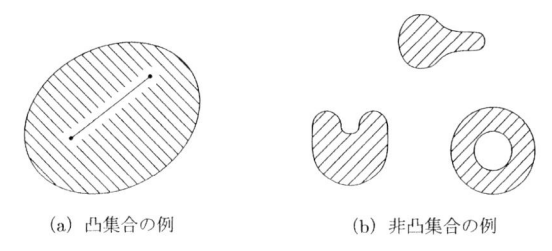

(a) 凸集合の例　　　　　(b) 非凸集合の例

図 11.1　凸集合と非凸集合

○ **例 11.1** ○　2 次元ユークリッド空間 $\mathbb{R}^2$ の似たような 4 つの部分集合

$$S_1 = \{(x,y) | x+y = 0\} \tag{11.4}$$

$$S_2 = \{(x,y) | x+y = 2\} \tag{11.5}$$

$$S_3 = \{(x,y) | x+y = 1, \ x^2+y^2 \leq 1\} \tag{11.6}$$

11.1 凸集合

$$S_4 = \{(x,y)|x+y = -1,\ x^2+y^2 \geq 1\} \qquad (11.7)$$

を考える．これらの集合は，図 11.2 のように表すことができる．この中で，部分空間となるのは，S_1 のみであり，凸集合でないのは S_4 のみである．集合 S_2 はアフィン集合であり，S_3 はアフィン集合ではないが凸集合である．

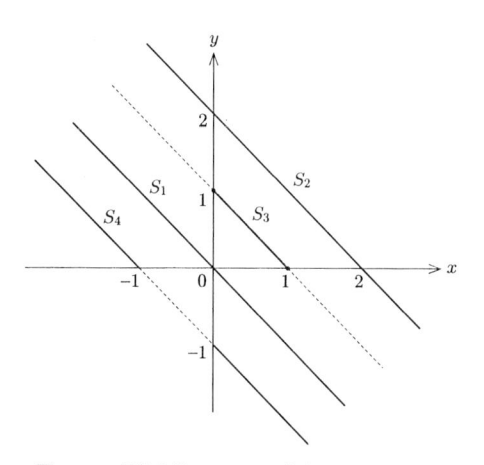

図 11.2 部分空間，アフィン集合，凸集合の違い

【凸包の解説】凸包を定義する前に，凸集合のよく知られた性質を定理として述べる．

■定理 11.1 凸集合の族 $(S_\lambda)_{\lambda \in \Lambda}$ の共通部分 $\cap_{\lambda \in \Lambda} S_\lambda$ は凸集合である．

[証明] 凸集合の族を $(S_\lambda)_{\lambda \in \Lambda}$ とし，点 $x, y \in \cap_{\lambda \in \Lambda} S_\lambda$ とする．任意の $\lambda \in \Lambda$ に対して $x, y \in S_\lambda$ であり，S_λ が凸集合であるから，任意の $\alpha \in [0,1]$ に対して $(1-\alpha)x + \alpha y \in S_\lambda$ である．したがって，$(1-\alpha)x + \alpha y \in \cap_{\lambda \in \Lambda} S_\lambda$ となるので，$\cap_{\lambda \in \Lambda} S_\lambda$ は凸集合である． □

任意の集合 $S \subset \mathbb{R}^n$ に対して，S を含むすべての凸集合の集まりを $(S_\lambda)_{\lambda \in \Lambda}$ とする．その共通部分 $\cap_{\lambda \in \Lambda} S_\lambda$ は，上の定理により凸集合であり，任意の S_λ に含まれるので，S を含む最小の凸集合である．この凸集合を S の**凸包** (convex hull) といい，co S と書く．凸集合 S の凸包は S 自身であるが，凸でない集合 S の凸包はたとえば図 11.3 のように表される．

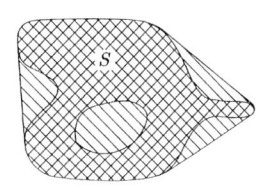

図 11.3 集合 S の凸包 co S

$\boxed{\bigcirc \text{例 11.2} \bigcirc}$ $\mathbb{R}^2$ の 4 点の集合 $T = \{(0,0), (1,0), (1,1), (0,1)\}$ の凸包 co T は，その 4 点を頂点とする正方形とその内部である．

【錐の解説】錐とは，先のとがったものをいうが，ここで定義する錐には，先のとがったものも，そうでないものもある．集合 $C \subset \mathbb{R}^n$ が条件

$$x \in C,\ \alpha \geq 0 \Rightarrow \alpha x \in C \qquad (11.8)$$

をみたすとき，C を錐 (cone) という．錐 C が凸集合であるとき凸錐 (convex cone)，閉集合であるとき閉錐 (closed cone) という．

$\boxed{\bigcirc \text{例 11.3} \bigcirc}$ $\mathbb{R}^2$ において，原点を頂点とし，原点と異なる点 a を通る半直線 $\{\alpha a | \alpha \geq 0\}$ は閉凸錐である．また，第 1 象限 $\{(x,y) | x \geq 0,\ y \geq 0\}$ も閉凸錐である．

11.2 凸　結　合

前節で，ユークリッド空間の特殊な部分集合として，部分空間，アフィン集合，凸集合，錐を説明した．これらの集合が線形結合あるいは凸結合と密接な関係にあることを解説する．

【線形結合の解説】n 次元ユークリッド空間 $\mathbb{R}^n$ の m 個の点 $a^1, a^2, \cdots, a^m$ に対して，点 x が

11.2 凸 結 合

$$\exists \alpha_i \in \mathbb{R} \ (i=1,2,\cdots,m), \ \boldsymbol{x} = \sum_{i=1}^{m} \alpha_i \boldsymbol{a}^i \tag{11.9}$$

と表されるとき，この点 $\boldsymbol{x} \in \mathbb{R}^n$ を $\boldsymbol{a}^1, \boldsymbol{a}^2, \cdots, \boldsymbol{a}^m$ の**線形結合** (linear combination) という．

集合 W が $\mathbb{R}^n$ の部分空間であるとし，W 上の m 個の点を $\boldsymbol{a}^1, \boldsymbol{a}^2, \cdots, \boldsymbol{a}^m$ とする．これらの点の線形結合 (11.9) で表される点 $\boldsymbol{x}$ は，2 点ずつの線形結合

$$\boldsymbol{x} = ((\cdots((\alpha_1 \boldsymbol{a}_1 + \alpha_2 \boldsymbol{a}_2) + \alpha_3 \boldsymbol{a}_3) + \cdots) + \alpha_n \boldsymbol{a}_n) \tag{11.10}$$

とみることができるので，部分空間 W 上の点である．逆に，$\mathbb{R}^n$ 上の m 個の点 $\boldsymbol{a}^1, \boldsymbol{a}^2, \cdots, \boldsymbol{a}^m$ に対して，その線形結合で表されるすべて点の集合を

$$W = \left\{ \boldsymbol{x} \,\middle|\, \boldsymbol{x} \in \mathbb{R}^n, \ \exists \alpha_i \in \mathbb{R} \ (i=1,2,\cdots,m), \ \boldsymbol{x} = \sum_{i=1}^{m} \alpha_i \boldsymbol{a}^i \right\} \tag{11.11}$$

とすれば，W は部分空間となる（章末問題）．

◇ **例題 11.1** ◇ $\mathbb{R}^n$ 上の m 個の点 $\boldsymbol{a}^1, \boldsymbol{a}^2, \cdots, \boldsymbol{a}^m$ に対して，その係数の和が 1 となるような線形結合で表されるすべて点の集合を

$$V = \left\{ \boldsymbol{x} \,\middle|\, \boldsymbol{x} \in \mathbb{R}^n, \ \exists \alpha_i \in \mathbb{R} \ (i=1,2,\cdots,m), \ \sum_{i=1}^{m} \alpha_i = 1, \ \boldsymbol{x} = \sum_{i=1}^{m} \alpha_i \boldsymbol{a}^i \right\} \tag{11.12}$$

とすれば，V がアフィン集合となることを示せ．

（解答）$\boldsymbol{x}, \boldsymbol{y} \in V$ とすれば，

$$\exists \alpha_i^1 \in \mathbb{R} \ (i=1,2,\cdots,m), \ \sum_{i=1}^{m} \alpha_i^1 = 1, \ \boldsymbol{x} = \sum_{i=1}^{m} \alpha_i^1 \boldsymbol{a}^i \tag{11.13}$$

$$\exists \alpha_i^2 \in \mathbb{R} \ (i=1,2,\cdots,m), \ \sum_{i=1}^{m} \alpha_i^2 = 1, \ \boldsymbol{y} = \sum_{i=1}^{m} \alpha_i^2 \boldsymbol{a}^i \tag{11.14}$$

と表される．任意の $\beta \in \mathbb{R}$ に対して，

$$\beta \boldsymbol{x} + (1-\beta) \boldsymbol{y} = \sum_{i=1}^{m} (\beta \alpha_i^1 + (1-\beta) \alpha_i^2) \boldsymbol{a}^i \tag{11.15}$$

となるが，係数の和が

$$\sum_{i=1}^{m}(\beta\alpha_i^1+(1-\beta)\alpha_i^2) = \beta\sum_{i=1}^{m}\alpha_i^1+(1-\beta)\sum_{i=1}^{m}\alpha_i^2 = \beta+(1-\beta) = 1 \quad (11.16)$$

となるので，$\beta\boldsymbol{x} + (1 - \beta)\boldsymbol{y} \in V$ である．したがって，V はアフィン集合である．

【非負線形結合の解説】 線形結合において，すべての係数が 0 以上であるとき，非負線形結合という．すなわち，n 次元ユークリッド空間 $\mathbb{R}^n$ の m 個の点 $\boldsymbol{a}^1, \boldsymbol{a}^2, \cdots, \boldsymbol{a}^m \in \mathbb{R}^n$ に対して，

$$\exists \alpha_i \geq 0 \ (i=1,2,\cdots,m), \ \boldsymbol{x} = \sum_{i=1}^{m}\alpha_i \boldsymbol{a}^i \quad (11.17)$$

と表される点 $\boldsymbol{x} \in \mathbb{R}^n$ を $\boldsymbol{a}^1, \boldsymbol{a}^2, \cdots, \boldsymbol{a}^m$ の非負線形結合 (nonnegative linear combination) という．

集合 C が凸錐であるとし，C 上の m 個の点を $\boldsymbol{a}^1, \boldsymbol{a}^2, \cdots, \boldsymbol{a}^m \in \mathbb{R}^n$ とする．これらの点の非負線形結合 (11.17) で表される点 $\boldsymbol{x}$ は，C 上の点である（章末問題）．逆に，$\mathbb{R}^n$ の m 個の点 $\boldsymbol{a}^1, \boldsymbol{a}^2, \cdots, \boldsymbol{a}^m$ に対して，その非負線形結合で表されるすべて点の集合を

$$C = \left\{ \boldsymbol{x} \,\middle|\, \boldsymbol{x} \in \mathbb{R}^n, \exists \alpha_i \geq 0 \ (i=1,2,\cdots,m), \ \boldsymbol{x} = \sum_{i=1}^{m}\alpha_i \boldsymbol{a}^i \right\} \quad (11.18)$$

とすれば，C は凸錐となる．

◇ 例題 11.2 ◇ 上の式 (11.18) で定義した集合 C が凸錐となることを示せ．

（解答）まず C が錐となることを示す．任意の $\boldsymbol{x} \in C$ に対して，ある $\alpha_i \geq 0 \ (i=1,2,\cdots,m)$ が存在し，$\boldsymbol{x} = \sum_{i=1}^{m}\alpha_i \boldsymbol{a}^i$ と表される．このとき，任意の $\beta \geq 0$ に対して

$$\beta \boldsymbol{x} = \beta \sum_{i=1}^{m}\alpha_i \boldsymbol{a}^i = \sum_{i=1}^{m}(\beta \alpha_i)\boldsymbol{a}^i \quad (11.19)$$

と表すことができる．$\beta\alpha_i \geq 0$ $(i=1,2,\cdots,m)$ なので，$\beta\boldsymbol{x} \in C$ となる．したがって，C は錐である．次に，C 上の任意の2点を $\boldsymbol{x}^1 = \sum_{i=1}^m \alpha_i^1 \boldsymbol{a}^i$ と $\boldsymbol{x}^2 = \sum_{i=1}^m \alpha_i^2 \boldsymbol{a}^i$ とする．任意の $\beta \in [0,1]$ に対して，2点の凸結合は，

$$\beta\boldsymbol{x}^1 + (1-\beta)\boldsymbol{x}^2 = \sum_{i=1}^m (\beta\alpha_i^1 + (1-\beta)\alpha_i^2)\boldsymbol{a}^i$$

と表される．$\alpha_i^1 \geq 0$, $\alpha_i^2 \geq 0$, $\beta \in [0,1]$ より，$\beta\alpha_i^1 + (1-\beta)\alpha_i^2 \geq 0$ となるので，$\beta\boldsymbol{x}^1 + (1-\beta)\boldsymbol{x}^2 \in C$ である．したがって，C は凸集合である．

【凸結合の解説】非負線形結合において，係数の和が1となるとき，凸結合という．すなわち，m 個の点 $\boldsymbol{a}^1, \boldsymbol{a}^2, \cdots, \boldsymbol{a}^m \in \mathbb{R}^n$ に対して，

$$\exists \alpha_i \geq 0 \ (i=1,2,\cdots,m), \ \sum_{i=1}^m \alpha_i = 1, \ \boldsymbol{x} = \sum_{i=1}^m \alpha_i \boldsymbol{a}^i \qquad (11.20)$$

と表される点 $\boldsymbol{x} \in \mathbb{R}^n$ を $\boldsymbol{a}^1, \boldsymbol{a}^2, \cdots, \boldsymbol{a}^m$ の凸結合 (convex combination) という．

◇ **例題 11.3** ◇ 凸集合 S 上の m 個の点を $\boldsymbol{a}^1, \boldsymbol{a}^2, \cdots, \boldsymbol{a}^m \in \mathbb{R}^n$ とするとき，これらの点の凸結合 (11.20) で表される点 $\boldsymbol{x}$ が S 上の点であることを示せ．

(解答) m に関する帰納法により証明する．式 (11.20) で表される点を $\boldsymbol{x}$ とする．$m=2$ のときは，凸集合の定義により $\boldsymbol{x} \in S$ である．$m=k$ のとき $\boldsymbol{x} \in S$ であると仮定する．$m=k+1$ のとき，

$$\exists \alpha_i \geq 0 \ (i=1,2,\cdots,k+1), \ \sum_{i=1}^{k+1} \alpha_i = 1, \ \boldsymbol{x} = \sum_{i=1}^{k+1} \alpha_i \boldsymbol{a}^i \qquad (11.21)$$

と表されているとする．係数 α_i の中に0のものがある場合には，そのような α_i と $\boldsymbol{a}_i$ を除くことにより $\boldsymbol{x}$ が k 個以下の点の凸結合となるので，すべての $\alpha_i > 0$ であると仮定する．$\alpha' = \sum_{i=1}^k \alpha_i$ とし，

$$\boldsymbol{x}' = \frac{1}{\alpha'} \sum_{i=1}^k \alpha_i \boldsymbol{a}^i \qquad (11.22)$$

とすれば，この点 x' は k 個の点の凸結合であるので，仮定により $x' \in S$ となる．また，$\alpha_{k+1} = 1 - \alpha'$ であり，

$$x = \alpha' x' + (1 - \alpha') a^{k+1} \tag{11.23}$$

と表されるので，$x \in S$ となる．したがって，数学的帰納法により，任意の m に対して，凸結合 (11.20) で表される点 x は S 上の点となる．

【凸多面体の解説】m 個の点 $a^1, a^2, \cdots, a^m \in \mathbb{R}^n$ の集合を

$$T = \{a^1, a^2, \cdots, a^m\} \tag{11.24}$$

とする．この集合の凸包 $\mathrm{co}\, T$ を**凸多面体** (convex polytope) という．特に，$m-1$ 個のベクトル $a^2 - a^1, a^3 - a^1, \cdots, a^m - a^1$ が一次独立ならば，$\mathrm{co}\, T$ を $(m-1)$-**単体** ($(m-1)$-simplex) という．2-単体は三角形（内部を含む），3-単体は 4 面体（内部を含む）である．

集合 T に含まれる点 $a^1, a^2, \cdots, a^m$ の任意の凸結合は，凸多面体 $\mathrm{co}\, T$ に含まれる．逆に，凸多面体 $\mathrm{co}\, T$ 上の任意の点は，点 $a^1, a^2, \cdots, a^m$ の凸結合で表される．すなわち，T に含まれる点のすべての凸結合の集まり

$$S = \left\{ x \,\middle|\, x \in \mathbb{R}^n,\ \exists \alpha_i \geq 0\ (i=1,2,\cdots,m),\ \sum_{i=1}^{m} \alpha_i = 1,\ x = \sum_{i=1}^{m} \alpha_i a^i \right\} \tag{11.25}$$

は，凸多面体 $\mathrm{co}\, T$ と一致する．

有限個の点 $a^1, a^2, \cdots, a^m$ の凸結合と点 $b^1, b^2, \cdots, b^k$ の非負線形結合の和として表される点全体の集合

$$S = \left\{ x \,\middle|\, x \in \mathbb{R}^n,\ \exists \alpha_i \geq 0\ (i=1,2,\cdots,m),\ \exists \beta_j \geq 0\ (j=1,2,\cdots,k), \right.$$
$$\left. \sum_{i=1}^{m} \alpha_i = 1,\ x = \sum_{i=1}^{m} \alpha_i a^i + \sum_{j=1}^{k} \beta_j b^j \right\}$$

を**凸多面集合** (polyhedral convex set) という．

○例 11.4○ 2 次元平面 $\mathbb{R}^2$ において,4 点を $a^1 = (0,0)$, $a^2 = (3,0)$, $a^3 = (2,3)$, $a^4 = (0,3)$ とする.このとき,この 4 点の凸包は,図 11.4 に示されるように 4 点を頂点とする 4 角形(内部を含む)となる.この 4 角形は単体ではないが,この 4 点のうちの任意の 3 点の凸包は,3 角形となるので,2-単体である.また,$b = (1,1)$ とすれば,上の 4 点の凸結合と b の非負結合の和として表される点の集まりは,図 11.4 の斜線部分で表される凸多面集合になる.

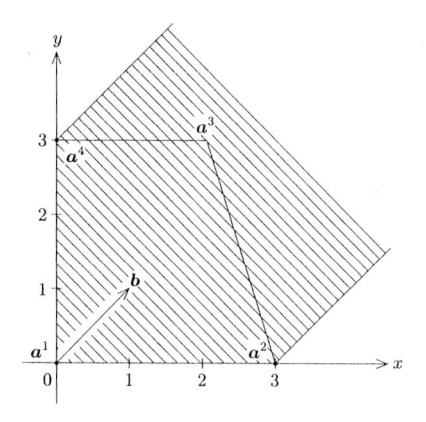

図 11.4 4 点の凸結合と $b = (1,1)$ の非負結合の和の集合

11.3 超平面と半空間

2 次元平面において直線は,$\mathbb{R}^2$ 全体を 2 分割する.また,3 次元空間において平面は,$\mathbb{R}^3$ 全体を 2 分割する.それでは,4 次元以上のユークリッド空間において,空間全体を 2 分割するものは何であろう.その答えは 1 つの線形方程式をみたす点の集合であり,それを超平面と呼ぶ.

【超平面と半空間の解説】$\mathbb{R}^n$ において 1 つの線形等式条件をみたす点の集合,すなわち,零でないベクトル $a \in \mathbb{R}^n$ と実数 $b \in \mathbb{R}$ を用いて定義される集合

$$H = \{x | x \in \mathbb{R}^n, a^T x = b\} \qquad (11.26)$$

を**超平面**(hyperplane)という.ここで,$a^T x$ は,ベクトル $a = (a_1, a_2 \cdots, a_n)$

と $\boldsymbol{x} = (x_1, x_2, \cdots, x_n)$ の内積 $a_1x_1 + a_2x_2 + \cdots + a_nx_n$ を表している．$\mathbb{R}^n$ は超平面によって，2つの集合

$$H^1 = \{\boldsymbol{x} | \boldsymbol{x} \in \mathbb{R}^n,\ \boldsymbol{a}^T\boldsymbol{x} \geq b\}$$
$$H^2 = \{\boldsymbol{x} | \boldsymbol{x} \in \mathbb{R}^n,\ \boldsymbol{a}^T\boldsymbol{x} \leq b\}$$

に分けられる．ただし，超平面 H は集合 H^1 と H^2 の共通部分となっている．H^1 あるいは H^2 のように1つの線形不等式をみたす点の集合を**半空間** (half space) という．2次元ユークリッド空間 $\mathbb{R}^2$ では，図 11.5 のように超平面と半空間を表すことができる．

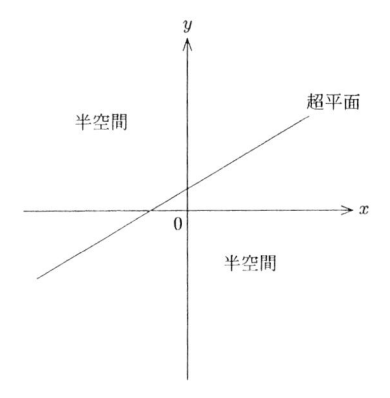

図 11.5 $\mathbb{R}^2$ における超平面と半空間

【超平面の共通部分】 原点を通る超平面は，$b = 0$ を代入して

$$H = \{\boldsymbol{x} | \boldsymbol{x} \in \mathbb{R}^n,\ \boldsymbol{a}^T\boldsymbol{x} = 0\} \tag{11.27}$$

と表される．$\mathbb{R}^n$ 上の m 個の点を $\boldsymbol{a}_1, \boldsymbol{a}_2, \cdots, \boldsymbol{a}_m$ とするとき，

$$H_i = \{\boldsymbol{x} | \boldsymbol{x} \in \mathbb{R}^n,\ \boldsymbol{a}_i^T\boldsymbol{x} = 0\} \tag{11.28}$$

は，それぞれ原点を通る超平面である．この m 個の超平面の共通部分は，行ベクトル $\boldsymbol{a}_i (i = 1, 2, \cdots, m)$ を縦に並べた $m \times n$ 行列を

11.3 超平面と半空間

$$A = \begin{bmatrix} \boldsymbol{a}_1 \\ \boldsymbol{a}_2 \\ \vdots \\ \boldsymbol{a}_m \end{bmatrix} \tag{11.29}$$

とすれば

$$W = \{\boldsymbol{x} | \boldsymbol{x} \in \mathbb{R}^n, \ A\boldsymbol{x} = \boldsymbol{0}\} \tag{11.30}$$

と表される．下の例題で示されるように，この集合は部分空間となる．

同様に，原点を通るとは限らないような m 個の超平面の共通部分は，行列 A と $\mathbb{R}^m$ の元 $\boldsymbol{b}$ を使って，

$$V = \{\boldsymbol{x} | \boldsymbol{x} \in \mathbb{R}^n, \ A\boldsymbol{x} = \boldsymbol{b}\} \tag{11.31}$$

と表される．これはアフィン集合となる．

◇ **例題 11.4** ◇　原点を通る m 個の超平面の共通部分 W が部分空間となることを示せ．また，m 個の超平面の共通部分 V がアフィン集合となることを示せ．

（解答）点 $\boldsymbol{x}, \boldsymbol{y} \in W$ ならば，任意の $\alpha, \beta \in \mathbb{R}$ に対して

$$A(\alpha \boldsymbol{x} + \beta \boldsymbol{y}) = \alpha A\boldsymbol{x} + \beta A\boldsymbol{y} = \boldsymbol{0} \tag{11.32}$$

となるので，$\alpha \boldsymbol{x} + \beta \boldsymbol{y} \in W$ である．したがって，W は部分空間である．また，点 $\boldsymbol{x}, \boldsymbol{y} \in V$ ならば，任意の $\alpha \in \mathbb{R}$ に対して，

$$A((1-\alpha)\boldsymbol{x} + \alpha \boldsymbol{y}) = (1-\alpha)A\boldsymbol{x} + \alpha A\boldsymbol{y} = (1-\alpha)\boldsymbol{b} + \alpha \boldsymbol{b} = \boldsymbol{b} \tag{11.33}$$

となるので，$(1-\alpha)\boldsymbol{x} + \alpha \boldsymbol{y} \in V$ である．したがって，V はアフィン集合である．

【半空間の共通部分】原点を通る超平面によって分けられる半空間は，

$$H^1 = \{x | x \in \mathbb{R}^n,\ a^T x \leq 0\} \tag{11.34}$$

と表される．$\mathbb{R}^n$ 上の m 個の点を $a_1, a_2, \cdots, a_m$ とするとき，

$$H^1_i = \{x | x \in \mathbb{R}^n,\ a_i^T x \leq 0\} \tag{11.35}$$

は，それぞれ原点を通る超平面によって分けられる半空間である．このような m 個の半空間の共通部分は，式 (11.29) で定義した行列 A を使って，

$$C = \{x | x \in \mathbb{R}^n,\ Ax \leq \mathbf{0}\} \tag{11.36}$$

と表される．ここで，不等式 $Ax \leq \mathbf{0}$ は，ベクトル Ax のすべての成分が 0 以下であることを意味する．下の例題で示されるように，この集合は凸錐となる．

同様に，原点を通るとは限らないような m 個の超平面によって分けられる半空間の共通部分は，行列 A と $\mathbb{R}^m$ の元 b を使って，

$$S = \{x | x \in \mathbb{R}^n,\ Ax \leq b\} \tag{11.37}$$

と表される．これは，凸多面集合となる．この集合 S が有界ならば，凸多面体となる．ここで，集合 S が有界であるとは，十分大きな $r > 0$ をとれば，$S \subset B(\mathbf{0}, r)$ となることをいう．逆に，任意の凸多面体あるいは凸多面集合は，適当な行列 A とベクトル b を使い，上の S のように表すことができる．

○例 11.5○　3×2 行列 A とベクトル $b \in \mathbb{R}^3$ を

$$A = \begin{pmatrix} -1 & 0 \\ 0 & -1 \\ -1 & 1 \end{pmatrix},\ b = \begin{pmatrix} -2 \\ -1 \\ 0 \end{pmatrix} \tag{11.38}$$

とするとき，$\mathbb{R}^2$ の 2 つの部分集合を

$$S_1 = \{x | x \in \mathbb{R}^2,\ Ax \leq \mathbf{0}\},\quad S_2 = \{x | x \in \mathbb{R}^2,\ Ax \leq b\} \tag{11.39}$$

と定義する．これらの集合は，図 11.6 のように表され，S_1 が凸錐となり，S_2 が凸多面集合となる．

(a) 凸錐 S_1 (b) 凸多面集合 S_2

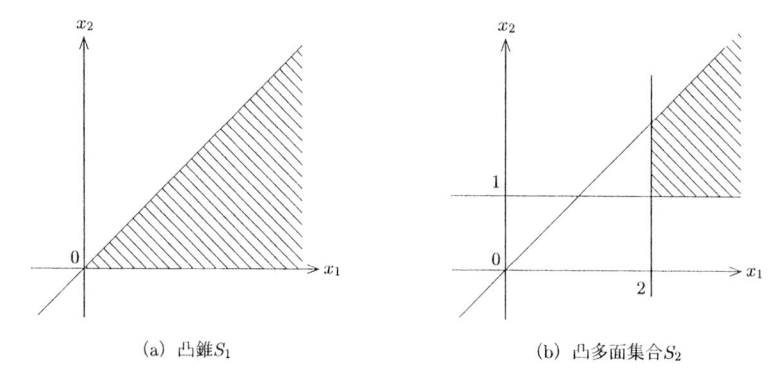

図 11.6 凸錐 S_1 と凸多面集合 S_2

◇ 例題 11.5 ◇ 式 (11.36) で定義された集合 C が凸錐となることを示せ.

(解答) $\boldsymbol{x}, \boldsymbol{y} \in C$ とする. 任意の $\alpha \geq 0$ に対して,

$$A(\alpha \boldsymbol{x}) = \alpha(A\boldsymbol{x}) \leq \boldsymbol{0}$$

となるので, $\alpha \boldsymbol{x} \in C$ である. したがって, C は錐である. また, 任意の $\alpha \in [0, 1]$ に対して,

$$A((1-\alpha)\boldsymbol{x} + \alpha \boldsymbol{y}) = (1-\alpha)A\boldsymbol{x} + \alpha A\boldsymbol{y} \leq \boldsymbol{0}$$

となるので, $(1-\alpha)\boldsymbol{x} + \alpha \boldsymbol{y} \in C$ である. したがって, C は凸集合である.

11.4 凸 関 数

凸集合と密接に関連した関数として凸関数がある. 凸関数の定義からは, 凸集合との関係は明確ではないが, 関数のエピグラフを仲立ちとしてその関係がはっきりする.

【凸関数とは】$S \subset \mathbb{R}^n$ を凸集合とするとき, 関数 $f : S \to \mathbb{R}$ が任意の $\boldsymbol{x}, \boldsymbol{y} \in S$ と $\alpha \in [0, 1]$ に対して

$$f((1-\alpha)\boldsymbol{x} + \alpha \boldsymbol{y}) \leq (1-\alpha)f(\boldsymbol{x}) + \alpha f(\boldsymbol{y}) \tag{11.40}$$

をみたすならば，f を **凸関数** (convex function) という．

関数 $f: S \to \mathbb{R}$ に対して，関数 $-f$ が凸関数であるとき，f を **凹関数** (concave function) という．

◇ **例題 11.6** ◇ $\mathbb{R}^2$ 上で定義された関数 $f(x_1, x_2) = x_1^2 + 2x_2^2$ が凸関数となることを示せ．

(解答) 次の式変形

$$\begin{aligned}
& (1-\alpha)f(x_1,x_2) + \alpha f(y_1,y_2) - f((1-\alpha)x_1 + \alpha y_1, (1-\alpha)x_2 + \alpha y_2) \\
&= (1-\alpha)(x_1^2 + 2x_2^2) + \alpha(y_1^2 + 2y_2^2) \\
&\quad - ((1-\alpha)x_1 + \alpha y_1)^2 - 2((1-\alpha)x_2 + \alpha y_2)^2 \\
&= \alpha(1-\alpha)(x_1^2 - 2x_1 y_1 + y_1^2) + 2\alpha(1-\alpha)(x_2^2 - 2x_2 y_2 + y_2^2) \\
&= \alpha(1-\alpha)(x_1 - y_1)^2 + 2\alpha(1-\alpha)(x_2 - y_2)^2 \\
&\geq 0
\end{aligned}$$

より，f は凸関数である．

【エピグラフの解説】凸関数と凸集合の間の関係を調べるために，関数のグラフとエピグラフを導入する．第3章で解説したように，集合 $S \subset \mathbb{R}^n$ と関数 $f: S \to \mathbb{R}$ に対して，$\mathbb{R}^{n+1}$ の部分集合

$$G(f) = \{(\boldsymbol{x}, \beta) | \boldsymbol{x} \in S, \ \beta = f(\boldsymbol{x})\} \tag{11.41}$$

を f のグラフという．また，集合

$$\operatorname{epi} f = \{(\boldsymbol{x}, \beta) | \boldsymbol{x} \in S, \ \beta \geq f(\boldsymbol{x})\} \tag{11.42}$$

を f の **エピグラフ** (epi graph) という．関数 f のエピグラフ $\operatorname{epi} f$ は，図 11.7 に示されるように，f のグラフ上あるいはそれより上にある点の集合とみることができる．また，任意の $\beta \in \mathbb{R}$ に対して，集合

$$T(\beta) = \{\boldsymbol{x} | f(\boldsymbol{x}) \leq \beta, \ \boldsymbol{x} \in S\} \tag{11.43}$$

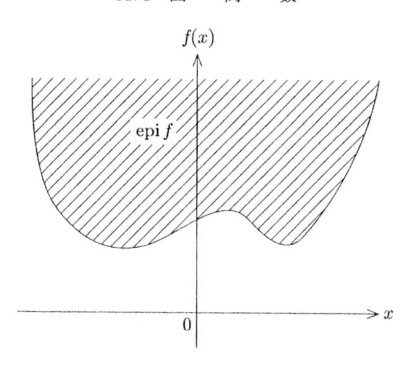

図 11.7 関数 f のエピグラフ

を f の β におけるレベル集合 (level set) という.

次の 2 つの定理により，定義域 S が凸集合で f が凸関数となるための必要十分条件は，エピグラフ epi f が凸集合となることである．また，3 つ目の定理では，f が凸関数ならばレベル集合が凸となることを示す．逆に，レベル集合が凸のときには，f が凸関数になるとは限らない．

■**定理 11.2** $S \subset \mathbb{R}^n$ が凸集合，$f : S \to \mathbb{R}$ が凸関数ならば，エピグラフ epi f は凸集合となる．

[証明] 2 点 $(\boldsymbol{x}, \beta), (\boldsymbol{y}, \gamma) \in \text{epi } f$ とすれば，$\beta \geq f(\boldsymbol{x})$ かつ $\gamma \geq f(\boldsymbol{y})$ である．S が凸集合であるから，任意の $\alpha \in [0, 1]$ に対して，$(1 - \alpha)\boldsymbol{x} + \alpha \boldsymbol{y} \in S$ である．f が凸関数であるから，任意の $\alpha \in [0, 1]$ に対して，

$$f((1 - \alpha)\boldsymbol{x} + \alpha \boldsymbol{y}) \leq (1 - \alpha)f(\boldsymbol{x}) + \alpha f(\boldsymbol{y})$$
$$\leq (1 - \alpha)\beta + \alpha \gamma$$

となる．したがって，$(1-\alpha)(\boldsymbol{x},\beta)+\alpha(\boldsymbol{y},\gamma) = ((1-\alpha)\boldsymbol{x}+\alpha\boldsymbol{y}, (1-\alpha)\beta+\alpha\gamma) \in$ epi f となるので，エピグラフ epi f は凸集合である． □

■**定理 11.3** 集合 S と関数 $f : S \to \mathbb{R}$ に対して，そのエピグラフ epi f が凸集合ならば S は凸集合，f は凸関数である．

[証明] $\boldsymbol{x}, \boldsymbol{y} \in S$ とする．$(\boldsymbol{x}, f(\boldsymbol{x})), (\boldsymbol{y}, f(\boldsymbol{y})) \in$ epi f であり，epi f が凸集

合であるから，任意の $\alpha \in [0,1]$ に対して

$$(1-\alpha)(\boldsymbol{x}, f(\boldsymbol{x})) + \alpha(\boldsymbol{y}, f(\boldsymbol{y})) = ((1-\alpha)\boldsymbol{x} + \alpha\boldsymbol{y}, (1-\alpha)f(\boldsymbol{x}) + \alpha f(\boldsymbol{y})) \in \mathrm{epi} f \tag{11.44}$$

である．したがって，

$$(1-\alpha)\boldsymbol{x} + \alpha\boldsymbol{y} \in S \tag{11.45}$$

かつ

$$f((1-\alpha)\boldsymbol{x} + \alpha\boldsymbol{y}) \leq (1-\alpha)f(\boldsymbol{x}) + \alpha f(\boldsymbol{y}) \tag{11.46}$$

となる．ゆえに，S は凸集合であり，f は凸関数である．　　□

■**定理 11.4** $S \subset \mathbb{R}^n$ が凸集合，$f : S \to \mathbb{R}$ が凸関数ならば，任意の $\beta \in \mathbb{R}$ に対して，レベル集合 $T(\beta)$ は凸集合となる．

[証明] $T(\beta)$ が空集合ならば，凸集合であるので，空でないとする．$\boldsymbol{x}, \boldsymbol{y} \in T(\beta)$ とすれば，任意の $\alpha \in [0,1]$ に対して $(1-\alpha)\boldsymbol{x} + \alpha\boldsymbol{y} \in S$ であり，

$$\begin{aligned} f((1-\alpha)\boldsymbol{x} + \alpha\boldsymbol{y}) &\leq (1-\alpha)f(\boldsymbol{x}) + \alpha f(\boldsymbol{y}) \\ &\leq (1-\alpha)\beta + \alpha\beta \\ &= \beta \end{aligned}$$

となるので，$(1-\alpha)\boldsymbol{x} + \alpha\boldsymbol{y} \in T(\beta)$ である．したがって，$T(\beta)$ は凸集合である．　　□

【補足】上記の定理の逆は，一般に成立しない．図 11.8 で示された関数は，その任意のレベル集合が凸集合となるが，凸関数ではない．

11.5　凸関数と最適化

経営工学で実用上重要であるテーマに，最適化問題がある．そのような問題は，ある関数を最小化する解を求めるという問題にモデル化できる．第 9 章で，

11.5 凸関数と最適化

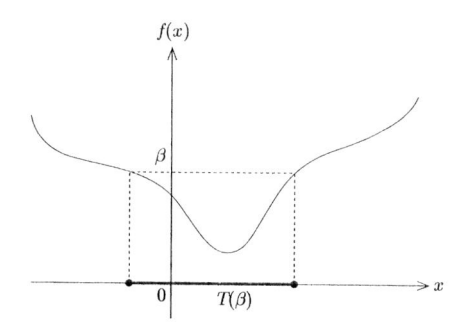

図 11.8 $f(x)$ のレベル集合が凸であるが凸関数でない例

有界な閉集合で定義された連続関数が必ず最小値をもつことを示したが，この節では，関数の最小化に凸集合と凸関数が大きな役割を果たすことを示す．

【局所的最小解と大域的最小解について】 ユークリッド空間 $\mathbb{R}^n$ の部分集合 S で定義された関数を $f : S \to \mathbb{R}$ とする．第9章で解説したように，ある $x^* \in S$ が存在し，

$$\forall \boldsymbol{x} \in S, \; f(\boldsymbol{x}^*) \leq f(\boldsymbol{x}) \tag{11.47}$$

が成立するとき，この $\boldsymbol{x}^*$ を関数 f の S における最小解というが，より詳しくは**大域的最小解** (global minimum solution) という．この大域的最小解を求める問題を**最適化問題** (optimization problem) という．

これに対して，ある $\boldsymbol{x}^* \in S$ とその開近傍 O が存在し，

$$\forall \boldsymbol{x} \in S \cap O, \; f(\boldsymbol{x}^*) \leq f(\boldsymbol{x}) \tag{11.48}$$

が成立するとき，この $\boldsymbol{x}^*$ を関数 f の S における**局所的最小解** (local minimum solution) あるいは**極小解** (minimal solution) という．定義より，大域的最小解は局所的最小解である．図 11.9 では，関数 f に 3 つの局所的最小解と 1 つの大域的最小解が存在する．

【凸最適化問題の解説】 局所的最小解は比較的簡単に求めることができるが，大域的最小解は求めることが難しい場合が多い．より詳しくいえば，点 $\boldsymbol{x}$ が関数 f の局所的最小解であるための条件は，数学的に求められているが，大域的

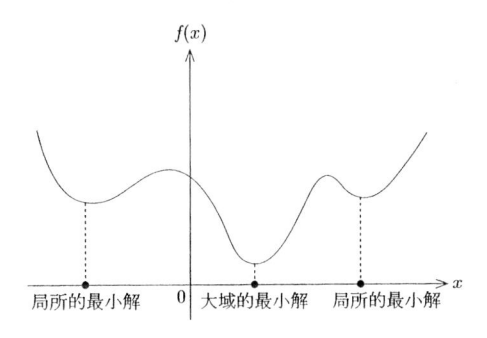

図 11.9 大域的最小解と局所的最小解

最小解であるための条件は一般的に求められていない．第 12 章で解説するように，関数 f が微分可能であるとき，S の内点 x が局所的最小解であるならば

$$\nabla f(x) = 0 \qquad (11.49)$$

が成り立つ．ここで，$\nabla f(x)$ は f の x での勾配ベクトルである．局所的最小解は，この方程式を解くことにより求めることができる．

最適化問題は，S が凸集合で，f が凸関数の場合には，**凸最適化問題** (convex optimization problem) と呼ばれる．次の定理により，凸最適化問題では，局所的最小解を求めることにより，大域的最小解を求めることができる．

■定理 11.5　ユークリッド空間 $\mathbb{R}^n$ の凸集合 S で定義された凸関数 $f: S \to \mathbb{R}$ の局所的最小解は，大域的最小解である．

[証明] 点 x^* が f の S における局所的最小解であるとする．もし，x^* が大域的最小解でないならば，ある $\bar{x}$ に対して，

$$f(\bar{x}) < f(x^*) \qquad (11.50)$$

が成立する．S が凸集合で，f が凸関数であるから，任意の $\alpha \in (0,1)$ に対して，$(1-\alpha)x^* + \alpha \bar{x} \in S$ かつ

$$f((1-\alpha)x^* + \alpha \bar{x}) \leq (1-\alpha)f(x^*) + \alpha f(\bar{x}) < f(x^*) \qquad (11.51)$$

が成立するが，これは x^* が局所的最小解であることに矛盾する．したがって，x^* は大域的最小解である． □

演習問題

11.1 2つの凸集合の和集合が必ずしも凸集合とならないことを例を使って示せ.

11.2 $\mathbb{R}^n$ 上の m 個の点 $\boldsymbol{a}^1, \boldsymbol{a}^2, \cdots, \boldsymbol{a}^m$ に対して,

$$W = \{\boldsymbol{x} | \boldsymbol{x} \in \mathbb{R}^n, \exists \alpha_i \in \mathbb{R} \ (i = 1, 2, \cdots, m), \ \boldsymbol{x} = \sum_{i=1}^{m} \alpha_i \boldsymbol{a}^i\} \tag{11.52}$$

とするとき, W が部分空間となることを示せ.

11.3 集合 C が凸錐であるとし, C 上の m 個の点を $\boldsymbol{a}^1, \boldsymbol{a}^2, \cdots, \boldsymbol{a}^m$ とする. これらの点の非負線形結合 (11.17) で表される点 $\boldsymbol{x}$ が C 上の点であることを示せ.

11.4 超平面が凸集合であることを示せ.

11.5 半空間が凸集合であることを示せ.

11.6 $\mathbb{R}^n$ の凸多面集合が凸集合であることを示せ.

11.7 $S \subset \mathbb{R}^n$ を凸集合, 関数 f_1 と f_2 をともに S から $\mathbb{R}$ への凸関数とする. このとき, 正の実数 α_1 と α_2 を使って

$$f(\boldsymbol{x}) = \alpha_1 f_1(\boldsymbol{x}) + \alpha_2 f_2(\boldsymbol{x}) \tag{11.53}$$

と定義される関数 f が凸関数となることを示せ.

11.8 $S \subset \mathbb{R}^n$ を凸集合, 関数 f_1 と f_2 をともに S から $\mathbb{R}$ への凸関数とする. このとき,

$$f(\boldsymbol{x}) = \max\{f_1(\boldsymbol{x}), f_2(\boldsymbol{x})\} \tag{11.54}$$

と定義される関数 f が凸関数となることを示せ.

12

多変数解析

　経営工学では最適化に関する技法が重要である．経営工学で最適化の対象となる現象は複雑で，これを数理モデルで記述しようとすると，多くの変数が登場する多変数の世界に足を踏み入れることになる．最適化とは，ある関数をいくつかの制約のもとで最大化あるいは最小化することに帰着する．関数の最大化・最小化で基本的な役割を果たすのが微分である．多変数関数の微分操作や最適解は，行列とベクトルを使うと極めてスマートに記述できる．微積分と線形代数の接点にもふれてみよう．

12.1 多変数関数の微分

【高校の復習】 1 変数関数の微分の定義を復習しよう．それは平均変化率の極限値で

$$\lim_{h \to 0} \frac{f(a+h) - f(a)}{h} = f'(a) \tag{12.1}$$

で与えられるものであった（数学 II）．この定義は次の性質を導く．
　十分小さい任意の h に対して

$$f(a+h) = f(a) + f'(a)h + h\varepsilon, \quad \lim_{h \to 0} \varepsilon = 0$$

となる定数 $f'(a)$ が存在するとき，$f(x)$ は点 a で**微分可能**(differentiable) といい，$f'(a)$ を点 a での**微分係数**(differential coefficient) という．
　この表現をもとにして，2 変数関数の微分を定める．

12.1 多変数関数の微分

【2変数関数 $f(x,y)$ の点 (a,b) における微分可能性】 $\rho = \sqrt{h^2+k^2}$ が十分小さい任意の h, k に対して

$$f(a+h,\ b+k) = f(a,b) + Ah + Bk + \rho\varepsilon,\quad \lim_{\rho\to 0}\varepsilon = 0 \quad (12.2)$$

となる定数 A, B が存在するとき，$f(x,y)$ は点 (a,b) で微分可能といい，ベクトル

$$(A, B) = \left(\frac{\partial f}{\partial x}(a,b),\ \frac{\partial f}{\partial y}(a,b)\right)$$

を，$f(x,y)$ の点 (a,b) での微分係数という．

【A, B の求め方】これは実に簡単である．ある変数に注目したら他の変数は固定してしまい，1変数関数として微分すればよい．これを**偏微分する**(partial differentiate) という．

$$k = 0 \text{ として } \frac{\partial f}{\partial x}(a,b) = \lim_{h\to 0}\frac{f(a+h,b) - f(a,b)}{h}$$

$$h = 0 \text{ として } \frac{\partial f}{\partial y}(a,b) = \lim_{k\to 0}\frac{f(a,b+k) - f(a,b)}{k}$$

【偏導関数】(a,b) を $f(x,y)$ の定義域内で変化させることで，$f(x,y)$ の偏導関数(partial derivative) が得られる．ベクトル $(\partial f(x,y)/\partial x,\ \partial f(x,y)/\partial y)$ は $f(x,y)$ の勾配ベクトル(gradient vector) と呼ばれ，$\mathrm{grad}\, f$, ∇f などと表記する．∇ はナブラと読む．

【勾配ベクトルと呼ばれる理由】$f(x,y)$ の点 (a,b) での勾配ベクトルは，(a,b) で関数が最も増加する向きを示している．このことを以下に確かめよう．

方向微分というものを考える．あるベクトルを $\boldsymbol{e} = (p,q)$ とし，その向きへの変化を次の関数

$$\begin{aligned}g(t) &= f(a+pt,\ b+qt) \\ &= f(a,b) + \left(\frac{\partial f}{\partial x}(a,b)p + \frac{\partial f}{\partial y}(a,b)q\right)t + \rho\varepsilon\end{aligned} \quad (12.3)$$

でみる．すると

$$g'(0) = \left(\frac{\partial f}{\partial x}(a,b),\ \frac{\partial f}{\partial y}(a,b)\right)\begin{pmatrix} p \\ q \end{pmatrix}$$

となり，これは勾配ベクトルと方向ベクトルの内積である．よって，関数が最も増加する向きは勾配ベクトルの向きである．

【すぐ役立つ応用：接平面の方程式】高校で学んだように，関数 $f(x)$ に対する点 $(a, f(a))$ での接線の方程式は

$$y = f(a) + f'(a)(x-a)$$

であった．これを 2 次元に拡張すれば

$$z = f(a,b) + \frac{\partial f}{\partial x}(a,b)(x-a) + \frac{\partial f}{\partial y}(a,b)(y-b) \qquad (12.4)$$

という接平面(tangent plane)の方程式を得る．

● 高次偏導関数についての基本的性質

■定理 12.1 $\partial^2 f/\partial x \partial y$, $\partial^2 f/\partial y \partial x$ が存在し，連続ならば，$\partial^2 f/\partial x \partial y = \partial^2 f/\partial y \partial x$ である．

● 2 変数テイラー展開(Taylor expansion)

$$f(x,y) = f(a,b) + \frac{\partial f}{\partial x}(a,b)(x-a) + \frac{\partial f}{\partial y}(a,b)(y-b) + \frac{1}{2}\frac{\partial^2 f}{\partial x^2}(a,b)(x-a)^2$$
$$+ \frac{1}{2}\frac{\partial^2 f}{\partial y^2}(a,b)(y-b)^2 + \frac{\partial^2 f}{\partial x \partial y}(a,b)(x-a)(y-b) + R \quad (12.5)$$

$x = a+h$, $y = b+k$ として，ベクトル・行列表現すると

$$f(x,y) = f(a,b) + \left(\frac{\partial f}{\partial x}(a,b),\ \frac{\partial f}{\partial y}(a,b)\right)\begin{pmatrix} h \\ k \end{pmatrix}$$
$$+ \frac{1}{2}(h,k)\begin{pmatrix} \dfrac{\partial^2 f}{\partial x^2}(a,b) & \dfrac{\partial^2 f}{\partial x \partial y}(a,b) \\ \dfrac{\partial^2 f}{\partial x \partial y}(a,b) & \dfrac{\partial^2 f}{\partial y^2}(a,b) \end{pmatrix}\begin{pmatrix} h \\ k \end{pmatrix} + R \quad (12.6)$$

と書ける．式 (12.6) の右辺第 3 項に登場する行列を，(a, b) におけるヘッセ行列(Hesse matrix) という．

さて，ここで 3 変数以上の場合に話を拡張する．多変数関数を $f(x_1, x_2, \cdots, x_n)$ と表記する．

勾配ベクトルを $\partial f/\partial \boldsymbol{x} = (\partial f/\partial x_1, \partial f/\partial x_2, \cdots, \partial f/\partial x_n)^T$ と表記し，列ベクトルにする．このとき，ヘッセ行列は

$$\frac{\partial^2 f}{\partial \boldsymbol{x} \partial \boldsymbol{x}^T} = \left(\frac{\partial}{\partial x_1}, \frac{\partial}{\partial x_2}, \cdots, \frac{\partial}{\partial x_n}\right)^T \left(\frac{\partial f}{\partial x_1}, \frac{\partial f}{\partial x_2}, \cdots, \frac{\partial f}{\partial x_n}\right) \quad (12.7)$$

と書くことができる．

【勾配ベクトルとヘッセ行列の例】
- 1 次関数 $f(x_1, x_2, \cdots, x_n) = a_1 x_1 + a_2 x_2 + \cdots + a_n x_n = \boldsymbol{a}^T \boldsymbol{x}$ では，勾配ベクトルは $\partial f/\partial \boldsymbol{x} = \boldsymbol{a}$ で，ヘッセ行列は 0 行列である．
- 対称行列 $A = (a_{ij})$ に対する 2 次形式 $f(x_1, x_2, \cdots, x_n) = \boldsymbol{x}^T A \boldsymbol{x} = \sum_i \sum_j a_{ij} x_i x_j$ では，勾配ベクトルは $\partial f/\partial \boldsymbol{x} = 2A\boldsymbol{x}$ で，ヘッセ行列は $\partial^2 f/\partial \boldsymbol{x} \partial \boldsymbol{x}^T = 2A$ である．

【2 次形式の例：平方和】 統計学では n 個の計量値データ $x_1, x_2, \cdots, x_n$ を得たとき，バラツキを表す統計量として平方和を計算する．これは 2 次形式で

$$\begin{aligned} f(x_1, x_2, \cdots, x_n) &= \sum_{i=1}^n (x_i - \bar{x})^2 \\ &= (x_1, x_2, \cdots, x_n) \begin{pmatrix} 1-1/n & -1/n & \cdots & -1/n \\ -1/n & 1-1/n & \cdots & -1/n \\ \vdots & \vdots & \ddots & \\ -1/n & -1/n & \cdots & 1-1/n \end{pmatrix} \begin{pmatrix} x_1 \\ x_2 \\ \vdots \\ x_n \end{pmatrix} \end{aligned}$$
$$(12.8)$$

とベクトル・行列表現できる．この行列のランクは $(n-1)$ で，これが平方和の自由度に対応する．

12.2　多変数関数の極値問題

【高校の復習】1 変数関数の極大，極小の判定は導関数の符号の変化を調べること (数学II)，あるいは 2 次導関数の符号を調べること (数学III) で行うものであった．1 変数テイラー展開で確認すると

$$y = f(a) + f'(a)(x-a) + \frac{f''(a)}{2}(x-a)^2 + R$$

であるから，$f'(a) = 0, f''(a) > 0$ ならば，$x = a$ で極小となる．

【イメージ作り】2 変数関数を $f(x,y)$ と記す．まずは関数のイメージを視覚化するために，関数を図示してみよう．図 12.1(a) での $(0,0)$ は極小点である．一方，図 12.1(b) での $(0,0)$ は鞍点(saddle point) と呼ばれる．

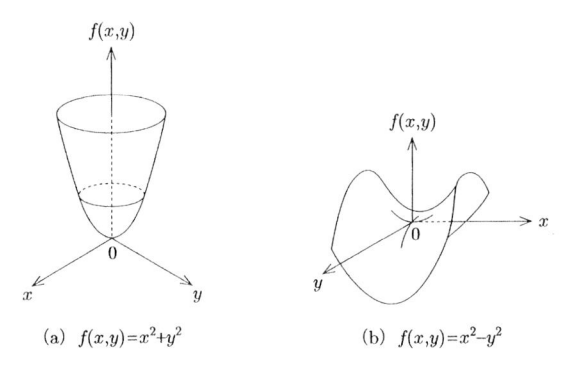

(a) $f(x,y) = x^2 + y^2$　　(b) $f(x,y) = x^2 - y^2$

図 12.1　2 変数関数の図示

【定義】$f(x,y)$ が点 (a,b) で極小(minimal) とは，(a,b) の近傍内の任意の (x,y) に対して $f(x,y) \geq f(a,b)$ となることである．$f(x,y)$ が点 (a,b) で極大(maximal) とは，(a,b) の近傍内の任意の (x,y) に対して $f(x,y) \leq f(a,b)$ となることである．極小あるいは極大となる関数値を極値(extreme value) という．

極値となる必要条件は

$$\frac{\partial f}{\partial x}(a,b) = \frac{\partial f}{\partial y}(a,b) = 0 \tag{12.9}$$

であり，このとき点 (a,b) は $f(x,y)$ の**停留点** (stationary point) であるという．

式 (12.9) が成り立つとき，$x = a+h$, $y = b+k$ とすれば，テイラー展開は

$$f(x,y) = f(a,b) + \frac{1}{2}(h,k)\begin{pmatrix} \dfrac{\partial^2 f}{\partial x^2}(a,b) & \dfrac{\partial^2 f}{\partial x \partial y}(a,b) \\ \dfrac{\partial^2 f}{\partial x \partial y}(a,b) & \dfrac{\partial^2 f}{\partial y^2}(a,b) \end{pmatrix}\begin{pmatrix} h \\ k \end{pmatrix} + R \tag{12.10}$$

となる．

【ポイント】式 (12.10) で $(h,k)\begin{pmatrix} A & E \\ E & B \end{pmatrix}\begin{pmatrix} h \\ k \end{pmatrix}$ の符号が問題となる．この 2 次形式は，$A \neq 0$ とすると

$$Ah^2 + 2Ehk + Bk^2 = A\left(h + \frac{E}{A}k\right)^2 + \left(B - \frac{E^2}{A}\right)k^2 \tag{12.11}$$

であるから，以下の結果を得る．

$A > 0$, $AB > E^2$ ならば，任意の (h,k) に対して符号が正値：(a,b) で極小
$A < 0$, $AB > E^2$ ならば，任意の (h,k) に対して符号が負値：(a,b) で極大

この条件はとても役立つ十分条件である．必要十分条件は難しい．ヘッセ行列の行列式を**ヘッシアン**(Hessian) という．2 変数では $AB - E^2$ である．

◇ **例題 12.1** ◇　次の関数が極値をとる点と，その点での関数値を求めよ．

$$f(x,y) = x^2 - xy + 2y^2 - x - 2y$$

（解答）　$\dfrac{\partial f}{\partial x} = 2x - y - 1, \quad \dfrac{\partial f}{\partial y} = -x + 4y - 2$

であるから，極値をとる必要条件は

$$\begin{aligned}2x - y &= 1 \\ -x + 4y &= 2\end{aligned} \quad \text{より } x = \frac{6}{7}, \quad y = \frac{5}{7} \text{である}.$$

また，ヘッセ行列は

$$\frac{\partial^2 f}{\partial x^2} = 2, \quad \frac{\partial^2 f}{\partial y \partial x} = -1, \quad \frac{\partial^2 f}{\partial y^2} = 4 \text{ より } \begin{pmatrix} 2 & -1 \\ -1 & 4 \end{pmatrix}$$

である．ここで $A > 0$, $AB > E^2$ であるから，この関数は $x = 6/7$, $y = 5/7$ で極小となり，そこでの関数値は $-8/7$ である．

【別解法】座標の回転

ヘッセ行列は実対称行列であり，これを直交行列を使って対角化すると

$$\begin{pmatrix} A & E \\ E & B \end{pmatrix} = \begin{pmatrix} w_{11} & w_{12} \\ w_{21} & w_{22} \end{pmatrix} \begin{pmatrix} \lambda_1 & 0 \\ 0 & \lambda_2 \end{pmatrix} \begin{pmatrix} w_{11} & w_{21} \\ w_{12} & w_{22} \end{pmatrix} \quad (12.12)$$

である．よって，式 (12.10) での 2 次形式は

$$(h, k) \begin{pmatrix} A & E \\ E & B \end{pmatrix} \begin{pmatrix} h \\ k \end{pmatrix} = (h', k') \begin{pmatrix} \lambda_1 & 0 \\ 0 & \lambda_2 \end{pmatrix} \begin{pmatrix} h' \\ k' \end{pmatrix}$$

ここに

$$\begin{pmatrix} h' \\ k' \end{pmatrix} = \begin{pmatrix} w_{11} & w_{21} \\ w_{12} & w_{22} \end{pmatrix} \begin{pmatrix} h \\ k \end{pmatrix} \quad (12.13)$$

となる．これはすなわち**座標の回転**(coordinate rotation) である．これより

$\lambda_1 > 0$, $\lambda_2 > 0$ ならば (a, b) で極小
$\lambda_1 < 0$, $\lambda_2 < 0$ ならば (a, b) で極大
$\lambda_1 > 0$, $\lambda_2 < 0$ ならば (a, b) で極値にならない
$\lambda_1 < 0$, $\lambda_2 > 0$ ならば (a, b) で極値にならない

という結論が導ける．

以上の結果を n 変数関数の場合に拡張すると次のようにまとめられる．

> 勾配ベクトル **0** の点において
> 　ヘッセ行列の固有値がすべて正値 $\Rightarrow$ 極小
> 　ヘッセ行列の固有値がすべて負値 $\Rightarrow$ 極大
> 　ヘッセ行列の固有値が正値と負値 $\Rightarrow$ 極値にならない

12.3　条件付き極値問題

導入として次の例題を考える．

◇ 例題 12.2 ◇　$x^2 + y^2 = 1$ のもとで，$f(x,y) = xy$ の最大値，最小値を求めよ．

【高校の復習】高校数学で使ったテクニックは
(i)　三角関数の利用：$x = \sin\theta$, $y = \cos\theta$ と変換して
$$f(x,y) = xy = \sin\theta\cos\theta = \frac{1}{2}\sin 2\theta$$
(ii)　相加平均と相乗平均の利用
$$\sqrt{x^2 y^2} \leq \frac{1}{2}(x^2 + y^2)$$
などであった．

　実は，より一般的で強力な解法がある．それは，**ラグランジュの未定乗数法**(Lagrange's method of indeterminate coefficients) と呼ばれる解法である．

　（例題 12.2 の解答）上の例題でその手順を示す．まず，x と y および λ の関数として

$$F(x, y; \lambda) = xy - \lambda(x^2 + y^2 - 1) \tag{12.14}$$

とおく．$F(x, y; \lambda)$ が点 $(x, y, \lambda) = (a, b, \lambda_0)$ で極値をもつ必要条件は

$$\frac{\partial F}{\partial x}(a,b;\lambda_0) = \frac{\partial F}{\partial y}(a,b;\lambda_0) = 0$$

である.これを求めると

$$b - 2\lambda_0 a = 0, \quad a - 2\lambda_0 b = 0$$

であるから $a^2 = b^2$ を得る.これより

$$\begin{aligned}(a,b) &= \pm(1/\sqrt{2}, 1/\sqrt{2}),\ \lambda_0 = 1/2, \quad f(a,b) = 1/2 \\ (a,b) &= \pm(1/\sqrt{2}, -1/\sqrt{2}),\ \lambda_0 = -1/2, \quad f(a,b) = -1/2\end{aligned} \tag{12.15}$$

が解となる.

さて,この方法でなぜ解が得られるのだろうか.これを理解するために 2 つの内容を準備する.

【準備 1】 陰関数定理(theorem of implicit function)

$G(a,b) = 0$, $\partial G/\partial y(a,b) \neq 0$ ならば $G(x, \varphi(x)) = 0$, $\varphi(a) = b$ となる関数 $\varphi(x)$ が存在する.

○例 12.1○ $G(x,y) = x^2 + y^2 - 1$ のとき,$\partial G/\partial y = 2y$ である.$G(a,b) = 0$ とすると

$$b > 0\ \text{ならば}\ y = \sqrt{1-x^2}, \quad b < 0\ \text{ならば}\ y = -\sqrt{1-x^2}$$

が求める関数 $\varphi(x)$ である.

【準備 2】 合成関数(composite function) の微分

まず,高校で学んだ合成関数の微分公式は

$$[f(g(t))]' = f'(g(t))g'(t)$$

であった.2 変数では

$$\Phi(x,y) = F(f(x,y), g(x,y))$$

に対して,$u = f(x,y), v = g(x,y)$ とおいて

$$\left(\frac{\partial \Phi}{\partial x}(x,y), \frac{\partial \Phi}{\partial y}(x,y)\right) = \left(\frac{\partial F}{\partial u}(u,v), \frac{\partial F}{\partial v}(u,v)\right) \begin{pmatrix} \dfrac{\partial u}{\partial x}(x,y) & \dfrac{\partial u}{\partial y}(x,y) \\ \dfrac{\partial v}{\partial x}(x,y) & \dfrac{\partial v}{\partial y}(x,y) \end{pmatrix}$$
(12.16)

が合成関数の微分公式である．

【理屈】$G(x,y) = 0$ のもとで $f(x,y)$ の極値を求める問題では，$G(x,y) = 0$ より定まる**陽関数**(explicit function) を $y = \varphi(x)$ とすれば

$$G(x, \varphi(x)) = 0$$

をみたすので，これを x で微分すれば，合成関数の微分公式より

$$\frac{\partial G}{\partial x}(x, \varphi(x)) + \frac{\partial G}{\partial y}(x, \varphi(x))\varphi'(x) \tag{12.17}$$

である．ここで $h(x) = f(x, \varphi(x))$ とおいて，x で微分すれば

$$h'(x) = \frac{\partial f}{\partial x}(x, \varphi(x)) + \frac{\partial f}{\partial y}(x, \varphi(x))\varphi'(x) \tag{12.18}$$

である．$f(x,y)$ が (a,b) で極値をもつならば，$h(x)$ は $x = a$ で極値をもつ．すなわち $h'(a) = 0$ である．式 (12.17) と式 (12.18) を (a,b) の点で連立させて $\varphi'(a)$ を消去すれば

$$\frac{\dfrac{\partial f}{\partial x}(a,b)}{\dfrac{\partial G}{\partial x}(a,b)} = \frac{\dfrac{\partial f}{\partial y}(a,b)}{\dfrac{\partial G}{\partial y}(a,b)} = \lambda \tag{12.19}$$

となる．これより

$$\begin{aligned} \frac{\partial f}{\partial x}(a,b) - \lambda \frac{\partial G}{\partial x}(a,b) = 0 \\ \frac{\partial f}{\partial y}(a,b) - \lambda \frac{\partial G}{\partial y}(a,b) = 0 \end{aligned} \tag{12.20}$$

を得る．これがラグランジュの未定乗数法の理屈である．

【幾何学的解釈】2つの勾配ベクトル

$$\left(\frac{\partial f}{\partial x}(a,b), \frac{\partial f}{\partial y}(a,b)\right), \quad \left(\frac{\partial G}{\partial x}(a,b), \frac{\partial G}{\partial y}(a,b)\right)$$

は同じ方向をもつ．すなわち共通の接平面をもつ．

◇ **例題 12.3** ◇ 2次制約下での2次形式の最大化・最小化問題：
$x^2 + y^2 = 1$ のもとで，$f(x,y) = Ax^2 + 2Exy + By^2$ を最大化・最小化せよ．

(解答) まず

$$F(x,y;\lambda) = Ax^2 + 2Exy + By^2 - \lambda(x^2 + y^2 - 1)$$

とおけば，極値をもつ必要条件として

$$\begin{aligned}\frac{\partial F}{\partial x}(x,y;\lambda) &= 2Ax + 2Ey - 2\lambda x = 0 \\ \frac{\partial F}{\partial y}(x,y;\lambda) &= 2Ex + 2By - 2\lambda y = 0\end{aligned} \quad (12.21)$$

を得る．この式 (12.21) をベクトル・行列表現すると

$$\begin{pmatrix} A & E \\ E & B \end{pmatrix} \begin{pmatrix} x \\ y \end{pmatrix} = \lambda \begin{pmatrix} x \\ y \end{pmatrix}$$

という固有値問題に帰着する．極値は

$$Aa^2 + 2Eab + Bb^2 = \lambda(a^2 + b^2) = \lambda \quad (12.22)$$

となる．すなわち $f(x,y)$ の最大値は最大固有値，最小値は最小固有値で与えられる．

以上のように，**2次式の最大値・最小値問題**，**対称行列の固有値問題**，そして**ラグランジュの未定乗数法**という3者が結びついた．

n 変数の場合への拡張もそのままいける．

$G(x_1, x_2, \cdots, x_n) = 0$ のもとで $f(x_1, x_2, \cdots, x_n)$ の極値を求める問題では

$$F(x_1, x_2, \cdots, x_n; \lambda) = f(x_1, x_2, \cdots, x_n) - \lambda G(x_1, x_2, \cdots, x_n) \quad (12.23)$$

として

$$\frac{\partial F}{\partial x_i}(a_1, a_2, \cdots, a_n; \lambda) = 0 \quad (i = 1, 2, \cdots, n) \quad (12.24)$$

を解けばよい．

演習問題

12.1 次の関数が極値をとる点と，その点での関数値を求めよ．
 (1) $x^2 - 2xy^2 - y + 2y^3$
 (2) $(x+y)e^{-xy}$

12.2 $0 \leq x \leq 3,\ 0 \leq y \leq 3$ のとき，関数
$$f(x,y) = x^3 + y^3 + 3xy^2 - 15x - 15y$$
の最大値，最小値を求めよ．

12.3 点 $(3,2,1)$ に最も近い平面 $2x - 3y - 4z = 0$ 上の点を求めよ．

12.4 $x^2/a^2 + y^2/b^2 + z^2/c^2 = 1 \quad (x \geq 0,\ y \geq 0,\ z \geq 0)$ のもとで $f(x,y,z) = xyz$ の最大値を求めよ．

12.5 $A = \begin{pmatrix} 3 & -2 & 0 \\ -2 & 2 & -2 \\ 0 & -2 & 1 \end{pmatrix}, \quad \boldsymbol{x} = \begin{pmatrix} x \\ y \\ z \end{pmatrix}$ とする．

$\boldsymbol{x}^T \boldsymbol{x} = 1$ のもとで $\boldsymbol{x}^T A \boldsymbol{x}$ の最大値，最小値を求めよ．

13

積　　　分

　高校で，不定積分と定積分を習った．不定積分とは微分の逆で，定積分は面積である．本来，まったく別なものである不定積分と定積分が結びついていることは自明でない．また，部分積分や置換積分といったテクニックも学んだはずだ．これらは経営工学の数理において依然として重要である．この章では，まずガンマ関数とベータ関数という特殊関数を題材にして高校での積分技法を復習し，次に重積分へと進む．重積分ができることはまともな理工系大学生である証しといえる．

13.1　ガンマ関数とベータ関数

【高校の復習】 **定積分**(definite integral) と**不定積分**(indefinite integral) を結びつけるのは**微分積分法の基本定理**(fundamental theorem of the infinitesimal calculus) と呼ばれる

$$\int_a^b f(x)\,dx = F(b) - F(a) \tag{13.1}$$

であった．ここに $F(x)$ は $f(x)$ の不定積分（原始関数ともいう）の1つである．不定積分とは微分の逆であり，定積分は面積である．本来，まったく別なものである両者を結びつけたのが微分積分学の基本定理なのである．

【導入】 **ガンマ関数**(gamma function) とは，正の実数 x に対して

$$\Gamma(x) = \int_0^\infty e^{-t} t^{x-1}\,dt \tag{13.2}$$

と定義されるものである.

ガンマ関数は次の関数関係を有する.

$$\Gamma(x+1) = x\Gamma(x) \tag{13.3}$$

このことは部分積分により次のように確かめることができる.

$$\begin{aligned}\Gamma(x+1) &= \int_0^\infty e^{-t} t^x \, dt \\ &= \left[-e^{-t} t^x \right]_0^\infty + x \int_0^\infty e^{-t} t^{x-1} \, dt \end{aligned} \tag{13.4}$$

ここで, $\lim_{t \to \infty} e^{-t} t^x = 0$ であるから題意を得る.

式 (13.2) より明らかに $\Gamma(1) = 1$ である. よって式 (13.3) より, x が自然数 n のときには

$$\Gamma(n) = (n-1)! \tag{13.5}$$

を得る. この点で, ガンマ関数は階乗を正の実数に拡張したものとみなせ, **階乗関数**(factorial function) とも呼ばれる.

◇ **例題 13.1** ◇ $\Gamma(1/2) = \sqrt{\pi}$ であることを示せ.

(解答) 定義に当てはめれば

$$\Gamma\left(\frac{1}{2}\right) = \int_0^\infty e^{-t} t^{-\frac{1}{2}} \, dt$$

である. ここで, $t = x^2/2$ と変数変換すれば, $dx = (1/\sqrt{2}) t^{-\frac{1}{2}} dt$ であるから

$$\begin{aligned}\Gamma\left(\frac{1}{2}\right) &= \int_0^\infty \sqrt{2} \, \exp\left(-\frac{x^2}{2}\right) dx \\ &= \frac{1}{\sqrt{2}} \int_{-\infty}^\infty \exp\left(-\frac{x^2}{2}\right) dx \end{aligned}$$

となる. ここで, 後述する例題 13.3 の結果を使うと

$$\int_{-\infty}^{\infty} \exp\left(-\frac{x^2}{2}\right)dx = \sqrt{2\pi}$$

であるので題意を得る．

ガンマ関数の近似式としては，$0 \leq x \leq 1$ において

$$\Gamma(1+x) = 1 - 0.5748646x + 0.9512363x^2 - 0.6998588x^3$$
$$+ 0.4245549x^4 - 0.1010678x^5 \ (0 \leq x \leq 1) \quad (13.6)$$

が有効であることが知られている．他の値域については式 (13.3) が利用できる．ガンマ関数値を具体的に示したのが表 13.1 である．ガンマ関数が単調でないことを確認されたい．

表 13.1 ガンマ関数値

x	$\Gamma(x)$	x	$\Gamma(x)$	x	$\Gamma(x)$
1.00	1	1.35	0.89115	1.70	0.90864
1.05	0.97350	1.40	0.88726	1.75	0.91906
1.10	0.95135	1.45	0.88566	1.80	0.93138
1.15	0.93304	1.50	0.88623	1.85	0.94561
1.20	0.91817	1.55	0.88887	1.90	0.96177
1.25	0.90640	1.60	0.89352	1.95	0.97988
1.30	0.89747	1.65	0.90012	2.00	1

【導入】ベータ関数(beta function) とは，正の実数 x, y に対して

$$B(x,y) = \int_0^1 t^{x-1}(1-t)^{y-1}dt \quad (13.7)$$

と定義されるものである．

式 (13.7) で，$s = 1 - t$ と変数変換すれば，ただちに $B(x,y) = B(y,x)$ であることがわかる．また，ベータ関数とガンマ関数の間には

$$B(x,y) = \frac{\Gamma(x)\Gamma(y)}{\Gamma(x+y)} \quad (13.8)$$

という関係が成り立つ．これは次のように導くことができる．

[**式(13.8) の証明**]
式 (13.7) において $t = \sin^2\theta$ と変換すれば,$dt = 2\sin\theta\cos\theta d\theta$ であるから

$$B(x,y) = 2\int_0^{\pi/2} \sin^{2x-1}\theta \cos^{2y-1}\theta d\theta$$

となる.一方,ガンマ関数は,式 (13.2) で $t = u^2$ と変換すれば

$$\Gamma(x) = 2\int_0^\infty \exp(-u^2)u^{2x-1}du$$

である.よって

$$\Gamma(x)\Gamma(y) = 2\int_0^\infty \exp(-u^2)u^{2x-1}du \times 2\int_0^\infty \exp(-v^2)v^{2y-1}dv$$
$$= 4\int_0^\infty \int_0^\infty \exp(-u^2-v^2)u^{2x-1}v^{2y-1}dudv$$

である.ここで $u = r\sin\theta$,$v = r\cos\theta$ と 2 変数の変数変換をすれば,13.3 節で述べるように,$dudv = rdrd\theta$ となるので

$$\Gamma(x)\Gamma(y) = 4\int_0^{\pi/2} \sin^{2x-1}\theta \cos^{2y-1}\theta d\theta \int_0^\infty \exp(-r^2)r^{2(x+y)-1}dr$$
$$= B(x,y)\Gamma(x+y)$$

となり題意を得た.

n と m が自然数のときは,式 (13.5) と式 (13.8) より

$$B(n,m) = \frac{(n-1)!(m-1)!}{(n+m-1)!} \tag{13.9}$$

である. □

13.2 重積分入門

【導入】重積分には不定積分がない.あるのは定積分のみである.
xy 平面の閉区間 $I = [a,b] \times [c,d]$ における関数 $f(x,y)$ の定積分の値を,xyz 空間において,$z = f(x,y)$ の曲面と xy 平面および 4 平面 $x = a$,$x = b$,$y = c$,

$y = d$ で囲まれた立体の体積と定める．ただし，区間 I で $f(x,y) \geq 0$ とする．

ここで体積の近似を次のように考える．区間 I を mn 個の小区間

$$\Delta_{jk} = [x_{j-1}, x_j] \times [y_{k-1}, y_k] \qquad (j = 1, 2, \cdots, m\;;\; k = 1, 2, \cdots, n)$$

の和集合と見る．この和集合を区間 I の分割という．ここである $(\xi_{jk}, \eta_{jk}) \in \Delta_{jk}$ に対して，mn 個の柱に対する体積の和

$$\sum_{j=1}^{m} \sum_{k=1}^{n} f(\xi_{jk}, \eta_{jk})(x_j - x_{j-1})(y_j - y_{j-1})$$

をこの分割に対する**リーマン和**(Riemann sum)という．この様子を図 13.1 に示す．

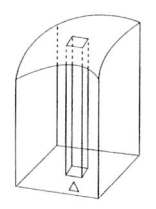

図 **13.1** 小区間上の柱の体積

さて，分割を細かくしたとき，リーマン和がある値に収束するならば，その値を $\displaystyle\iint_I f(x,y)dxdy$ と表記し，**2 重積分**(double integral)という．2 重積分の実際の計算は，次のフビニの定理によって 1 変数の定積分を繰り返し行うことに帰着する．

● フビニの定理 (Fubini's theorem)
$$\iint_I f(x,y)dxdy = \int_a^b \left(\int_c^d f(x,y)dy\right)dx = \int_c^d \left(\int_a^b f(x,y)dx\right)dy$$
$$\tag{13.10}$$

式 (13.10) の一番右の式でいえば，最初に y を係数とみて x について定積分し，次にその結果を y について定積分すればよい．このように，変数について次々定積分したものを**累次積分**(repeated integral)という．

13.2 重積分入門

次に，y についての定積分の区間が x に依存する場合を考える．それは**縦線集合上の 2 重積分**と呼ばれる．縦線集合を

$$D = \{(x,y) | a \leq x \leq b, \ g(x) \leq y \leq h(x)\}$$

とする．ここに，$g(x) \leq h(x)$ である．この 2 重積分は

$$\iint_D f(x,y)dxdy = \int_a^b \Big(\int_{g(x)}^{h(x)} f(x,y)dy\Big)dx \tag{13.11}$$

と書ける．簡単な例をみていこう．

○ 例 13.1 ○ $D = \{(x,y) | x \geq 0, \ y \geq 0, \ x+y \leq 1\}$

$$\iint_D f(x,y)dxdy = \int_0^1 \Big(\int_0^{1-y} f(x,y)dx\Big)dy$$
$$= \int_0^1 \Big(\int_0^{1-x} f(x,y)dy\Big)dx$$

○ 例 13.2 ○ D が 2 直線 $y = x$, $x = a$ および x 軸で囲まれた領域の場合

$$\iint_D f(x,y)dxdy = \int_0^a \Big(\int_0^x f(x,y)dy\Big)dx$$
$$= \int_0^a \Big(\int_y^a f(x,y)dx\Big)dy$$

◇ 例題 13.2 ◇ $\iint_D (x+y)dxdy$ を求めよ．ここに，$D = \{(x,y) | x \geq 0, \ y \geq 0, \ x+y \leq 1\}$ である．

まず，この積分がどのような体積を求めることになるかを考えると，それは図 13.2 に示すような四角錐の体積である．

この体積は，底面積が $1 \times \sqrt{2}$ で，高さが $1/\sqrt{2}$ だから，明らかに $1/3$ である．これを重積分で確かめてみよう．

（例題 13.2 の解答）積分区間は上の例 13.1 で与えられるものだから

$$\int_0^1 \int_0^{1-y} (x+y)dxdy = \int_0^1 \Big[\frac{1}{2}x^2 + yx\Big]_0^{1-y} dy = \int_0^1 \Big(\frac{1}{2} - \frac{1}{2}y^2\Big)dy = \frac{1}{3}$$

となり，意図する解を得る．

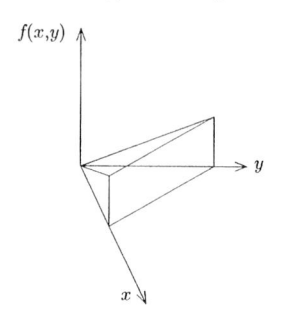

図 13.2 積分で体積を求める四角錐

13.3　重積分での変数変換

ここで重積分での**変数変換**を論じよう．

【高校の復習】既に 13.1 節でたびたび用いたように，1 変数での変数変換（置換積分ともいう）は

$$x = \phi(t),\ a = \phi(\alpha),\ b = \phi(\beta)$$

としたとき

$$\int_a^b f(x)dx = \int_\alpha^\beta f(\phi(t))\phi'(t)dt$$

で与えられるものである．たとえば

$$\int_0^1 \sqrt{1-x^2}dx$$

を求めるには，$x = \sin\theta$ と変換するというのが「解法のテクニック」である．

【2 変数での変換の例】まず，最も使用頻度の高い例を先に述べる．それは極座標変換で，$x = r\cos\theta,\ y = r\sin\theta$ と変換するものである．このとき

$$D = \{(x,y)|x^2+y^2 \leq R^2\} \Leftrightarrow I = \{(r,\theta)|0 \leq r \leq R,\ 0 \leq \theta \leq 2\pi\}$$

という関係が成り立ち，小区間 $[r_{j-1}, r_j] \times [\theta_{k-1}, \theta_k]$ に対応する D の小片の

13.3 重積分での変数変換

面積は図 13.3 に示すように, $(r_j - r_{j-1})r_{j-1}(\theta_k - \theta_{k-1})$ となるから

$$\iint_D f(x,y)dxdy = \iint_I f(r\cos\theta, r\sin\theta)rdrd\theta \qquad (13.12)$$

の関係を得る.

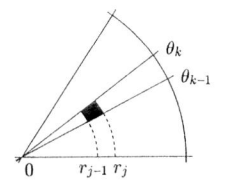

図 **13.3** 小区間 $[r_{j-1}, r_j] \times [\theta_{k-1}, \theta_k]$

以上の結果を一般化しておく. 2 変数の変数変換を一般に

$$x = x(s,t),\ y = y(s,t)$$

としたとき, 行列

$$\begin{pmatrix} \dfrac{\partial x}{\partial s} & \dfrac{\partial x}{\partial t} \\ \dfrac{\partial y}{\partial s} & \dfrac{\partial y}{\partial t} \end{pmatrix}$$

を**ヤコビアン行列**(Jacobian matrix) という. ヤコビアン行列の行列式を**関数行列式**または**ヤコビアン**(Jacobian) といい, J と表記する. このとき

$$\iint_D f(x,y)dxdy = \iint_E f\bigl(x(s,t), y(s,t)\bigr)|J|dtds \qquad (13.13)$$

という関係がある. ここに $E = \{(s,t)|(x(s,t), y(s,t)) \in D\}$ である.

【確認】極座標変換 $x = r\cos\theta,\ y = r\sin\theta$ のヤコビアンは

$$\det\begin{pmatrix} \cos\theta & -r\sin\theta \\ \sin\theta & r\cos\theta \end{pmatrix} = r$$

であるから, 式 (13.12) は式 (13.13) の特別な場合である.

◇ **例題 13.3** ◇ $I = \displaystyle\int_{-\infty}^{\infty} \exp\Bigl(-\dfrac{x^2}{2}\Bigr)dx$ を求めよ.

（解答）この積分は確率論で正規分布の全確率が1であることを示すときなど，たびたび使われる．I^2 を考えると

$$I^2 = \int_{-\infty}^{\infty} \exp\left(-\frac{x^2}{2}\right)dx \times \int_{-\infty}^{\infty} \exp\left(-\frac{y^2}{2}\right)dy$$
$$= \int_{-\infty}^{\infty}\int_{-\infty}^{\infty} \exp\left(-\frac{x^2+y^2}{2}\right)dxdy$$

となる．ここで上述の極座標変換 $x = r\cos\theta, y = r\sin\theta$ を用いれば

$$I^2 = \int_0^{2\pi}\int_0^{\infty} \exp\left(-\frac{r^2}{2}\right)r\,dr\,d\theta$$

となり，さらに $t = r^2/2$ と変換することで

$$I^2 = \int_0^{2\pi}\int_0^{\infty} e^{-t}dt\,d\theta = \int_0^{2\pi} 1\,d\theta = 2\pi$$

となる．よって $I = \sqrt{2\pi}$ である．

○例 13.3○ $D = \{(x,y)||x|+|y| \leq 1\}$ で，$x = (s+t)/2, y = (s-t)/2$ と変換する．

このときのヤコビアンは $J = -1/2$ であるから

$$\iint_D f(x,y)dxdy = \frac{1}{2}\int_{-1}^{1}\left(\int_{-1}^{1} f\left(\frac{s+t}{2}, \frac{s-t}{2}\right)ds\right)dt$$

となる．

演習問題

13.1 $\iint_D (1-x-y)dxdy$ を求めよ．ここに，$D = \{(x,y)|x \geq 0, y \geq 0, x+y \leq 1\}$ である．

13.2 $\int_0^1 \int_0^1 (x+y^2)dxdy$ を求めよ．

13.3 $\iint_D (xy)dxdy$ を求めよ．ここに，$D = \{(x,y)|x^2+y^2 \leq 1\}$ である．

13.4 $\iint_D (xy)dxdy$ を求めよ．ここに，$D = \{(x,y)||x|+|y| \leq 1\}$ である．

参 考 図 書

　本書を執筆するうえで参考にした書籍ならびに読者がさらに学習を深めるうえで参考になる書籍をあげる．出版年が古いものもあるが，現在でも書店で入手可能なものに限っている．

　経営工学を学習するうえで，数理的な基礎知識と能力は必要不可欠である．難しい数学を覚える必要はあまりないが，基礎的な数学を正確に理解し，それを身につけ，応用場面で自由に使いこなせるようになることが大切である．その意味でも，本書の内容について理解が不十分であったり，さらに詳しく学習したいと感じたときには，必要に応じてここにあげた書籍等を参考にすることを薦める．

　松坂 [1]，内田 [2]，竹之内 [3] は，集合と位相の入門書である．著者も日ごろから講義等で参考にしている書籍であり，初学者にも比較的わかりやすく集合と位相について解説している．本書で使用した多くの数学用語の定義については，松坂 [1] を参考にした．また，5.5 節「実数の完備性」については，内田 [2] を参考にした．竹之内 [3] は，命題と論理についても説明している．松坂 [4] は，代数・線形代数の入門書である．経営工学を学習する者にとって，多少高度な内容も含まれているが，代数について必要な箇所を調べるのに適している．福島 [5] は，経営工学で重要な最適化に関する書籍であり，凸集合と凸関数についても数学的にしっかり記述されており，最適化についてさらに学習するときに参考となる．岡田 [6] は，経済学と経営学のための数学のテキストであるが，最適化理論について少し詳しく解説している．

[1] 松坂和夫：集合・位相入門，岩波書店，1968．
[2] 内田伏一：位相入門，裳華房，1997．
[3] 竹之内 脩：入門 集合と位相，実教出版，1971．
[4] 松坂和夫：代数系入門，岩波書店，1976．
[5] 福島雅夫：非線形最適化の基礎，朝倉書店，2001．
[6] 岡田 章：経済学・経営学のための数学，東洋経済新報社，2001．

演習問題略解

第 1 章

▷ **1.1** 表 1.14 のようになる.

表 1.14 命題 $P(p,q,r) = (p \wedge q) \vee (\neg p \wedge r)$ の真偽表

p	q	r	$p \wedge q$	$\neg p$	$\neg p \wedge r$	$(p \wedge q) \vee (\neg p \wedge r)$
T	T	T	T	F	F	T
T	T	F	T	F	F	T
T	F	T	F	F	F	F
T	F	F	F	F	F	F
F	T	T	F	T	T	T
F	T	F	F	T	F	F
F	F	T	F	T	T	T
F	F	F	F	T	F	F

▷ **1.2** 表 1.15 から成り立つ.

表 1.15 命題 $\neg(p \wedge q \wedge r)$ と $\neg p \vee \neg q \vee \neg r$ の真偽表

p	q	r	$p \wedge q \wedge r$	$\neg(p \wedge q \wedge r)$	$\neg p$	$\neg q$	$\neg r$	$\neg p \vee \neg q \vee \neg r$
T	T	T	T	F	F	F	F	F
T	T	F	F	T	F	F	T	T
T	F	T	F	T	F	T	F	T
T	F	F	F	T	F	T	T	T
F	T	T	F	T	T	F	F	T
F	T	F	F	T	T	F	T	T
F	F	T	F	T	T	T	F	T
F	F	F	F	T	T	T	T	T

▷ **1.3** 表 1.16 から成り立つ.

表 1.16 同値 (1.18), (1.19), (1.20) の確認のための真偽表

p	q	$\neg p$	$\neg(\neg p)$	$p \to q$	$\neg q$	$\neg q \to \neg p$	$\neg p \vee q$
T	T	F	T	T	F	T	T
T	F	F	T	F	T	F	F
F	T	T	F	T	F	T	T
F	F	T	F	T	T	T	T

▷ **1.4**
(1) 真である. 否定は $\exists x \in \mathbb{R},\ \forall y \in \mathbb{R},\ x^2 - y^2 \geq 1$ となる.
(2) 偽である. 否定は $\forall x \in \mathbb{R},\ \exists y \in \mathbb{R},\ x^2 + y^2 \geq 1$ となる.
(3) 真である. 否定は $\exists x \in \mathbb{R},\ \exists y \in \mathbb{R},\ x^2 + y^2 < 0$ となる.
(4) 偽である. 否定は $\forall x \in \mathbb{R},\ \forall y \in \mathbb{R},\ x^2 + y^2 > -1$ となる.

▷ **1.5** すべて正しい.

(第 2 章)

▷ **2.1**
(1) $x, y \in A$ とすれば, $x = a + b\sqrt{2},\ x = c + d\sqrt{2}$ と表される. このとき, $x + y = (a+c) + (b+d)\sqrt{2} \in A$, $x - y = (a-c) + (b-d)\sqrt{2} \in A$, $xy = (ac+2bd) + (ad+bc)\sqrt{2} \in A$ となる.

(2) $x \in A,\ x \neq 0$ とすれば, $x = a + b\sqrt{2}$ と表され, $(a \neq 0) \vee (b \neq 0)$ である. このとき, a と b が有理数であるから $a - b\sqrt{2} \neq 0$ である. したがって, $a^2 - 2b^2 \neq 0$ であり, $x^{-1} = \frac{a - b\sqrt{2}}{a^2 - 2b^2} \in A$ となる.

▷ **2.2** $A \cap B \subset A$ より $(A \cap B) \cup C \subset A \cup C$ であり, 同様に $(A \cap B) \cup C \subset B \cup C$ である. したがって,
$$(A \cap B) \cup C \subset (A \cup C) \cap (B \cup C)$$
となる. 次に,
$$x \in (A \cup C) \cap (B \cup C) \Rightarrow x \in A \cup C \text{ かつ } x \in B \cup C$$
$$\Rightarrow \text{もし } x \notin C \text{ ならば } x \in A \text{ かつ } x \in B$$
$$\Rightarrow x \in C \text{ または } x \in A \cap B$$
$$\Rightarrow x \in (A \cap B) \cup C$$
となるので, $(A \cap B) \cup C \supset (A \cup C) \cap (B \cup C)$ も成り立つ. したがって, $(A \cap B) \cup C = (A \cup C) \cap (B \cup C)$ である.

▷ **2.3** 式 (2.19) より $(A \cup B) \cap A \subset A$ が成り立つ. また, $A \subset A \cup B$ かつ $A \subset A$ より, $A \subset (A \cup B) \cap A$ である. したがって, $(A \cup B) \cap A = A$ が成り立つ.

式 (2.12) より $A \subset (A \cap B) \cup A$ が成り立つ. また, $A \cap B \subset A$ かつ $A \subset A$ より, $(A \cap B) \cup A \subset A$ である. したがって, $(A \cap B) \cup A = A$ が成り立つ.

▷ **2.4** ド・モルガンの法則の第 2 式 (2.35) の両辺の補集合をとることにより, 任意の集合 A' と B' に対して
$$A' \cap B' = (A'^c \cup B'^c)^c$$

が成立する. 与えられた集合 A と B に対して, $A' = A^c$, $B' = B^c$ とすれば, 上の式より,
$$A^c \cap B^c = (A \cup B)^c$$
が成立する.

▷ **2.5** 定義 (2.38) より,
$$a \in A_p \cap A_q \Leftrightarrow (a \in A_p) \wedge (a \in A_q)$$
$$\Leftrightarrow p(a) \wedge q(a)$$
$$\Leftrightarrow a \in \{x | p(x) \wedge q(x)\}$$
となるので, 式 (2.42) が成立する.

同様に,
$$a \in A_p - A_q \Leftrightarrow (a \in A_p) \wedge (a \notin A_q)$$
$$\Leftrightarrow p(a) \wedge \neg q(a)$$
$$\Leftrightarrow a \in \{x | p(x) \wedge \neg q(x)\}$$
となるので, 式 (2.43) が成立する.

また,
$$a \in (A_p)^c \Leftrightarrow a \notin A_p$$
$$\Leftrightarrow \neg p(a)$$
$$\Leftrightarrow a \in \{x | \neg p(x)\}$$
となるので, 式 (2.44) が成立する.

▷ **2.6** $(A - B) \cup (B - A) = (A \cup B) - (A \cap B)$ を示す. $A \subset A \cup B$ かつ $B \supset A \cap B$ より, $A - B \subset (A \cup B) - (A \cap B)$ が成立する. 同様に, $B - A \subset (A \cup B) - (A \cap B)$ も成立するので,
$$(A - B) \cup (B - A) \subset (A \cup B) - (A \cap B)$$
である. 次に,
$$x \in (A \cup B) - (A \cap B) \Rightarrow x \in A \cup B \text{ かつ } x \notin A \cap B$$
$$\Rightarrow x \in A \text{ または } x \in B \text{ であるが}$$
$$x \in A \text{ ならば } x \notin A \cap B \text{ より } x \notin B \text{ であり},$$
$$x \in B \text{ ならば } x \notin A \cap B \text{ より } x \notin A \text{ である}.$$
$$\Rightarrow x \in A - B \text{ または } x \in B - A$$
$$\Rightarrow x \in (A - B) \cup (B - A)$$

となるので, $(A-B)\cup(B-A) \supset (A\cup B)-(A\cap B)$ である. したがって, $(A-B)\cup(B-A) = (A\cup B) - (A\cap B)$ が成立する.

▷ **2.7** $x \in (A\triangle B)\triangle C$ とする. もし $x \in C$ ならば $x \notin A\triangle B$ である. このとき, $x \in A$ ならば $x \in B$ であり, $x \notin A$ ならば $x \notin B$ である. したがって, $(x \in A)\wedge(x \in B)\wedge(x \in C)$ または $(x \notin A)\wedge(x \notin B)\wedge(x \in C)$ であるが, 前者ならば $x \notin B\triangle C$ より $x \in A\triangle(B\triangle C)$ となり, 後者ならば $x \in B\triangle C$ より $x \in A\triangle(B\triangle C)$ となる. つぎに, $x \notin C$ ならば, $x \in A\triangle B$ である. このとき, $x \in A$ ならば $x \notin B$ であり, $x \notin A$ ならば $x \in B$ である. したがって, $(x \in A)\wedge(x \notin B)\wedge(x \notin C)$ または $(x \notin A)\wedge(x \in B)\wedge(x \notin C)$ であるが, 前者ならば $x \notin B\triangle C$ より $x \in A\triangle(B\triangle C)$ となり, 後者ならば $x \in B\triangle C$ より $x \in A\triangle(B\triangle C)$ となる. 以上の議論から, いずれにしても $x \in A\triangle(B\triangle C)$ が成立するので,

$$(A\triangle B)\triangle C \subset A\triangle(B\triangle C)$$

が成立する. また, 定義より交換律 $A\triangle B = B\triangle A$ が成立するので, 上の式より,

$$A\triangle(B\triangle C) = (C\triangle B)\triangle A$$
$$\subset C\triangle(B\triangle A)$$
$$= (A\triangle B)\triangle C$$

が成立する. したがって, $(A\triangle B)\triangle C = A\triangle(B\triangle C)$ である.

▷ **2.8** $\cup\mathcal{A} = (-5, 7]$ であり, $\cap\mathcal{A} = [0, 3]$ である.

▷ **2.9** $n \times m$ である.

第 3 章

▷ **3.1** n^m 個である.

▷ **3.2** $P_1 \subset P_1 \cup P_2$ であるから, $f(P_1) \subset f(P_1 \cup P_2)$ となる. 同様に, $f(P_2) \subset f(P_1 \cup P_2)$ となるので,

$$f(P_1) \cup f(P_2) \subset f(P_1 \cup P_2)$$

が成立する. また,

$$\begin{aligned}b \in f(P_1 \cup P_2) &\Rightarrow \exists a \in P_1 \cup P_2,\ b = f(a) \\ &\Rightarrow (a \in P_1) \vee (a \in P_2),\ b = f(a) \\ &\Rightarrow (f(a) \in f(P_1)) \vee (f(a) \in f(P_2)),\ b = f(a) \\ &\Rightarrow b \in f(P_1) \cup f(P_2)\end{aligned}$$

となるので, $f(P_1)\cup f(P_2) \supset f(P_1\cup P_2)$ が成立する. したがって, $f(P_1)\cup f(P_2) = f(P_1\cup P_2)$

▷ **3.3** 次のことから，$f(A) - f(P) \subset f(A - P)$ が成立する．

$$\begin{aligned}
b \in f(A) - f(P) &\Rightarrow (b \in f(A)) \wedge (b \notin f(P)) \\
&\Rightarrow (\exists a \in A, b = f(a)) \wedge (b \notin f(P)) \\
&\Rightarrow (a \in A, b = f(a)) \wedge (f(a) \notin f(P)) \\
&\Rightarrow (a \in A, b = f(a)) \wedge (a \notin P) \\
&\Rightarrow a \in A - P,\ b = f(a) \\
&\Rightarrow b \in f(A - P)
\end{aligned}$$

▷ **3.4** $A = [-1, 1]$ とし，$f : A \to \mathbb{R}$ を $x \in [-1, 1]$ に対して，$f(x) = x^2$ とする．$P = (0, 1]$ とすれば，$f(A) = [0, 1]$，$f(P) = (0, 1]$，$f(A) - f(P) = \{0\}$，$A - P = [-1, 0]$，$f(A - P) = [0, 1]$ となるので，$f(A) - f(P) \neq f(A - P)$ である．

▷ **3.5** $y \in (0, 1)$ とする．$y = 1/2$ ならば，$x = 0$ のとき $y = f(x)$ となる．ある $n \in \{2, 3, \cdots\}$ に対して $y = 1/2^n$ ならば，$x = 1/2^{n-2} \in [0, 1]$ のとき $y = f(x)$ となる．また，任意の $n \in \mathbb{N}$ に対して $y \neq 1/2^n$ ならば，$x = y$ のとき $y = f(x)$ となる．したがって，f は全射である．

$f(x_1) = f(x_2)$ とする．$x_1 = 0$ ならば，$f(x_2) = 1/2$ となるので，$x_2 = 0$ が得られ，$x_1 = x_2$ となる．ある $n \in \{0, 1, \cdots\}$ に対して $x_1 = 1/2^n$ ならば，$f(x_2) = 1/2^{n+2}$ となるので，$x_2 = 1/2^n$ が得られ，$x_1 = x_2$ となる．x_1 がそれ以外のときは，$f(x_1) = x_1 = f(x_2)$ となるので，$x_2 = x_1$ が得られる．いずれの場合も $x_2 = x_1$ となるので，f は単射である．

▷ **3.6** まず，

$$\begin{aligned}
a \in P &\Rightarrow f(a) \in f(P) \\
&\Rightarrow a \in f^{-1}(f(P))
\end{aligned}$$

より，$P \subset f^{-1}(f(P))$ が成立する．次に，

$$\begin{aligned}
a \in f^{-1}(f(P)) &\Rightarrow f(a) \in f(P) \\
&\Rightarrow \exists b \in P,\ f(a) = f(b) \\
&\Rightarrow b \in P,\ f \text{ が単射だから } a = b \\
&\Rightarrow a \in P
\end{aligned}$$

となるので，$P \supset f^{-1}(f(P))$ が成立する．したがって，$P = f^{-1}(f(P))$ である．

▷ **3.7** まず，

演習問題略解

$$b \in f(f^{-1}(Q)) \Rightarrow \exists a \in f^{-1}(Q), \ b = f(a)$$
$$\Rightarrow f(a) \in Q, \ b = f(a)$$
$$\Rightarrow b \in Q$$

より，$f(f^{-1}(Q)) \subset Q$ が成立する．次に，

$$b \in Q \Rightarrow f \text{ が全射だから } \exists a \in f^{-1}(Q), \ b = f(a)$$
$$\Rightarrow f(a) \in f(f^{-1}(Q)), \ b = f(a)$$
$$\Rightarrow b \in f(f^{-1}(Q))$$

より，$f(f^{-1}(Q)) \supset Q$ が成立する．したがって，$f(f^{-1}(Q)) = Q$ である．

▷ **3.8** $g \circ f$ が全射であるとする．任意の $c \in C$ に対して，ある $a \in A$ が存在し，$g \circ f(a) = c$ となる．このとき，$b = f(a)$ とすれば，$g(b) = c$ となる．したがって，g は全射である．

$g \circ f$ が単射であるとする．$f(a_1) = f(a_2)$ ならば，$g \circ f(a_1) = g(f(a_1)) = g(f(a_2)) = g \circ f(a_2)$ となるが，$g \circ f$ が単射であるから $a_1 = a_2$ が成立する．したがって，f は単射である．

▷ **3.9** $A = [0,1]$, $B = [-1,1]$, $C = [0,1]$ とし，$f : A \to B$ を任意の $x \in A$ に対して $f(x) = x$ とし，$g : B \to C$ を任意の $y \in B$ に対して $g(y) = y^2$ とする．このとき，$f(A) = [0,1] \neq B$ となるので f は全射ではないが，$g \circ f(A) = [0,1] = C$ となるので $g \circ f$ は全射となる．

上記の例で，$g \circ f(x_1) = g \circ f(x_2)$ ならば $x_1 = x_2$ となるので，$g \circ f$ は単射であるが，$g(1) = g(-1)$ であるので g は単射ではない．

第 4 章

▷ **4.1** 任意の $n \in \mathbb{N}$ に対して $B_n = (1 + 1/n, \ 3 + 1/n) \subset (1, 4)$ であるので，

$$\cup_{n \in \mathbb{N}} B_n \subset (1, 4)$$

となる．次に，

$$x \in (1, 4) \Rightarrow (1 < x \leq 2) \vee (2 < x < 4)$$
$$\Rightarrow 1 < x \leq 2 \text{ ならば } \exists n_1 \in \mathbb{N}, \ \frac{1}{n_1} < x - 1 \text{ より } x \in B_{n_1}$$
$$\quad 2 < x < 4 \text{ ならば } x \in B_1$$
$$\Rightarrow x \in B_{n_1} \cup B_1$$
$$\Rightarrow x \in \cup_{n \in \mathbb{N}} B_n$$

であるので，$\cup_{n \in \mathbb{N}} B_n \supset (1, 4)$ となる．したがって，$\cup_{n \in \mathbb{N}} B_n = (1, 4)$ が成り立つ．

任意の $n \in \mathbb{N}$ に対して $A_n = [1+1/n,\ 3+1/n] \supset [2,3]$ であるので，
$$\cap_{n \in \mathbb{N}} A_n \supset [2,3]$$
となる．次に，
$$x \in \cap_{n \in \mathbb{N}} A_n \Rightarrow \forall n \in \mathbb{N},\ x \in A_n = \left[1 + \frac{1}{n},\ 3 + \frac{1}{n}\right]$$
$$\Rightarrow x \in A_1 \text{ より } x \geq 2 \text{ である．}$$
$$x > 3 \text{ ならば } \exists n_1 \in \mathbb{N},\ \frac{1}{n_1} < x - 3 \text{ より}$$
$$x \notin A_{n_1} \text{ となり矛盾が導かれるので } x \leq 3 \text{ である．}$$
$$\Rightarrow x \in [2,3]$$
であるので，$\cap_{n \in \mathbb{N}} A_n \subset [2,3]$ となる．したがって，$\cap_{n \in \mathbb{N}} A_n = [2,3]$ が成り立つ．

▷ **4.2** $\cup_{n=1}^{\infty} A_n = [0,1]$, $\cap_{n=1}^{\infty} A_n = \{0\}$, $\cup_{n=1}^{\infty} B_n = (0,1]$, $\cap_{n=1}^{\infty} B_n = \emptyset$, $\cup_{n=1}^{\infty} C_n = (-1, \infty) = \{x | x > -1\}$, $\cap_{n=1}^{\infty} C_n = [0,1)$ となる．

▷ **4.3** 任意の $\lambda' \in \Lambda$ に対して，$(\cap_{\lambda \in \Lambda} A_\lambda) \cup B \subset A_{\lambda'} \cup B$ であるので，
$$(\cap_{\lambda \in \Lambda} A_\lambda) \cup B \subset \cap_{\lambda \in \Lambda}(A_\lambda \cup B)$$
となる．逆に，
$$x \in \cap_{\lambda \in \Lambda}(A_\lambda \cup B) \Rightarrow \forall \lambda \in \Lambda,\ x \in A_\lambda \cup B$$
$$\Rightarrow x \notin B \text{ ならば } \forall \lambda \in \Lambda,\ x \in A_\lambda$$
$$\Rightarrow x \notin B \text{ ならば } x \in \cap_{\lambda \in \Lambda} A_\lambda$$
$$\Rightarrow x \in (\cap_{\lambda \in \Lambda} A_\lambda) \cup B$$
であるので，$(\cap_{\lambda \in \Lambda} A_\lambda) \cup B \supset \cap_{\lambda \in \Lambda}(A_\lambda \cup B)$ も成立する．したがって，関係式 (4.17) が成り立つ．

▷ **4.4** 任意の部分集合族 $(A'_\lambda)_{\lambda \in \Lambda}$ に対して，関係式 (4.18) より，
$$(\cup_{\lambda \in \Lambda} A'_\lambda)^c = \cap_{\lambda \in \Lambda} (A'_\lambda)^c$$
が成立する．この両辺の集合の補集合も等しいので，
$$\cup_{\lambda \in \Lambda} A'_\lambda = (\cap_{\lambda \in \Lambda} (A'_\lambda)^c)^c$$
となる．与えられた部分集合族 $(A_\lambda)_{\lambda \in \Lambda}$ に対して，$A'_\lambda = A_\lambda^c$ とすれば，上の式より
$$\cup_{\lambda \in \Lambda} A_\lambda^c = (\cap_{\lambda \in \Lambda} A_\lambda)^c$$
となる．したがって，関係式 (4.19) が成立する．

▷ **4.5** 任意の $\sigma' \in \Sigma$ に対して, $B_{\sigma'} \subset \cup_{\sigma \in \Sigma} B_\sigma$ であるから, $f^{-1}(B_{\sigma'}) \subset f^{-1}(\cup_{\sigma \in \Sigma} B_\sigma)$ となるので,
$$\cup_{\sigma' \in \Sigma} f^{-1}(B_{\sigma'}) \subset f^{-1}(\cup_{\sigma \in \Sigma} B_\sigma)$$
が成立する. 逆に,
$$x \in f^{-1}(\cup_{\sigma \in \Sigma} B_\sigma) \Rightarrow f(x) \in \cup_{\sigma \in \Sigma} B_\sigma$$
$$\Rightarrow \exists \sigma' \in \Sigma, \ f(x) \in B_{\sigma'}$$
$$\Rightarrow x \in f^{-1}(B_{\sigma'})$$
$$\Rightarrow x \in \cup_{\sigma \in \Sigma} f^{-1}(B_\sigma)$$
となるので, $f^{-1}(\cup_{\sigma \in \Sigma} B_\sigma) \subset \cup_{\sigma \in \Sigma} f^{-1}(B_\sigma)$ が成立する. したがって, 関係式 (4.22) が成り立つ.

第 5 章

▷ **5.1**

(1) $|x-y| \leq 1$ をみたす実数 x と y の関係は, 反射的, 対称的であるが, 推移的ではない.

(2) 集合の包含関係 $\subset$ あるいは実数の大小関係 $\leq$ は, 反射的, 推移的であるが, 対称的ではない.

▷ **5.2** 定義より, 反射律と対称律をみたすので, 推移律もみたすことを示す. A の元を $(m_1, n_1), (m_2, n_2), (m_3, n_3)$ とし, $(m_1, n_1) T (m_2, n_2)$ かつ $(m_2, n_2) T (m_3, n_3)$ であるとする. このとき,
$$m_1 n_2 = m_2 n_1, \ m_2 n_3 = m_3 n_2$$
が成立する. したがって,
$$m_3 n_2 n_1 = m_2 n_3 n_1 = m_1 n_2 n_3$$
となるので, 両辺を $n_2(\neq 0)$ で割ることにより, $m_3 n_1 = m_1 n_3$ が得られる. したがって, $(m_1, n_1) T (m_3, n_3)$ となるので, 推移律をみたす.

▷ **5.3** 任意の元 $a \in A$ は, ただ 1 つの $C \in \mathcal{M}$ に含まれるので, 反射律をみたす.

aTb ならば, a と b は同じ集合 $C \in \mathcal{M}$ に含まれるので, bTa である. したがって, 対称律をみたす.

aTb かつ bTc ならば, a と b は同じ集合 $C_1 \in \mathcal{M}$ に含まれ, b と c は同じ集合 $C_2 \in \mathcal{M}$ に含まれる. ここで, b が C_1 と C_2 に含まれるから, $C_1 = C_2$ であり, a と c も同じ集合に含まれる. したがって, aTc となり, 推移律をみたす.

反射律, 対称律, 推移律をみたすので, T は同値関係である.

▷ **5.4** T が同値関係であるので，反射律より aTa となる．したがって，$a \in C(a)$ が成り立つ．

aTb であるとする．$x \in C(a)$ ならば，aTx であるが，対称律と推移律により bTx となる．したがって，$x \in C(b)$ となる．逆に，$x \in C(b)$ ならば $x \in C(a)$ となる．以上のことから，$C(a) = C(b)$ が成り立つ．

$C(a) \cap C(b) \neq \emptyset$ であると仮定する．ある $x \in C(a) \cap C(b)$ が存在し，aTx かつ bTx となる．推移律により aTb となるので，$C(a) = C(b)$ となる．したがって，$C(a) \neq C(b) \Rightarrow C(a) \cap C(b) = \emptyset$ が成立する．

▷ **5.5** 定義より反射律をみたすので，反対称律と推移律をみたすことを示す．2 つの元 (x_1, x_2) と (y_1, y_2) に対して，$(x_1, x_2) \geq (y_1, y_2)$ かつ $(y_1, y_2) \geq (x_1, x_2)$ であるとする．このとき，$x_1 \geq y_1$, $x_2 \geq y_2$, $y_1 \geq x_1$, $y_2 \geq x_2$ であるので，$x_1 = y_1$ と $x_2 = y_2$ が成立する．したがって，反射律をみたす．

3 つの元 (x_1, x_2), (y_1, y_2), (z_1, z_2) に対して，$(x_1, x_2) \geq (y_1, y_2)$ かつ $(y_1, y_2) \geq (z_1, z_2)$ であるとする．このとき，$x_1 \geq y_1$, $x_2 \geq y_2$, $y_1 \geq z_1$, $y_2 \geq z_2$ であるので，$x_1 \geq z_1$ と $x_2 \geq z_2$ が成立する．したがって，推移律をみたす．以上のことから，関係 $\geq$ は順序であるが，たとえば $(0,1)$ と $(1,0)$ は比較できないので，全順序ではない．

▷ **5.6** a と a' が極大元であるとする．比較可能であるので，$a \leq a'$ または $a' \leq a$ となる．$a \leq a'$ ならば，a が極大元であることから $a = a'$ であり，$a' \leq a$ ならば，a' が極大元であることから $a = a'$ である．したがって，極大元はたかだか 1 つである．また，極大元 $a \in A$ が存在するとき，任意の $b \in A$ に対して $a \leq b$ または $b \leq a$ であるが，$a \leq b$ ならば，a が極大元であることから $a = b$ である．いずれにしても，$b \leq a$ となるので，a は A の最大元である．

▷ **5.7**
(1) 最小元は，存在しない．
(2) すべての素数 $2, 3, 4, 5, \cdots$ が極小元である．

▷ **5.8** 任意の元 $a \in X$ に対して，集合 $\{a\}$ は極小元である．X が 2 つ以上の要素をもつとき，最小元は存在しない．X がただ 1 つの元 a のみからなるとき，$X = \{a\}$ が最小元である．

▷ **5.9** 上限は $a_1, a_2, \cdots, a_n$ の最小公倍数であり，下限は $a_1, a_2, \cdots, a_n$ の最大公約数である．

▷ **5.10** 定義より反射律，反対称律，推移律をみたすので，比較可能であることを示す．$c = (A|B)$, $d = (A'|B')$ とする．$A \subset A'$ ならば $c \leq d$ となり，比較可能である．$A \subset A'$ が成立しないならば，ある $c' \in A$ が存在して，$c' \notin A'$ となる．したがって，$c' \leq c$ かつ $d \leq c'$ となるので，$d \leq c$ が得られる．いずれにしても，c と d が比較可能であるので，全順

序である．

第 6 章

▷ **6.1** 自然数全体の集合 $\mathbb{N}$ から正の偶数全体の集合への写像 f を任意の $n \in \mathbb{N}$ に対して，
$$f(n) = 2n$$
と定義すれば，これは全単射である．したがって，自然数全体の集合 $\mathbb{N}$ と正の偶数全体の集合は対等である．

▷ **6.2** 第 3 章の演習問題 3.5 で定義した関数 f は，閉区間 $[0,1]$ から開区間 $(0,1)$ への全単射である．

▷ **6.3** $A \sim A'$ かつ $B \sim B'$ ならば全単射 $f : A \to A'$ と $g : B \to B'$ が存在する．このとき，写像 $h : A \times B \to A' \times B'$ を任意の $(x,y) \in A \times B$ に対して，
$$h(x,y) = (f(x), g(y))$$
と定義する．この写像 h が全単射となるので，$A \times B \sim A' \times B'$ である．

▷ **6.4** 任意の元 $(a,b) \in \mathcal{T}$ に対して，ある有理数 $c \in (a,b)$ が存在する．元 (a,b) に有理数 c を対応させる写像を $f : \mathcal{T} \to \mathbb{Q}$ とする．$\mathcal{T}$ に属するどの 2 つの開区間も互いに素であるから，この写像 f は単射である．したがって，$|\mathcal{T}| \leq |\mathbb{Q}|$ となるので，$\mathcal{T}$ はたかだか可算な集合である．

第 7 章

▷ **7.1** まず，$B(\boldsymbol{a}, r)^i = B(\boldsymbol{a}, r)$ となることを示す．点 $\boldsymbol{x} \in B(\boldsymbol{a}, r)$ とする．$d(\boldsymbol{a}, \boldsymbol{x}) < r$ であるから，ある $\varepsilon > 0$ に対して，$r - d(\boldsymbol{a}, \boldsymbol{x}) > \varepsilon$ となる．このとき，任意の $\boldsymbol{y} \in B(\boldsymbol{x}, \varepsilon)$ について，
$$d(\boldsymbol{a}, \boldsymbol{y}) \leq d(\boldsymbol{a}, \boldsymbol{x}) + d(\boldsymbol{x}, \boldsymbol{y}) < d(\boldsymbol{a}, \boldsymbol{x}) + \varepsilon < r$$
となるので，$\boldsymbol{y} \in B(\boldsymbol{a}, r)$ である．したがって，$B(\boldsymbol{x}, \varepsilon) \subset B(\boldsymbol{a}, r)$ となるので，$\boldsymbol{x}$ は $B(\boldsymbol{a}, r)$ の内点である．すなわち，$B(\boldsymbol{a}, r) \subset B(\boldsymbol{a}, r)^i$ である．この逆 $B(\boldsymbol{a}, r)^i \subset B(\boldsymbol{a}, r)$ は定義より成り立つので，$B(\boldsymbol{a}, r) = B(\boldsymbol{a}, r)^i$ となる．

次に，$B(\boldsymbol{a}, r)^b = \{\boldsymbol{x} | d(\boldsymbol{a}, \boldsymbol{x}) = r\}$ となることを示す．点 $\boldsymbol{x} \in \{\boldsymbol{x} | d(\boldsymbol{a}, \boldsymbol{x}) = r\}$ とする．任意の $\varepsilon \in (0, r]$ に対して，
$$\boldsymbol{b} = \boldsymbol{x} - \frac{\varepsilon}{2r}(\boldsymbol{x} - \boldsymbol{a})$$
とすれば，
$$d(\boldsymbol{x}, \boldsymbol{b}) = \frac{\varepsilon}{2r} d(\boldsymbol{a}, \boldsymbol{x}) < \varepsilon$$

かつ
$$d(\boldsymbol{a},\boldsymbol{b}) = \left(1 - \frac{\varepsilon}{2r}\right) d(\boldsymbol{a},\boldsymbol{x}) < r$$
となるので, $\boldsymbol{b} \in B(\boldsymbol{x},\varepsilon) \cap B(\boldsymbol{a},r)$, すなわち $B(\boldsymbol{x},\varepsilon) \cap B(\boldsymbol{a},r) \neq \emptyset$ である. $\varepsilon \geq r$ ならば, $B(\boldsymbol{x},r) \subset B(\boldsymbol{x},\varepsilon)$ より, $B(\boldsymbol{x},\varepsilon) \cap B(\boldsymbol{a},r) \neq \emptyset$ である. $\boldsymbol{x} \in B(\boldsymbol{x},\varepsilon) \cap B(\boldsymbol{a},r)^c$ であるので, $\boldsymbol{x}$ は境界点となり, $\{\boldsymbol{x}|d(\boldsymbol{a},\boldsymbol{x}) = r\} \subset B(\boldsymbol{a},r)^b$ となる. 逆に, $\boldsymbol{x} \in B(\boldsymbol{a},r)^b$ とする. 任意の $\varepsilon > 0$ に対して, $\boldsymbol{y} \in B(\boldsymbol{a},r) \cap B(\boldsymbol{x},\varepsilon)$ と $\boldsymbol{z} \in B(\boldsymbol{a},r)^c \cap B(\boldsymbol{x},\varepsilon)$ が存在する. このとき,
$$d(\boldsymbol{a},\boldsymbol{x}) \leq d(\boldsymbol{a},\boldsymbol{y}) + d(\boldsymbol{y},\boldsymbol{x}) < r + \varepsilon$$
$$d(\boldsymbol{a},\boldsymbol{x}) \geq d(\boldsymbol{a},\boldsymbol{z}) - d(\boldsymbol{x},\boldsymbol{z}) > r - \varepsilon$$
となる. ここで, $\varepsilon > 0$ が任意だから, $d(\boldsymbol{a},\boldsymbol{x}) = r$ となる. したがって, $\{\boldsymbol{x}|d(\boldsymbol{a},\boldsymbol{x}) = r\} \supset B(\boldsymbol{a},r)^b$ となる. 以上のことから, $\{\boldsymbol{x}|d(\boldsymbol{a},\boldsymbol{x}) = r\} = B(\boldsymbol{a},r)^b$ である.

$\{\boldsymbol{x}|d(\boldsymbol{a},\boldsymbol{x}) > r\} = (B(\boldsymbol{a},r) \cup \{\boldsymbol{x}|d(\boldsymbol{a},\boldsymbol{x}) = r\})^c$ かつ $B(\boldsymbol{a},r)^e = (B(\boldsymbol{a},r)^i \cup B(\boldsymbol{a},r)^b)^c$ であるから, $B(\boldsymbol{a},r)^e = \{\boldsymbol{x}|d(\boldsymbol{a},\boldsymbol{x}) > r\}$ も成り立つ.

▷ **7.2** M が空でなく真部分集合であるから, $a \in M$ と $b \in M^c$ が存在する. $a < b$ であるとき,
$$M' = M \cap (-\infty, b)$$
とすれば, $a \in M'$ であり, b が M' の上界となるので, 集合 M' の上限 b' が存在する. b' を含む任意の開区間は, M の点と M^c の点を含むので, b' は集合 M の境界点である. 集合 M の境界点が存在するので, M は開集合かつ閉集合とはならない. $a > b$ のときも同様である.

▷ **7.3** $(x_1, x_2) \in M = (a_1, b_1) \times (a_2, b_2)$ とする. このとき,
$$\varepsilon = \min\{x_1 - a_1,\ b_1 - x_1,\ x_2 - a_2,\ b_2 - x_2\}$$
とすれば, $\varepsilon > 0$ であり, 球体 $B((x_1, x_2), \varepsilon) \subset M$ となるので, 点 (x_1, x_2) は M の内点である. したがって, M は開集合である.

▷ **7.4** $\mathbb{R}^2$ の任意の点 $\boldsymbol{x}$ を中心とする任意の半径 $\varepsilon > 0$ の球体 $B(\boldsymbol{x}, \varepsilon)$ は, C と C^c の両方の点を含むので, $\boldsymbol{x}$ は C の境界点である. したがって, C の境界は $\mathbb{R}^2$ 全体であり, 内部と外部は空集合である.

▷ **7.5** 性質 (i) は定義より成り立つ.

$A_1, A_2, \cdots, A_n \in \mathcal{U}$ とする. $A_1^c, A_2^c, \cdots, A_n^c$ は開集合であるから, 定理 7.3(ii) により,
$$A_1^c \cap A_2^c \cap \cdots \cap A_n^c$$
も開集合である. この集合の補集合
$$(A_1^c \cap A_2^c \cap \cdots \cap A_n^c)^c = A_1 \cup A_2 \cup \cdots \cup A_n$$

は閉集合である．したがって，(ii) が成り立つ．

閉集合からなる集合族を $(A_\lambda)_{\lambda \in \Lambda}$ とする．このとき，$(A_\lambda^c)_{\lambda \in \Lambda}$ は，開集合の族であるから，定理 7.3(iii) により，

$$\cup_{\lambda \in \Lambda} A_\lambda^c$$

も開集合である．この集合の補集合

$$(\cup_{\lambda \in \Lambda} A_\lambda^c)^c = \cap_{\lambda \in \Lambda} A_\lambda$$

は閉集合である．したがって，(iii) が成り立つ．

第 8 章

▷ **8.1** 定義より，距離の性質 (i), (ii), (iii) をみたすので，(iv) を示す．$\mathbb{R}^n$ 上の任意の 3 点 $\boldsymbol{x} = (x_1, x_2, \cdots, x_n)$, $\boldsymbol{y} = (y_1, y_2, \cdots, y_n)$, $\boldsymbol{z} = (z_1, z_2, \cdots, z_n)$ とする．このとき，$|x_i - z_i| (i = 1, 2, \cdots, n)$ が最大となる添字を k とすれば，

$$\begin{aligned}
d_\infty(\boldsymbol{x}, \boldsymbol{z}) &= \max\{|x_i - z_i| | i = 1, 2, \cdots, n\} \\
&= |x_k - z_k| \\
&\leq |x_k - y_k| + |y_k - z_k| \\
&\leq \max\{|x_i - y_i| | i = 1, 2, \cdots, n\} + \max\{|y_i - z_i| | i = 1, 2, \cdots, n\} \\
&= d_\infty(\boldsymbol{x}, \boldsymbol{y}) + d_\infty(\boldsymbol{y}, \boldsymbol{z})
\end{aligned}$$

となるので，性質 (iv) をみたす．

▷ **8.2** 距離の性質 (i) と (iii) は，定義より成り立つ．$f = g$ ならば $d(f, g) = 0$ も成り立つ．逆に，$d(f, g) = 0$ ならば

$$\max\{|f(x) - g(x)| \mid x \in [a, b]\} = 0$$

であるが，これは任意の $x \in [a, b]$ に対して $|f(x) - g(x)| = 0$ であることを意味する．任意の $x \in [a, b]$ に対して $f(x) = g(x)$ であるので，$f = g$ となる．ゆえに，(ii) が成立する．次に，$f, g, h \in C[a, b]$ ならば，

$$\begin{aligned}
\max_{x \in [a,b]} |f(x) - h(x)| &= |f(x') - h(x')| \\
&\leq |f(x') - g(x')| + |g(x') - h(x')| \\
&\leq \max_{x \in [a,b]} |f(x) - g(x)| + \max_{x \in [a,b]} |g(x) - h(x)|
\end{aligned}$$

となるので，式 (8.1) が成立し，(iv) も成立する．ここで，x' は区間 $[a, b]$ において $|f(x) - h(x)|$ の値が最大となる実数 x である．以上のことから，d は $C[a, b]$ 上の距離関数である．

▷ **8.3** 2 次元ユークリッド空間 $(\mathbb{R}^2, d)$ において，$\boldsymbol{x} \in M$ が M の内点ならば，ある $\varepsilon > 0$

が存在して，
$$B(\boldsymbol{x},\varepsilon) \subset M$$
となる．このとき，$B_1(\boldsymbol{x},\varepsilon) \subset B(\boldsymbol{x},\varepsilon)$ であるから，
$$B_1(\boldsymbol{x},\varepsilon) \subset M$$
となる．したがって，$\boldsymbol{x}$ は距離空間 $(\mathbb{R}^2, d_1)$ における M の内点である．

逆に，$\boldsymbol{x}$ が距離空間 $(\mathbb{R}^2, d_1)$ における M の内点ならば，ある $\varepsilon > 0$ が存在して，
$$B_1(\boldsymbol{x},\varepsilon) \subset M$$
となる．このとき，$B(\boldsymbol{x},\varepsilon/\sqrt{2}) \subset B_1(\boldsymbol{x},\varepsilon)$ であるから，
$$B\left(\boldsymbol{x}, \frac{1}{\sqrt{2}}\varepsilon\right) \subset M$$
となる．したがって，$\boldsymbol{x}$ はユークリッド空間 $(\mathbb{R}^2, d)$ における M の内点である．

▷ **8.4** 位相として，$\{\emptyset, S\}$，$\{\emptyset, \{a\}, S\}$，$\{\emptyset, \{b\}, S\}$，2^S の4つがある．

▷ **8.5** 位相の性質 (i)，(ii)，(iii) をみたすことはほぼあきらかなので，読者への課題とする．

▷ **8.6** ユークリッド空間における開集合系についての定理 7.3 の証明とほぼ同様なので，読者への課題とする．

▷ **8.7** 離散空間 $(S, \mathcal{D}_1)$ では，任意の部分集合 M は開集合かつ閉集合である．したがって，M の内部は M 自身であり，M の外部は補集合 M^c であり，M の境界は空集合である．

▷ **8.8** $\boldsymbol{x} = (x_1, x_2, x_3) \in M$ とすれば，$\boldsymbol{x}$ を中心とする半径 $\varepsilon > 0$ の球体 $B(\boldsymbol{x},\varepsilon)$ は点 $(x_1, x_2, 0.5\varepsilon)$ を含むが，これは M 上の点ではない．したがって，$\boldsymbol{x}$ は M の境界点であり，内点ではない．しかし，ある $\varepsilon > 0$ が存在し，
$$B(\boldsymbol{x},\varepsilon) \cap A \subset M$$
となるので，$\boldsymbol{x}$ は A における相対的内点である．

▷ **8.9** 点列 $((a_k, b_k))_{k \in \mathbb{N}}$ が原点 $(0,0)$ に収束することを示す．任意の $\varepsilon > 0$ に対して，ある $n_0 \in \mathbb{N}$ が存在して $\varepsilon > 1/n_0$ となるので，$k > \sqrt{2}n_0$ ならば
$$\begin{aligned}
d((0,0), (a_k, b_k)) &= \sqrt{\frac{1}{k^2} + \frac{1}{k^2}} \\
&= \frac{\sqrt{2}}{k} \\
&\leq \frac{1}{n_0} \\
&< \varepsilon
\end{aligned}$$

となる．したがって，点列 $((a_k, b_k))_{k \in \mathbb{N}}$ は原点 $(0,0)$ に収束する．

▷ **8.10** 点列 $((a_k, b_k))_{k \in \mathbb{N}}$ が点 (a, b) に収束すると仮定する．このとき，$r = \max\{|a|, |b|\}$ とすれば，任意の $k > r + 1$ に対して，
$$d((a,b), (a_k, b_k)) \geq \sqrt{2}$$
となるので，点列 $((a_k, b_k))_{k \in \mathbb{N}}$ が点 (a, b) に収束することに矛盾する．したがって，この点列は収束しない．

▷ **8.11** 任意の $x \in \mathbb{R}$ と $\varepsilon > 0$ に対して，$\delta = 0.4\varepsilon$ とすれば，
$$|x - y| < \delta \Rightarrow |f(x) - f(y)| < 2\delta < \varepsilon$$
となるので，f は x で連続である．

▷ **8.12** $\mathbb{R}$ の開集合 $O' = (-0.5, 0.5)$ に対して，
$$f^{-1}(O') = [1, 1.5)$$
となるが，これは開集合ではない．したがって，f は連続ではない．

第 9 章

▷ **9.1** 任意の $k \in \mathbb{N}$ に対して $b_k = -a_k$ とすれば，数列 $(b_k)_{k \in \mathbb{N}}$ は上に有界で単調増加する．したがって，この数列はある値 b に収束する．このとき，$(a_k)_{k \in \mathbb{N}}$ は $-b$ に収束する．

▷ **9.2** 数列 $(a_k)_{k \in \mathbb{N}}$ が a に収束すると仮定する．このとき，任意の $\varepsilon > 0$ に対して，ある $k_1 \in \mathbb{N}$ が存在し，
$$k \geq k_1 \Rightarrow |a_k - a| < \frac{\varepsilon}{2}$$
となる．このとき，$k, k' \geq k_1$ ならば，
$$|a_k - a_{k'}| \leq |a_k - a| + |a - a_{k'}| < \varepsilon$$
が成立する．したがって，数列 $(a_k)_{k \in \mathbb{N}}$ はコーシー列である．

▷ **9.3** 問題 9.2 の解答と同様なので，読者への課題とする．

▷ **9.4** 任意の部分列を $(a_k)_{k \in \mathbb{N}_1}$ とする．数列 $(a_k)_{k \in \mathbb{N}}$ が a に収束するので，任意の $\varepsilon > 0$ に対して，ある k_0 が存在して，
$$k \geq k_0 \Rightarrow d(a, a_k) < \varepsilon$$
となる．これより，
$$\forall k \in \mathbb{N}_1 \quad (k \geq k_0 \Rightarrow d(a, a_k) < \varepsilon)$$

も成立する．したがって，部分列 $(a_k)_{k\in\mathbb{N}_1}$ も a に収束する．

▷ **9.5** 点列 $(a_k)_{k\in\mathbb{N}}$ が $a\in\mathbb{R}^n$ に収束するとし，$q=d(\mathbf{0},a)$ とする．ある k_0 が存在し，
$$k\geq k_0 \Rightarrow d(a,a_k)\leq 1$$
が成立するので，$k\geq k_0$ ならば
$$d(\mathbf{0},a_k)\leq d(\mathbf{0},a)+d(a,a_k)\leq q+1$$
である．$q'=\max\{d(\mathbf{0},a_k)|k=1,2,\cdots,k_0\}$ とすれば，任意の $k\in\mathbb{N}$ に対して，
$$d(\mathbf{0},a_k)\leq \max\{q',\ q+1\}$$
となるので，点列 $(a_k)_{k\in\mathbb{N}}$ は有界である．

▷ **9.6** 数列 $\{k\}_{k\in\mathbb{N}}$ は，どんな部分列をとっても収束しないので，$\mathbb{R}$ は点列コンパクト空間ではない．

第 10 章

▷ **10.1** 任意の実数 a,b,c に対して，$(a+b)+c=a+(b+c)$ が成り立つので，G1 をみたす．任意の実数 a に対して，$a+0=0+a=a$ であるので，単位元 0 が存在する．任意の実数 a に対して，$a+(-a)=0$ となるので，逆元 $-a$ が存在する．

▷ **10.2** $(a_1a_2a_3)(a_3^{-1}a_2^{-1}a_1^{-1})=1$ かつ $(a_3^{-1}a_2^{-1}a_1^{-1})(a_1a_2a_3)=1$ となるので，$a_1a_2a_3$ の逆元は，$a_3^{-1}a_2^{-1}a_1^{-1}$ である．

▷ **10.3** 2 と 3 の最小公倍数である 6 の倍数の集合 $\mathbb{Z}(6)$ である．

▷ **10.4** まず，加法ついて可換群をなすことを示す．任意の整数 a,b,c に対して，$(a+b)+c=a+(b+c)$ が成り立つので，結合的である．任意の整数 a に対して，$a+0=0+a=a$ であるので，零元 0 が存在し，$a+(-a)=0$ となるので，逆元 $-a$ が存在する．また，任意の整数 a,b に対して，$a+b=b+a$ となるので，可換である．

任意の整数 a,b,c に対して，$(ab)c=a(bc)$ となるので，乗法に関して結合的であり，$a(b+c)=ab+ac$ と $(b+c)a=ba+ca$ も成り立つので，乗法が加法に対して分配的である．任意の整数 a に対して，$a1=1a=a$ が成り立つので，単位元 1 が存在する．

以上のことから，整数全体の集合 $\mathbb{Z}$ は加法と乗法について環をなす．

▷ **10.5** a,b が K の単元ならば，$(b^{-1}a^{-1})(ab)=(ab)(b^{-1}a^{-1})=1$ となるので，ab も単元である．定義より，結合的である．単位元 1 は $11=1$ より単元であり，a が単元ならばその逆元 a^{-1} も単元である．

▷ **10.6** 分配律より，

$$ab + a(-b) = a(b+(-b)) = a0 = 0$$
$$a(-b) + ab = a((-b)+b) = a0 = 0$$

が成立するので，$a(-b)$ は ab の加法についての逆元 $-ab$ である．同様に，$(-a)b = -ab$ も成立する．

▷ **10.7** まず，加法ついて可換群をなすことを示す．任意の有理数 a,b,c に対して，$(a+b)+c = a+(b+c)$ が成り立つので，結合的である．任意の有理数 a に対して，$a+0 = 0+a = a$ であるので，零元 0 が存在し，$a+(-a) = 0$ となるので，逆元 $-a$ が存在する．また，任意の有理数 a,b に対して，$a+b = b+a$ となるので，可換である．

任意の有理数 a,b,c に対して，$(ab)c = a(bc)$ となるので，乗法に関して結合的であり，$a(b+c) = ab + ac$ と $(b+c)a = ba + ca$ も成り立つので，乗法が加法に対して分配的である．任意の有理数 a に対して，$a1 = 1a = a$ が成り立つので，単位元 1 が存在する．

任意の有理数 a,b に対して，$ab = ba$ が成り立つので，乗法に関して可換である．零元でない任意の有理数 a に対して，逆元 $1/a \in \mathbb{Q}$ が存在する．

以上のことから，有理数全体の集合 $\mathbb{Q}$ は加法と乗法について体をなす．

▷ **10.8** 零因子をもつならば，$a \neq 0$, $b \neq 0$, $ab = 0$ となる元が存在する．体であるから，a の逆元 a^{-1} が存在し，$b = (a^{-1}a)b = a^{-1}(ab) = a^{-1}0 = 0$ となり矛盾する．

第 11 章

▷ **11.1** 区間 $A = [0,1]$ と $B = [2,3]$ は，$\mathbb{R}$ の凸集合であるが，その和集合 $A \cup B$ は凸集合ではない．

▷ **11.2** $\boldsymbol{x}, \boldsymbol{y} \in W$ とすれば，
$$\exists \alpha_i^1 \in \mathbb{R} \ (i=1,2,\cdots,m), \ \boldsymbol{x} = \sum_{i=1}^{m} \alpha_i^1 \boldsymbol{a}^i,$$
$$\exists \alpha_i^2 \in \mathbb{R} \ (i=1,2,\cdots,m), \ \boldsymbol{y} = \sum_{i=1}^{m} \alpha_i^2 \boldsymbol{a}^i$$

と表される．任意の $\alpha, \beta \in \mathbb{R}$ に対して，
$$\alpha \boldsymbol{x} + \beta \boldsymbol{y} = \sum_{i=1}^{m} (\alpha \alpha_i^1 + \beta \alpha_i^2) \boldsymbol{a}^i \in W$$

となるので，W は部分空間である．

▷ **11.3** $\boldsymbol{x}$ が $\boldsymbol{a}^1, \boldsymbol{a}^2, \cdots, \boldsymbol{a}^m$ の非負線形結合で表されるならば
$$\exists \alpha_i \geq 0 \ (i=1,2,\cdots,m), \ \boldsymbol{x} = \sum_{i=1}^{m} \alpha_i \boldsymbol{a}^i$$

となる．$\alpha = \sum_{i=1}^{m} \alpha_i$ とする．もし $\alpha = 0$ ならば，$\boldsymbol{x} = \boldsymbol{0} \in C$ であるので，$\alpha \neq 0$ とする．このとき，$\boldsymbol{x}' = (1/\alpha)\boldsymbol{x}$ とすれば，$\boldsymbol{x}'$ は点 $\boldsymbol{a}^1, \boldsymbol{a}^2, \cdots, \boldsymbol{a}^m$ の凸結合となるので，$\boldsymbol{x}' \in C$ である．また，C は錐であるので，$\boldsymbol{x} = \alpha \boldsymbol{x}' \in C$ となる．

▷ **11.4** 超平面 $H = \{\boldsymbol{x} | \boldsymbol{a}^T \boldsymbol{x} = b\}$ 上の 2 点を $\boldsymbol{x}$, $\boldsymbol{y}$ とする．任意の $\alpha \in [0,1]$ に対して，
$$\boldsymbol{a}^T((1-\alpha)\boldsymbol{x} + \alpha \boldsymbol{y}) = (1-\alpha)\boldsymbol{a}^T \boldsymbol{x} + \alpha \boldsymbol{a}^T \boldsymbol{y} = (1-\alpha)b + \alpha b = b$$
となるので，$(1-\alpha)\boldsymbol{x} + \alpha \boldsymbol{y} \in H$ である．したがって，超平面 H は，凸集合である．

▷ **11.5** 半空間 $H^1 = \{\boldsymbol{x} | \boldsymbol{a}^T \boldsymbol{x} \leq b\}$ 上の 2 点を $\boldsymbol{x}$, $\boldsymbol{y}$ とする．任意の $\alpha \in [0,1]$ に対して，
$$\boldsymbol{a}^T((1-\alpha)\boldsymbol{x} + \alpha \boldsymbol{y}) = (1-\alpha)\boldsymbol{a}^T \boldsymbol{x} + \alpha \boldsymbol{a}^T \boldsymbol{y} \leq (1-\alpha)b + \alpha b = b$$
となるので，$(1-\alpha)\boldsymbol{x} + \alpha \boldsymbol{y} \in H^1$ である．したがって，半空間 H^1 は，凸集合である．

▷ **11.6** $\mathbb{R}^n$ の凸多面集合 S は，式 (11.37) より，$m \times n$ 行列 A とベクトル $\boldsymbol{b} \in \mathbb{R}^m$ を用いて
$$S = \{\boldsymbol{x} | \boldsymbol{x} \in \mathbb{R}^n,\ A\boldsymbol{x} \leq \boldsymbol{b}\}$$
と表される．$\boldsymbol{x}, \boldsymbol{y} \in S$ とすれば，任意の $\alpha \in [0,1]$ に対して，
$$A((1-\alpha)\boldsymbol{x} + \alpha \boldsymbol{y}) = (1-\alpha)A\boldsymbol{x} + \alpha A\boldsymbol{y} \leq (1-\alpha)\boldsymbol{b} + \alpha \boldsymbol{b} = \boldsymbol{b}$$
となるので，$(1-\alpha)\boldsymbol{x} + \alpha \boldsymbol{y} \in S$ である．したがって，凸多面集合 S は，凸集合である．

▷ **11.7** $\boldsymbol{x}, \boldsymbol{y} \in S, \alpha \in [0,1]$ に対して，
$$\begin{aligned}
&f((1-\alpha)\boldsymbol{x} + \alpha \boldsymbol{y}) \\
&= \alpha_1 f_1((1-\alpha)\boldsymbol{x} + \alpha \boldsymbol{y}) + \alpha_2 f_2((1-\alpha)\boldsymbol{x} + \alpha \boldsymbol{y}) \\
&\leq \alpha_1((1-\alpha)f_1(\boldsymbol{x}) + \alpha f_1(\boldsymbol{y})) + \alpha_2((1-\alpha)f_2(\boldsymbol{x}) + \alpha f_2(\boldsymbol{y})) \\
&= (1-\alpha)(\alpha_1 f_1(\boldsymbol{x}) + \alpha_2 f_2(\boldsymbol{x})) + \alpha(\alpha_1 f_1(\boldsymbol{y}) + \alpha_2 f_2(\boldsymbol{y})) \\
&= (1-\alpha)f(\boldsymbol{x}) + \alpha f(\boldsymbol{y})
\end{aligned}$$
となるので，f は凸関数である．

▷ **11.8** $\boldsymbol{x}, \boldsymbol{y} \in S, \alpha \in [0,1]$ に対して，
$$\begin{aligned}
&f((1-\alpha)\boldsymbol{x} + \alpha \boldsymbol{y}) \\
&= \max\{f_1((1-\alpha)\boldsymbol{x} + \alpha \boldsymbol{y}),\ f_2((1-\alpha)\boldsymbol{x} + \alpha \boldsymbol{y})\} \\
&\leq \max\{(1-\alpha)f_1(\boldsymbol{x}) + \alpha f_1(\boldsymbol{y}),\ (1-\alpha)f_2(\boldsymbol{x}) + \alpha f_2(\boldsymbol{y})\} \\
&\leq \max\{(1-\alpha)f_1(\boldsymbol{x}),\ (1-\alpha)f_2(\boldsymbol{x})\} + \max\{\alpha f_1(\boldsymbol{y}),\ \alpha f_2(\boldsymbol{y})\} \\
&= (1-\alpha)\max\{f_1(\boldsymbol{x}), f_2(\boldsymbol{x})\} + \alpha \max\{f_1(\boldsymbol{y}), f_2(\boldsymbol{y})\}
\end{aligned}$$

$$= (1-\alpha)f(\boldsymbol{x}) + \alpha f(\boldsymbol{y})$$

となるので，f は凸関数である．

第 12 章

▷ **12.1**

(1) $$f(x,y) = x^2 - 2xy^2 - y + 2y^3$$

$$\left.\begin{array}{l}\dfrac{\partial f(x,y)}{\partial x} = 2x - 2y^2 = 0 \\ \dfrac{\partial f(x,y)}{\partial y} = -4xy - 1 + 6y^2 = 0\end{array}\right\} \text{より}$$

$$(x,y) = \left(\frac{1}{4}, \frac{1}{2}\right), \left(\left(\frac{1+\sqrt{3}}{2}\right)^2, \left(\frac{1+\sqrt{3}}{2}\right)\right), \left(\left(\frac{1-\sqrt{3}}{2}\right)^2, \left(\frac{1-\sqrt{3}}{2}\right)\right)$$

ヘッセ行列は

$$\begin{pmatrix} A & E \\ E & B \end{pmatrix} = \begin{pmatrix} 2 & -4y \\ -4y & -4x + 12y \end{pmatrix}$$

その行列式は

$$\det\begin{pmatrix} A & E \\ E & B \end{pmatrix} = -8(x - 3y + 2y^2) = -24(y^2 - y)$$

$A = 2 > 0$ なので，$\det\begin{pmatrix} A & E \\ E & B \end{pmatrix} > 0$ をみたす解は $(x,y) = \left(\dfrac{1}{4}, \dfrac{1}{2}\right)$ のみ．よって $(x,y) = \left(\dfrac{1}{4}, \dfrac{1}{2}\right)$ で $f(x,y)$ は極値をとり，$f\left(\dfrac{1}{4}, \dfrac{1}{2}\right) = -\dfrac{5}{16}$.

(2) $$f(x,y) = (x+y)e^{-xy}$$

$$\left.\begin{array}{l}\dfrac{\partial f(x,y)}{\partial x} = (1 - xy - y^2)e^{-xy} = 0 \\ \dfrac{\partial f(x,y)}{\partial y} = (1 - xy - x^2)e^{-xy} = 0\end{array}\right\} \text{より}$$

$$(x,y) = \left(\frac{1}{\sqrt{2}}, \frac{1}{\sqrt{2}}\right), \left(-\frac{1}{\sqrt{2}}, -\frac{1}{\sqrt{2}}\right)$$

$$A = \frac{\partial^2 f}{\partial x^2} = -ye^{-xy} - y(1 - xy - y^2)e^{-xy}$$

$$E = \frac{\partial^2 f}{\partial x \partial y} = (-x - 2y)e^{-xy} - x(1 - xy - y^2)e^{-xy}$$

$$B = \frac{\partial^2 f}{\partial y^2} = -xe^{-xy} - x(1 - xy - x^2)e^{-xy}$$

上の停留点でのヘッセ行列は，$x = y$ をみたすので

$$\begin{pmatrix} -xe^{-x^2} & -3xe^{-x^2} \\ -3xe^{-x^2} & -xe^{-x^2} \end{pmatrix}$$

$t = xe^{-x^2}$ とおくと

$$\begin{pmatrix} -t & -3t \\ -3t & -t \end{pmatrix}$$

行列式は $t^2 - 9t^2 = -8t^2 < 0$ なので $f(x,y)$ は極値をもたない.

▷ **12.2** 領域 $0 \leq x \leq 3,\ 0 \leq y \leq 3$ の境界以外で最大，最小となる点は

$$\frac{\partial f}{\partial x} = 3x^2 + 3y^2 - 15 = 0, \quad \frac{\partial f}{\partial y} = 3y^2 + 6xy - 15 = 0$$

をみたす．領域内でこれをみたすのは

$$(x,y) = (0, \sqrt{5}), (2, 1)$$
$$f(0, \sqrt{5}) = -10\sqrt{5}, \ f(2,1) = -30$$

境界上で最大・最小となる点を調べる.

$$f(0,0) = 0, \ f(0,3) = -18, \ f(3,0) = -18, \ f(3,3) = 45$$
$$\frac{\partial f}{\partial y}(0,y) = 3y^2 - 15 = 0 \ \text{より} \ (x,y) = (0, \sqrt{5})$$
$$\frac{\partial f}{\partial y}(3,y) = 3y^2 + 18y - 15 = 0 \ \text{より} \ y = 3 \pm \sqrt{14} \ \text{で領域外.}$$
$$\frac{\partial f}{\partial x}(x,0) = 3y^2 - 15 = 0 \ \text{より} \ f(\sqrt{5}, 0) = -10\sqrt{5}$$
$$\frac{\partial f}{\partial x}(x,3) = 3x^2 + 12 > 0$$

以上より最大値は $f(3,3) = 45$，最小値は $f(2,1) = -30$.

▷ **12.3** $2x - 3y - 4z = 0$ のもとで $(x-3)^2 + (y-2)^2 + (z-1)^2$ を最小化する.

$$F(x,y,z) = (x-3)^2 + (y-2)^2 + (z-1)^2 - \lambda(2x - 3y - 4z)$$

$$\left. \begin{aligned} \frac{\partial F}{\partial x} &= 2x - 6 - 2\lambda = 0 \\ \frac{\partial F}{\partial y} &= 2y - 4 + 3\lambda = 0 \\ \frac{\partial F}{\partial z} &= 2z - 2 + 4\lambda = 0 \end{aligned} \right\} \text{より}$$

$$x = 3 + \lambda, \ y = 2 - \frac{3}{2}\lambda, \ z = 1 - 2\lambda$$

$$2x - 3y - 4z = 2(3+\lambda) - 3\left(2 - \frac{3}{2}\lambda\right) - 4(1 - 2\lambda) = 0 \ \text{より} \ \lambda = \frac{8}{29}$$

よって $(x, y, z) = \left(\dfrac{95}{29}, \dfrac{46}{29}, \dfrac{13}{29}\right)$ が求める点.

▷ **12.4**
$$F(x, y, z) = xyz - \lambda\left(\dfrac{x^2}{a^2} + \dfrac{y^2}{b^2} + \dfrac{z^2}{c^2} - 1\right)$$

$$\dfrac{\partial F}{\partial x} = yz - \lambda\dfrac{2x}{a^2} = 0 \quad \text{より} \quad \dfrac{x^2}{a^2} = \dfrac{1}{2\lambda}xyz$$

$$\dfrac{\partial F}{\partial y} = zx - \lambda\dfrac{2y}{b^2} = 0 \quad \text{より} \quad \dfrac{y^2}{b^2} = \dfrac{1}{2\lambda}xyz$$

$$\dfrac{\partial F}{\partial z} = xy - \lambda\dfrac{2z}{c^2} = 0 \quad \dfrac{z^2}{c^2} = \dfrac{1}{2\lambda}xyz$$

$\dfrac{x^2}{a^2} + \dfrac{y^2}{b^2} + \dfrac{z^2}{c^2} = \dfrac{3}{2\lambda}xyz = 1$ より $\lambda = \dfrac{3}{2}xyz$. よって, $(x, y, z) = \left(\dfrac{a}{\sqrt{3}}, \dfrac{b}{\sqrt{3}}, \dfrac{c}{\sqrt{3}}\right)$ で xyz は, 制約のもと, 最大値 $\dfrac{abc}{3\sqrt{3}}$ をもつ.

▷ **12.5**
$$\det(A - \lambda I) = -\lambda^3 + 6\lambda^2 - 3\lambda - 10$$
$$= -(\lambda + 1)(\lambda - 2)(\lambda - 5)$$

よって $\boldsymbol{x}^T A \boldsymbol{x}$ の最大値は 5, 最小値は-1.

第 13 章

▷ **13.1** $\iint_D (1 - x - y) dxdy, \quad D = \{(x, y) | x \geq 0, \ y \geq 0, \ x + y \leq 1\}$

$$\iint_D (1 - x - y) dxdy = \int_0^1 \int_0^{1-y} (1 - x - y) dxdy$$
$$= \int_0^1 \left[(1-y)x - \dfrac{1}{2}x^2\right]_0^{1-y} dy$$
$$= \int_0^1 \dfrac{1}{2}(y - 1)^2 dy$$
$$= \left[\dfrac{1}{6}(y-1)^3\right]_0^1 = \dfrac{1}{6}$$

▷ **13.2**
$$\int_0^1 \int_0^1 (x + y^2) dxdy = \int_0^1 \left[\dfrac{1}{2}x^2 + xy^2\right]_0^1 dy$$
$$= \int_0^1 \left(\dfrac{1}{2} + y^2\right) dy$$

$$= \left[\frac{1}{2}y + \frac{1}{3}y^3\right]_0^1$$
$$= \frac{1}{2} + \frac{1}{3} = \frac{5}{6}$$

▷ **13.3** $\qquad \iint_D xydxdy, \ D = \{(x,y)|x^2+y^2 \leq 1\}$

$x = r\cos\theta, \ y = r\sin\theta$ と変数変換する．
このとき，(r,θ) は $0 \leq r \leq 1, \ 0 \leq \theta \leq 2\pi$ の範囲を動く．ヤコビアンは $J = r$．

$$\iint_D xydxdy = \int_0^{2\pi}\int_0^1 r^2\cos\theta\sin\theta r dr d\theta$$
$$= \int_0^{2\pi}\cos\theta\sin\theta\left[\frac{1}{4}r^4\right]_0^1 d\theta$$
$$= \frac{1}{4}\int_0^{2\pi}\sin 2\theta d\theta$$
$$= \frac{1}{8}\left[-\frac{1}{2}\cos 2\theta\right]_0^{2\pi} = \frac{1}{16}(-1+1) = 0$$

▷ **13.4** $\qquad \iint_D xydxdy, \ D = \{(x,y)||x|+|y| \leq 1\}$

$x = \dfrac{s+t}{2}, y = \dfrac{s-t}{2}$ と変数変換する．このとき，(s,t) は $-1 \leq s \leq 1, \ -1 \leq t \leq 1$ の範囲を動く．ヤコビアンは $J = -\dfrac{1}{2}$．

$$\iint_D xydxdy = \int_{-1}^1\int_{-1}^1\left(\frac{s+t}{2}\right)\left(\frac{s-t}{2}\right)\frac{1}{2}dsdt$$
$$= \frac{1}{8}\int_{-1}^1\int_{-1}^1(s^2-t^2)dsdt$$
$$= \frac{1}{8}\int_{-1}^1\left[\frac{1}{3}s^3 - st^2\right]_{-1}^1 dt$$
$$= \frac{1}{4}\int_{-1}^1\left(\frac{1}{3} - t^2\right)dt$$
$$= \frac{1}{4}\left[\frac{1}{3}t - \frac{1}{3}t^3\right]_{-1}^1 = 0$$

索　引

ア 行

値　32
アフィン集合　150, 153, 159
Abel 群　137
$\aleph$（アレフ）　83
$\aleph_0$（アレフ・ゼロ）　82
鞍点　172

位相　109
　　——の構造　109
位相空間　109
1 対 1 の写像　39
陰関数定理　176

上に有界　69, 123
上への写像　39
写す　32
裏　4

エピグラフ　162

凹関数　162

カ 行

外延的記法　17
開球体　98
開近傍　116
開区間　18, 100
開集合　98, 107
開集合系　101, 107
階乗関数　181
外点　94, 108, 110
外部　94, 108, 110
下界　69, 75, 123
可換　137, 143
可換環　143
可換群　137, 143
可逆元　147
下限　70, 75

可算集合　85, 86
可算の濃度　82, 89
可付番集合　85
可付番の濃度　82
加法群　136
環　143
含意　4
関係　60
関数　31
関数行列式　187
完備　125
完備距離空間　125
完備性　75, 122
ガンマ関数　180
簡約律　139

偽　1
基数　82
基本列　123
逆　4
逆元　136, 143, 147
逆写像　42, 79
逆像　35
逆対応　34
吸収律　24
球体　94, 107
球面　98
境界　95, 108, 110
境界点　95, 108, 110
共通部分　20, 28, 51, 101
極限　112
極限点　112
極座標変換　186
極小　172
極小解　165
極小元　68
局所的最小解　165
極大　172
極大元　68
極値　172

距離　91, 105
距離関数　105, 107
距離空間　106
近傍　116

空集合　17
グラフ　32, 33, 61, 162
群　136

結合律　19, 20, 45, 136, 143
元　16
　　——の族　49
　　——の列　49, 111
原像　35, 41
限定記号　10

交換律　19, 20, 137
恒真命題　6
合成関数　176
　　——の微分公式　176
合成写像　43, 45, 46, 79
合同　62
合同関係　65
恒等写像　32, 33, 45, 58, 79
勾配ベクトル　169
公理　13
コーシー列　123, 125
固有値問題（対称行列の）　178
孤立点　96, 97, 108, 110

サ 行

最小解　133, 165
最小元　68, 75, 131
最小上界　69
最小値　133
最大解　134
最大下界　70
最大元　68, 75, 131
最大値　134
最適化問題　165

索 引

差集合 21
座標の回転 174
三段論法 12

始集合 32
指数法則 140
自然数 72
自然数全体の集合 17
下に有界 69, 123
実数 73
　――の切断 75
実数全体の集合 17
実数体 147
実数値関数 144
実数値連続関数 106, 114, 125
弱順序 67
写像 31, 39, 55
斜体 147
集合 16
集合系 27, 50
集合族 50
終集合 32
集積点 96, 97, 108, 110, 128
重積分 183
　――での変数変換 186
収束 52, 112
十分条件 13
シュワルツの不等式 93
順序 50, 66, 84
順序関係 66
順序集合 67, 69
上界 69, 75, 122
上限 69, 75
条件文 4
商集合 65
乗法群 136
証明 12
触点 96, 108
真 1
真偽値 1
真偽表 2
真部分集合 18, 84
真理値 1

錐 152
推移的 62
推移律 18, 62, 66, 67
推論 12

数学的帰納法 14
数列 48, 122
スペクトル分解 174

整域 146
整除関係 66, 70
整数 72
整数全体の集合 17
積 28
接平面の方程式 170
零因子 146
零環 146
零元 143
線形結合 149, 153
線形順序 67
線形順序集合 67
全射 39, 41, 44, 78
全順序 67, 72, 74
全順序集合 67
全称記号 10
全体集合 21, 55
選択公理 58, 85, 89
全単射 39, 79

像 31, 35, 41
双条件文 5
相対位相 111
相対的内点 111
相等関係 62
存在記号 10

タ 行

体 147
大域的最小解 165
第一座標 28
第一成分 28
第二座標 28
第二成分 28
第 i 座標 92
第 i 成分 92
対応 32, 33
対偶 4
　――による方法 14
対称群 137, 138
対称差 21, 137
対称的 62
対称律 62
対等 79

互いに素 20, 63
たかだか可算な集合 85
単位元 136, 143
単元 147
単射 39, 41, 44, 78
単体 156
単調減少 52, 122
単調増加 122

値域 32
置換積分 186
中間値の定理 132
稠密 97
超平面 157
直積 28, 57
直説法 14
直和 20, 63, 95
直和分割 63, 72
　――に付随する同値関係 64

定義域 32
定積分 180
定置写像 32
テイラー展開（2 変数）170
定理 13
δ 近傍 116
点 92, 106, 109
点集合写像 33
添数 49
　――づけられた元の族 49
　――づけられた集合族 50
添数集合 49
点列 112
点列コンパクト位相空間 130
点列コンパクト集合 130, 133

同値 7, 62
同値関係 62, 64, 79
同値類 64
凸関数 162
凸結合 155
凸最適化問題 166
凸集合 150
凸錐 152, 154, 160
凸多面集合 156, 160
凸多面体 156, 160
凸包 151
トートロジー 6

ド・モルガンの法則 8, 11, 24
　26, 55, 56, 102

ナ 行

内点 94, 107, 110
内部 94, 110
内包的記法 17

二項関係 61
二項算法 135
2次形式 171
2重積分 184
　縦線集合上の―― 185
2重否定 4

濃度 82, 83, 89
ノルム 92

ハ 行

背理法 14, 71, 87
半空間 158
反射的 62
反射律 62, 66, 67
半順序集合 67
反対称律 66, 67

比較可能 67
非可算集合 85, 86
必要十分条件 13
必要条件 13
否定 4
等しい 17, 32
非負線形結合 154
微分可能 168
微分係数 168
微分積分法の基本定理 180
非有界 128
標準的単射 33

複合命題 5, 25
含まれる 17
含む 17
不定積分 180
フビニの定理 184
部分位相空間 111
部分環 147

部分空間 149, 153, 159
部分群 141
部分集合 17
部分集合系 27
部分集合族 51, 55
部分順序集合 67, 69, 70
部分体 147
部分列 128
普遍集合 21
分配律 8, 22, 54, 143
分類 65

閉球体 98
閉区間 18, 100
閉集合 98, 108, 110
閉集合系 101, 108, 110
閉錐 152
閉包 96, 108, 110
平方和 171
べき集合 27
ベクトル 92
ベータ関数 182
ヘッシアン 173
ヘッセ行列 171
ベルンシュタインの定理 81
変域 60
ベン図 19
偏導関数 169
偏微分 169

包含関係 66
包含写像 33
補集合 21

マ 行

交わり 20

密着位相 110
密着空間 110, 113

無限集合 16
無限列 49
矛盾 6
結び 19
無理数 73

命題 1
命題関数 9, 14, 25

ヤ 行

ヤコビアン（行列） 187

有界 69, 123, 128
有界閉集合 130, 133
有限集合 16
有限列 49
　――の長さ 49
有理数 72
　――の切断 72
有理数全体の集合 17
有理数体 147
ユークリッド空間 92

陽関数 177
要素 16

ラ 行

ラグランジュの未定乗数法 175

離散位相 110
離散空間 110, 113
リーマン和 184

累次積分 184
類別 65

レベル集合 163
連結 98, 131
連結律 67
連続 115, 117
　――の濃度 83
連続関数 117
連続写像 117, 118
連続性 75

論理記号 2
論理積 3
論理和 2

ワ 行

和集合 19, 28, 51, 101

著者略歴

宮川　雅巳
1957年　千葉県に生まれる
1981年　東京工業大学大学院理工学研究科修士課程修了
現　在　東京工業大学大学院社会理工学研究科・教授
　　　　工学博士

水野　眞治
1956年　愛知県に生まれる
1984年　東京工業大学大学院総合理工学研究科博士課程修了
現　在　東京工業大学大学院社会理工学研究科・教授
　　　　理学博士

矢島　安敏
1964年　長野県に生まれる
1990年　東京工業大学大学院理工学研究科後期博士課程中退
現　在　東京工業大学大学院社会理工学研究科・准教授
　　　　博士（工学）

科学のことばとしての数学
経営工学の数理 I　　　　　　　　　　　定価はカバーに表示

2004年 4 月 20 日　初版第 1 刷
2018年 8 月 25 日　　　第 9 刷

　　　　　　　著　者　宮　川　雅　巳
　　　　　　　　　　　水　野　眞　治
　　　　　　　　　　　矢　島　安　敏
　　　　　　　発行者　朝　倉　誠　造
　　　　　　　発行所　株式会社　朝　倉　書　店
　　　　　　　　　　　東京都新宿区新小川町 6－29
　　　　　　　　　　　郵 便 番 号　162－8707
　　　　　　　　　　　電　話　03（3260）0141
　　　　　　　　　　　F A X　03（3260）0180
　　　　　　　　　　　http://www.asakura.co.jp

〈検印省略〉

© 2004 〈無断複写・転載を禁ず〉　　　　壮光舎印刷・渡辺製本

ISBN 978-4-254-11631-1　C3341　　　　Printed in Japan

JCOPY 〈(社)出版者著作権管理機構 委託出版物〉

本書の無断複写は著作権法上での例外を除き禁じられています．複写される場合は，そのつど事前に，(社)出版者著作権管理機構（電話 03-3513-6969，FAX 03-3513-6979，e-mail: info@jcopy.or.jp）の許諾を得てください．

好評の事典・辞典・ハンドブック

数学オリンピック事典	野口　廣 監修	B5判 864頁
コンピュータ代数ハンドブック	山本　慎ほか 訳	A5判 1040頁
和算の事典	山司勝則ほか 編	A5判 544頁
朝倉 数学ハンドブック［基礎編］	飯高　茂ほか 編	A5判 816頁
数学定数事典	一松　信 監訳	A5判 608頁
素数全書	和田秀男 監訳	A5判 640頁
数論<未解決問題>の事典	金光　滋 訳	A5判 448頁
数理統計学ハンドブック	豊田秀樹 監訳	A5判 784頁
統計データ科学事典	杉山高一ほか 編	B5判 788頁
統計分布ハンドブック（増補版）	蓑谷千凰彦 著	A5判 864頁
複雑系の事典	複雑系の事典編集委員会 編	A5判 448頁
医学統計学ハンドブック	宮原英夫ほか 編	A5判 720頁
応用数理計画ハンドブック	久保幹雄ほか 編	A5判 1376頁
医学統計学の事典	丹後俊郎ほか 編	A5判 472頁
現代物理数学ハンドブック	新井朝雄 著	A5判 736頁
図説ウェーブレット変換ハンドブック	新　誠一ほか 監訳	A5判 408頁
生産管理の事典	圓川隆夫ほか 編	B5判 752頁
サプライ・チェイン最適化ハンドブック	久保幹雄 著	B5判 520頁
計量経済学ハンドブック	蓑谷千凰彦ほか 編	A5判 1048頁
金融工学事典	木島正明ほか 編	A5判 1028頁
応用計量経済学ハンドブック	蓑谷千凰彦ほか 編	A5判 672頁

価格・概要等は小社ホームページをご覧ください．